中国高等教育学会高等教育学优秀博士学位论文丛书



# 美国公立研究型大学国际研究生学术适应研究

MEIGUO GONGLI YANJIUXING DAXUE
GUOJI YANJIUSHENG XUESHU SHIYING YANJIU

田 京◎著

广东高等教育出版社
Guangdong Higher Education Press
•广州•

**图书在版编目（CIP）数据**

美国公立研究型大学国际研究生学术适应研究/田京著. —广州：广东高等教育出版社，2022.3
（中国高等教育学会高等教育学优秀博士学位论文丛书）
ISBN 978－7－5361－7222－7

Ⅰ.①美…　Ⅱ.①田…　Ⅲ.①公立学校－高等学校－留学生教育－研究生教育－研究－美国　Ⅳ.①G649.712.8

中国版本图书馆 CIP 数据核字（2022）第 028315 号

广东高等教育出版社出版发行
地址：广州市天河区林和西横路
邮编：510500　　电话：（020）87551597
网址：http://www.gdgjs.com.cn
佛山市浩文彩色印刷有限公司印刷
787 毫米×1 092 毫米　18 印张　343 千字
2022 年 3 月第 1 版　2022 年 3 月第 1 次印刷
定价：55.00 元

# 序 言

国际化是21世纪全球高等教育改革和发展的时代潮流，学生跨国流动是高等教育国际化的核心载体和主要方式。研究生阶段是学习和探究高深知识的过程，研究生跨国学习不仅实现了自身的视野拓宽和学识增长，还能够促进知识共享和科技进步；在增强不同国家和地区之间国际交流和理解的同时促进了科技人才的国际流动，因而成为高等教育国际竞争的战略性议题。就此而言，国际研究生教育是一个关涉经济、文化和政治的多维、前沿课题。

田京博士作为课题组成员自2014年起参与我所主持的国家社科基金教育学重点课题“教育国际化政策及其实施效果的国际比较研究”，在课题研究过程中对高等教育国际化的理论、特点有了全面把握和深入思考。围绕“如何评价高等教育国际化政策的实施效果”这一问题，田京博士利用2016—2017年前往威斯康星大学麦迪逊分校开展联合培养的学习机会，结合自身跨国学习的经历，将对高等教育国际化政策的效果评价落脚于对跨国学习的研究生学习过程的把握和学习效果的探究上来，撰写了博士学位论文《美国公立研究型大学国际研究生学术适应研究》，本书是在其博士学位论文基础上修改而成的。

许多学者关注“留学生”和“国际学生”教育问题，并取得了一定的研究成果，但对该领域的研究多着眼于跨文化适应，对以接受学术训练并开展科学研究为主要学习任务的跨国学习研究生的“学术”适应的专门研究较少。田京博士熟练运用质性研究方法，通过深度访谈、多角度观察和细致入微的实物收集获取在美国高校就读的国际研究生学术适应的第一手数据，通过翔实的数据分析构建了国际研究生学术适应的理论模型。她以“局内人”和“研究者”的双重视角，讲述了国际研究生学术适应的“故事”，呈现了一幅在美国高校就读的国际研究生“学术社会化”的全景式图景，并回答了高等教育国际化政策的践行者——国际研究生群体的学习效果这一问题。书中指出，国际研究生学术适应在个体层面取得了知识增长、学术成就、个人发展等积极效果，同时还存在较高的机会成本、去留的两难抉择以及学术再适应乃至不能完全适应的消极后果；国际研究生学术适应过程呈现出类别化特征，适应效果具有差异性，但其核心是由“学习者”向“研究者”的转变。

我国是世界上最大的国际学生输出国，同时也是全球第三大国际学生输入国。在新的历史时期，我国提出实施更大范围、更宽领域、更深层次、更高质量和更加安全的高水平教育对外开放政策，为构建“人类命运共同体”提供人才支撑。在这一时代背景中，无论是社会、高校还是学生对跨国学习的需求都更为旺盛。本书对国际研究生学术适应的研究成果能够为出国学习和来华学习的国际学生、高校和相关教育管理部门提供理论参考和实践指南。在世界范围内，研究生教育是高层次人才培养的主要途径，开展深度的学术训练并获得专门的指导是研究生教育的特点，本书所呈现的研究生从“学习者”到“研究者”转变的全过程不仅对国际研究生，同时也能够对每一位研究生阶段的学习者和立志“以学术为志业”的研究生起到一定的启发作用。

本书的创新之处颇为突出。首先，在研究内容方面，本书发现了美国公立研究型大学国际研究生学术适应是由基本维度、主要困难、实践策略、条件支持以及效果五个核心要素组成的动态机制，并进一步分析了国际研究生学术适应的类别特征。其次，在研究方法方面，本书采用质性研究方法，深入“田野”现场收集研究数据，体现了当代国内比较教育研究者科学严谨的方法论素养，在比较教育研究方法不断成熟的背景中，为国内比较教育研究路线的实地研究转向提供了一个比较成功的案例。本书第一手资料丰富，研究方法运用娴熟；观点明确，逻辑过程可信，结构合理；文献资料鲜活，运用规范；文字表述流畅，富有启发意义。作者既能把自己的研究与心理学、成人教育学、国际教育等已有的研究成果内在衔接起来，获得广泛的理论和现实基础，又使自己的研究成果有所超越，展示出了学理与实践省思结合的学术素养。

衷心祝贺田京博士的博士论文入选2019年“中国高等教育学会学术创新计划——高等教育学博士学位论文文库”，并得以付梓出版，感谢学界前辈同仁对该书的支持和勉励。希望田京博士继续保持勤奋严谨的治学态度，在学术的道路上日新精进，在比较教育的教学和研究中不断进步，取得更多更好的研究成果。

马健生

于北京师范大学

2021年7月9日

# 前　言

学生跨国学习是高等教育国际化的潮流。美国在现代大学发展史中具有国际学生培养的先发优势，吸引了大批国际研究生。美国公立研究型大学中的课程学习、科学研究以及学术氛围促进了国际研究生重建知识结构、拓展学术格局，同时也为国际研究生带来学术适应的困难。

本书基于对美国公立研究型大学国际研究生学术适应的关注，采用质性研究方法，以威斯康星大学麦迪逊分校（以下简称“麦大”）为案例，通过实地调查，选取了来自20个国家和地区的40名硕士研究生及博士研究生为研究参与者，综合运用访谈法、观察法、实物收集法收集研究数据。本书通过对国际研究生课堂及实验的观察，收集国际研究生的作业、笔记等实物材料。此外，对国际学生管理者、国际研究生导师和本土研究生的半结构访谈收集研究数据，开展数据的有效性验证。本书还运用NVivo8.0质性研究数据分析软件，采用逐句方式对研究数据开展开放编码、类属编码和主轴编码三级编码数据分析，分析国际研究生学术适应的影响因素，探求国际研究生学术适应的过程及效果，以期构建国际研究生学术适应的解释模型。本书的主要研究发现如下：

第一，课程学习、科学研究以及学术文化构成了国际研究生学术适应的主要维度。具体而言，课程学习有服务于科研、课程灵活、跨学科学习、实践性课程、预习讨论学习模式五个特点。国际研究生以科研为重，需要适应麦大的科研条件和科研合作模式。学术文化是国际研究生学术适应的基本内容。批判性思维、实践导向的研究、学术严谨、科研自主性、评价标准多元构成了独特的学术文化。

第二，国际研究生在学术适应过程中面临课程学习、科学研究和学术环境的三重挑战，这是国际研究生学术适应的主要障碍。在课程学习方面，课业要求严格、阅读量大、课堂发言少、学业考试要求严格构成了主要的课程学习障碍。在科学研究方面，国际研究生需要克服科研基础薄弱、研究语境差异、原创性研究、收集研究数据、学术写作以及科研发表等困难。此外，国际研究生还需要开展学术规范学习、寻找学习资助，并适应新环境中的同伴压力和学术氛围。

第三，国际研究生通过采取认知策略、学业管理策略和学术辅助策略克服学术适应的困难。课程学习的主要策略为采用阅读技巧，确保课堂参与，采取自主学习与合作学习相结合的学习方法，加强英语学习，以上学习方式属于认知策略范畴。国际研究生通过制定学业目标、开展时间管理、主动寻求帮助、建立学术联系的方式管理学术资源。此外，基于国际研究生个人兴趣开展学习和科研等学术活动，培养学术自信心，丰富生活，开展跨文化交流是国际研究生学术适应的辅助策略。

第四，国际研究生所获得的学术适应支持是国际研究生学术适应的保障。国际研究生自身的个人品质、教育资本和工作经历是宝贵的支持因素。学校气氛、学术知识、学术支持资源、学习资助是学术适应外部支持资源的主要组成部分。导师、任课教师、同辈群体等是有利于国际研究生学术适应的关键人物。

第五，在学术适应过程中，国际研究生获得了专业知识增长、取得了学术成就，并促进个人发展，形成了学术适应的积极效果。与此同时，国际研究生还面临机会成本高、去留的两难抉择以及学术再适应的问题，这是国际研究生学术适应的潜在消极效果。很多参与者认为，学术适应是一个漫长的过程，一直在适应过程中，或很难完全适应是国际研究生学术适应的可能性结果。

本书的主要结论如下：国际研究生学术适应的基本维度、主要困难、实践策略、条件支持以及效果构成了学术适应的解释模型。申请资助是国际研究生学术适应的首要困难；外部资源是国际研究生学术适应的保障；发挥主动性是国际研究生学术适应的隐形力量；国际研究生学术适应的效果具有差异性；不同类型的国际研究生在学术适应过程中呈现出差异化的类型特征。

田京

2021 年 7 月 1 日

# 目　　录

# 导 论

学术世界一直由“中心”（center）和“边缘”（peripheries）界定。发达国家最好的大学拥有卓越的研究能力和声望，这些大学被认为是“中心”。而那些依靠这些“中心”建立起来的寻求知识和领导力的机构则被称为“边缘”。“中心”的威望非常强势，21世纪也不可能改变。然而，是什么导致一个学术体系或学术机构成为一个“中心”呢？通常，是一个大的研究型大学。世界上几乎所有的大学都以欧洲或者北美的学术模式为基础。那些被视为学术“中心”的大学倾向于拥有许多学术领域、专业学院、众多教职员工以及经过精心挑选且为数可观的学生。

——菲利普·阿特巴赫等《全球高等教育趋势——追踪学术革命轨迹》

## 第一节 立论依据

在高等教育国际化时代，世界范围内呈现出大规模的学生跨国学习的趋势，不同国家出台了类型多样的高等教育国际化政策，全面促进了高等教育国际化的发展进程。作为高等教育国际化的“领军人物”及最大的国际学生输入国，美国自第二次世界大战后一直引领高等教育国际化的发展潮流。进入21世纪后，美国在全球高等教育领域的竞争优势凸显，吸引了全球近1/3的国际学生前来求学。①

研究生阶段的教育担负着知识传播、继承和创新的重要使命，国际研究生的跨国学习极大地促进了知识的全球流动。从学生体验的视角出发，对国际研究生学习质量的关注成为目前高等教育国际化研究的重要关注点。随着高等教育综合实力日益增强，中国在提升国际研究生教育质量方面有较大发展空间，逐步提升和优化我国高校国际研究生教育质量能够有效促进我国高

① Open Doors Data. International students [EB/OL]. (2015-09-16) [2016-07-20]. http://www.iie.org/Research-and-Publications/Open-Doors/Data/International-Students.

等教育国际化发展进程。

# 一、研究缘起

## （一）国际研究生是美国研究生教育的重要组成部分

20 世纪中期之后，伴随着大量发展中国家经济复苏，加之信息时代和经济全球化的引领，美国国际研究生规模得到实质性扩展。作为全球前沿科技、知识、学术人员的集散地，美国拥有世界上最先进的研究生教育体系，吸引了世界各地，尤其是经济发展迅速的发展中国家的学生前来开展研究生阶段的学习。

增强国际竞争，保持全球领先地位，开展文化外交等多重动力促使美国不断重视国际研究生招生。美国高校的研究生招生一方面面临着美国学生对博士项目和科研工作的兴趣呈下降趋势的挑战，另一方面迎来了大批国际学生申请研究生项目的发展机遇，为了保证研究生教育质量，美国高校从全球范围内招收了大量国际研究生，国际研究生数量迅猛增长。数据显示，到 20 世纪 90 年代末期，美国高校 1/3 的博士生是国际学生。[①] 2008 年，国际研究生占美国研究生总数的 41.5%。[②] 国际研究生对美国研究生总数的增长做出了较大贡献，2014 年，美国研究生录取人数总量增加 3.5%，国际研究生录取总量增长 11.2%，新增长的国际研究生达到 9 982 人。[③] 2014—2015 学年，国际研究生录取率的涨幅高于美国研究生的录取率涨幅，其中，77% 的国际研究生攻读硕士学位或研究生证书项目（Certificate Program），选择攻读博士学位的国际研究生的比例为 23%，高于攻读博士研究生项目的美国学生的比例（19%）。[④] 据美国《开放门户报告》（*Open Doors Report*）显示，2015—2016 学年，美国接收来自世界 222 个国家和地区的 383 935 名国际研

① SMITH W, BENDER T. American higher education transformed, 1940 - 2005: documenting the national discourse [M]. Baltimore: Johns Hopkins University Press, 2008: 218.

② Status and trends in the education of racial and ethnic minorities [EB/OL]. (2010 - 07 - 15) [2017 - 05 - 15]. https://nces.ed.gov/pubs2010/20100715/tables/table_24_2.asp.

③ Making use (and sense) of national graduate education Data [EB/OL]. [2017 - 06 - 14]. https://www.nagap.org/sites/default/files/NAGAP%20pre - meeting%20workshop%20presentation%20%28FINAL%204 - 14 - 16%29%5B1%5D.pptx%20%28Read - Only%29.pdf.

④ Growth in foreign grad students [EB/OL]. (2015 - 12 - 17) [2017 - 06 - 14]. https://www.insidehighered.com/news/2015/12/17/council - graduate - schools - survey - records - 5 - percent - growth - first - time - international.

究生，国际研究生的数量占国际学生总数的36.8%，① 国际研究生在美国研究生总数中所占比例不断提升，国际研究生教育成为美国研究生教育的重要议题。

### （二）对美国公立研究型大学国际研究生教育质量的现实关切

研究生阶段教育是建立在本科阶段教育基础上培养具有专业知识和技能的高层次专门人才的教育。② 19世纪中后期，随着研究生教育质量不断提升，美国高校开始吸引欧洲等国的学生前来就读。20世纪中叶后，受高等教育大众化进程的影响，美国研究生教育进入规模发展阶段，国际研究生的数量不断增多。在美国研究生教育发展的历程中，国际研究生教育不断变迁，对美国研究生教育的改革产生了重要影响。

美国重视国际研究生教育的教育目标与促进经济发展的经济目标不谋而合。1964年，美国国际教育协会外国学生事务委员会（IIE's committee on foreign student affairs）指出，除了那些本科教育不够健全的国家，研究生阶段到海外国家学习，接受专业高级教育和培训是较好的留学选择。③ 由于拥有不同的文化、语言和教育背景，国际研究生是美国研究生中的特殊群体。为接受更高质量的研究生教育，来自不同文化背景的国际研究生在美国高校开展了一年以上的研究生阶段学习。在文化背景、语言差异和学术水平参差不齐的情况下，如何保证国际研究生的受教育质量是美国高校研究生教育面临的现实问题。

学术适应的过程及程度对国际研究生的受教育质量产生根本性影响，顺利开展学术适应是确保国际研究生教育质量的保障。从国际研究生学术适应的真实体验出发，探讨国际研究生在美国高校开展学术适应的过程分析，是提升美国高校对国际研究生教育质量的基本出发点。

### （三）促进国际研究生学术成长的实践需求

国际研究生教育涉及政治、外交、移民等多个领域，受经济状况和政治变革的影响较大，具有较强的政策敏感性。美国对国际研究生的招生政策以

---

① Academic level [EB/OL]. [2016-12-17]. https://www.iie.org/Research-and-Insights/Open-Doors/Data/International-Students/Academic-Level.

② 潘懋元，刘丽建，魏晓艳. 潘懋元高等教育论述精要 [M]. 福州：福建教育出版社，2015：106.

③ Colloquium on the foreign graduate student (2nd: 1970: Wingspread). The foreign graduate student: priorities for research and action [R]. New York: College Entrance Examination Board, 1971: 75-80.

及世界其他国家对学生跨国学习的相关政策影响美国国际研究生的生源结构。

国际研究生的学术适应关涉国际研究生学习甚至生活的方方面面，对包括科学研究和专业发展在内的学术成长产生深远影响。与本科生相比，研究生具有较为明确的学习目标和职业发展定位。学习前沿学科知识，接受更高质量的科研训练是国际研究生选择跨国学习的主要动力。研究生阶段的学习具有专业和职业高度统一、前沿性、创新性和个性化等特点，是研究生在专业学习领域开展对未知世界探索的艰难的学习和研究过程。① 在全新的学术环境中，巨大的学术和科研压力为国际研究生的学术成长带来了困惑。

研究生阶段是基于研究的学习。基于不同的社会、文化、经济背景，国际研究生对美国高校研究生教育的学术适应对其学术成长乃至职业发展都会产生巨大影响。美国高校采取多种措施为研究生提供学术支持。然而，国际研究生与美国研究生在学习过程中经历了哪些不同的学术成长历程？国际研究生如何克服重重学术困难，又对自身未来的职业发展产生了什么样的影响？以上问题是关乎国际研究生学术发展的重要问题。对以上问题的解答需要探求国际研究生的真实学习需求，准确把握其学习目标，并在此基础上提升国际研究生的学业成就，促使国际研究生提升学术能力，发挥更大的学术价值。

### （四）对完善在华国际研究生教育的借鉴意义

19 世纪，随着民族国家的建立，高等教育经历了“民族化”和“国家化”发展历程，20 世纪中叶之后，各国政府、国际组织等力量在高等教育领域发挥的作用日益彰显，跨国和比较教育的研究逐渐增多。在制定国家高等教育政策时，以国际视野开展高等教育领域的改革，他国比较研究的成果成为重要的参照资料。

自 21 世纪初加入世界贸易组织以来，受全球化进程中世界范围内高等教育国际化的冲击和政府开放高等教育市场，以及树立建设世界一流大学目标等因素的影响，国际化已经成为我国高等教育发展的战略选择。2012 年，我国出台《教育部关于全面提高高等教育质量的若干意见》，为全面提升高等教育人才培养质量提出了三十条意见（简称“高教三十条”），其中第二十五条明确规定要提升国际交流与合作水平。具体包括：推动高校制定本科生和研究生中具有海外学习经历学生比例的阶段性目标；全面实施留学中国计划，不断提高来华留学教育质量，进一步扩大外国留学生规模，使我国成

① 欧阳康．大学·文化·人生［M］．武汉：华中科技大学出版社，2008：269.

为亚洲最大的留学目的国等。在国际学生规模不断扩大的基础上，来华留学的国际研究生数量不断增多，如何构建有针对性的国际研究生学术支持体系，进而提升国际学生的受教育质量是我国留学生教育的现实关切。

随着高等教育国际化进程不断加快，世界范围内研究生的跨国学习呈现出了多元化态势，在时间、空间以及形式上都出现了不同的模式。知识无国界，我国不仅有大量学生选择出国开展研究生阶段的学习，还有越来越多的国际学生选择到我国接受研究生阶段的教育。在高等教育国际化发展潮流中，我国的研究生教育呈现出较为迅猛的国际化发展趋势，无论是规模还是学科结构都发生了巨大的变化。在高等教育国际化不断被世界各国提升为国家战略的今天，无论是国家、社会组织还是高校都十分重视为高等教育国际化提供政策支持和条件保障。对美国高校国际研究生学术适应的研究对我国提升国际研究生教育质量具有一定的借鉴意义，同时也可以为我国计划开展跨国学习的准国际研究生提供参考。

## 二、研究问题

美国公立研究型大学接收了大量国际研究生，对国际研究生开展课程教育以及科研训练。国际研究生所具有的学科背景、学术兴趣、文化背景、语言习惯、学术期望以及所能获得的社会支持不尽相同。基于对国际研究生教育质量的关注，多角度探求国际研究生所遇到的学术困难、克服学术困难所采取的措施以及学术适应对国际研究生产生的影响等问题，是本书力图回答的主要问题。

国际研究生的学术适应主要受到国际研究生本人及其所能获得的学术支持等因素的影响，学术适应的过程从根本上影响国际研究生的受教育质量和生存状态。美国公立研究型大学国际研究生的学术适应过程是关涉语言能力、课程学习、科学研究、科研产出、学术社交等方面的动态发展体系，是以课程学习和科学研究为核心的一系列问题的集合。国际研究生的切身经历和就读体验是构建其学术适应动态机制的切入点。通过分析国际研究生学术适应的动态过程，不仅可以探寻学术适应的内涵及所包含的维度，发现不同维度之间的相互关系，还可以为国际研究生提供切实可行的学术适应策略。本书围绕美国公立研究型大学国际研究生如何开展学术适应这一核心研究问题，具体围绕以下问题开展深入探讨。

（1）国际研究生在学术适应过程中遇到了哪些问题？

（2）国际研究生如何克服学术适应过程中的困难？

（3）学术适应过程对国际研究生产生了什么样的影响？

通过对以上问题的解答，本书以期达成以下研究目标，具体如图 0－1 所示：

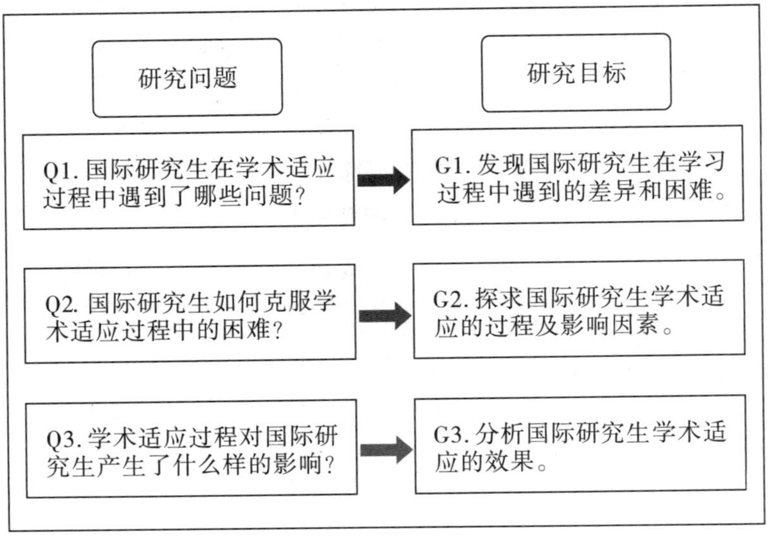


**图 0－1　研究问题和研究目标图**

## 三、研究意义

在全球化和知识经济时代，高等教育国际化是世界各国高等教育在当前和未来发展过程中面临的机遇和挑战。在国际学生数量不断增多的情况下，如何有效保障国际研究生课程学习和科学研究的质量，是促进高等教育的国际化深入发展和提升高等教育办学质量需要解答的现实问题。学习和借鉴美国公立研究型大学国际研究生学术适应的经验有利于我国完善有针对性的在华国际研究生教育质量提升策略。

### （一）理论意义

#### 1. 深化对国际学生跨文化适应的认识

研究生教育是高等教育的高级阶段，也是培养高级技能人才的主要方式。美国公立研究型大学是世界上接收国际研究生最多的高等教育机构，国际研究生在学术适应过程中遇到的问题更为全面，涉及的学术适应问题更具有针对性。美国公立研究型大学国际研究生的学术适应研究关注国际研究生的学术生活，聚焦国际研究生的学术成长。通过探索国际研究生克服学术适应过程中所遇到的问题的过程，有利于丰富国际学生的跨文化适应研究。

由于学术适应常被列为跨文化适应的类属研究范畴，大量关于国际学生学术适应的研究囊括于国际学生跨文化适应体系之中。追求学业进步是国际学生选择跨国学习的根本目标，学术适应也是国际学生跨文化适应的核心与旨归。目前，国内学者对于国际学生跨文化适应的研究主要在对西方国家较为前沿的理论研究成果批判性借鉴的基础上，以高校基于国际学生教育实践不断积累和总结出的经验为主，理论构建尚存不足。开展美国公立研究型高校国际研究生学术适应的专项研究能够深化对国际学生跨文化适应的认识。

**2. 构建国际研究生学术适应的解释模型**

研究生教育是以知识和理论创新为基础开展人才培养和科学研究的高级教育阶段，兼具专业性和创新性，对学习者提出了更高的要求。研究生有更加明确的专业兴趣和职业发展目标，是专业化的精英教育。社会性是人的本质属性，与本科生相比研究生扮演了多重的社会角色，承担了更多的社会责任。就国际学生群体而言，国际研究生与国际本科生经历了不同的求学历程，其学术适应也具有显著差异，应区别对待国际研究生和国际本科生的学术适应过程。

目前对国际学生适应的相关研究主要集中于本科生群体，对研究生的专项研究相对缺乏。基于对国际研究生群体学习特点的把握，本书选取高等教育国际化程度较高、接收国际研究生最多的美国公立研究型大学的国际研究生为研究参与者，着眼于不同文化背景的国际研究生对美国研究生阶段教育的适应过程，以期从多个角度洞悉具有不同文化背景的国际研究生的学术适应过程，在此过程中找寻国际研究生学术适应的共性特征和一般规律，通过深入挖掘和全面整合，建构美国公立研究型大学国际研究生学术适应的解释模型。以上研究拓展对国际研究生学术适应研究的广度，探索国际研究生学术适应策略在不同文化背景中的适用性研究，从而深化对国际研究生的学术适应研究的深度。

## （二）实践意义

**1. 有助于国际研究生克服学术困难**

在新的学习和科研环境中，从知识、技能、心理等多个方面采取学术适应策略，顺利度过学术适应期对国际研究生取得学业进步产生深远影响。把握国际研究生学术适应的共性特征和个性化方法，利于国际研究生采取有效的学术适应策略。通过不同个体对美国公立研究型大学学术体系的适应，可以全面展现不同类型国际研究生学术适应的图景。通过对国际研究生个体学术适应过程的分析，提炼出国际研究生在学术适应过程中遇到的共性困难，把握国际研究生采取的有效学术适应策略。在此基础上，全面剖析国际研究生个人条件、外部支持以及学术氛围和学术发展之间的动态互动体系，从而促进国际研究生采取有效的学术适应策略，助力国际研究生顺利达成学业目标。

**2. 有助于我国丰富高等教育国际化策略**

回顾历史不难发现，我国在高等教育国际化发展进程中始于被动发展，逐步融入高等教育国际化的世界发展潮流之中，而后开始主动争取在世界高等教育国际化发展中的优势地位。加入世界贸易组织后，为打造更加全面、开放的高等教育格局，我国更加重视为留学生提供高层次、宽领域的学习机会。

新的历史时期，我国的高等教育站在新的历史起点上。2015 年 11 月，我国出台了致力于高等教育全面、均衡、高质量、国际化发展的《统筹推进世界一流大学和一流学科建设总体方案》，指出要建设有中国特色的世界一流大学，以世界一流标准引领学校发展。国际化发展是高等教育“双一流”建设的重要途径，高校需要在学校层面制定全面的国际化发展战略。为人才培养、科学研究提供支持和高效的服务是世界一流大学发展的主要特征。世界一流大学发展和世界一流学科建设离不开国际学生流动带来的信息交流、思想碰撞。开展国际研究生的学术适应研究有利于促进高校改革教学方法、形成多元文化氛围、提升科研质量等，还能为我国深化高等教育国际化策略提供实践经验。

为追求高质量的高等教育，增强专业技能和就业竞争力，来自世界各地的国际学生纷纷前往美国开展研究生阶段的学习。受经济发展、社会现代化、科技进步等多方面因素的影响，广大发展中国家，尤其是经济发展迅速的发展中国家的大量优秀学生选择去美国高校开展研究生阶段的学习。除此之外，建立国际学术联系、寻求资金支持、确保文化多样性、弥补人才短缺也是国际研究生前往美国高校开展研究生阶段学习的重要目的。招收并留任优秀国际研究生是美国增强高校甚至是国家竞争力的重要举措。美国高校的国际研究生来源国众多，作为移民国家，美国社会具有文化多样性的特点，美国高校对国际研究生的教育方法及支持体系吸引世界不同国家纷纷效仿。本书立足中国教育实践，以国际视野全面审视美国公立研究型大学国际研究生的教育过程，有助于丰富我国高等教育国际化策略。

# 第二节 核心概念界定

为促进高等教育研究深入发展，高等教育的概念应当有科学的、为人们所共同承认的界定。对核心概念的准确性规定关涉文献梳理、资料收集、问题解决和研究论文撰写，是对研究的边界、内容和基本范围做出规定性说明的依据。

本研究围绕美国公立研究型大学国际研究生的学术适应问题，结合已有研究成果和本研究的具体研究问题，主要对“美国公立研究型大学”“国际研究生”以及“学术适应”三个核心概念做操作性厘定。

## 一、美国公立研究型大学

美国公立研究型大学（American Public Research University）是受美国联邦政府和州政府资助，以教学、科研为主要办学目标的综合性大学。公立研究型大学旨在促进科研、学术、创业、科技进步，肩负着培养未来公民、知识创新、知识生产、公共参与等重任，是美国经济社会发展的发动机。历史上，美国公立研究型大学具有办学资源丰富、遵从联邦政府和州政府相关法律法规的要求、服务地区经济发展等特点。21 世纪以来，创新创业教育、通过跨学科合作促进知识创新、培养未来社会的领导者、关注社会文化研究、角逐世界一流大学、助力产业升级和知识进步是公立研究型大学的发展方向。①

美国公立研究型大学的成立可以追溯到 19 世纪。1862 年，美国颁布了《莫里尔法案》（Morrill Act），主要目的是鼓励美国各州利用联邦政府授予的国有土地使用权，通过开展与生活息息相关的领域，如采矿、农业、畜牧业、医疗、中小学教育等方面的科学研究和技术推广，提高人民的受教育水平，促进地区经济发展。《莫里尔法案》促使美国公立高等教育由单一的教学机构转为教学和公共服务相结合的机构。各州政府在《莫里尔法案》的授权下，纷纷建立起了综合性公立大学。② 这些大学将学校发展与社会需求相

---

① BRINT S. Creating the future：“New Directions” in American research universities [J]. Minerva：a review of science，learning and policy，2005 (1)：23－50.

② 马万华. 从伯克利到北大清华：中美公立研究型大学建设与运行 [M]. 北京：教育科学出版社，2004：22.

结合，基于国家或地方的发展需求开展科学研究，推广新科技，促进地区经济发展。其中，加州大学、康奈尔大学和威斯康星大学是最早利用联邦政府授予的土地使用权建立起来的公立综合性大学，也被称为“赠地大学”。1945 年，美国公立大学达到 641 所，到 1988 年，公立大学的数量增加到 1 548所，美国 77% 的大学生就读于公立大学。① 公立研究型大学是美国高等教育和科学研究的主要支柱。数据显示，公立研究型大学承担了美国 62% 的学术研究任务，培养了大批包括科研人员、律师、医生、工程师在内的高级专业人才，占全美高级专门人才总数的 70% 左右。② 自成立之初，美国公立研究型大学恪守教学、科研和服务社会的三大职能，发挥人才培养和科学研究的积极作用。公立研究型大学十分注重知识生产，对美国高等教育体系变革产生了深远的影响。

## 二、国际研究生

对国际研究生（international graduate student）概念内涵的把握建立在对国际学生（international student）和研究生（graduate student）两个核心概念理解的基础之上。

### （一）国际学生

国际学生泛指以学习为主要目的开展跨国学习的群体。公元 5 世纪，古希腊以教学为职业的哲学家们“智者派”教师招收长途跋涉而来的年轻人一起学习、讨论，形成了跨国学习的雏形。这一时期，古代希腊、罗马的哲学学校及修辞学校的学生大多来自其他国家，欧洲中世纪大学也因此成为各国学生聚集的场所。早期，人们用“留学生”（student studying abroad）和“外国学生”（foreign student）指代以学习为目的进行跨国流动的学生。

我国《教育大辞典》指出，留学生是在其他国家教育或研究机构学习的学生，由各国互相派遣和接收，留学生的目标人群是大学生、研究生、进修人员和访问学者。③ 经济合作与发展组织（OECD）指出，国际学生指非所在学习国公民的外国学生，其中不包括已经移民到所在学习国开始学习，或

① 格拉汉姆，戴蒙德. 美国研究型大学的兴起：战后年代的精英大学及其挑战者［M］. 张斌贤，於荣，王璞，译. 保定：河北大学出版社，2008：7.

② 美国国家研究院国家研究委员会. 研究型大学与美国未来：美国繁荣与安全的十大突破性举措［M］. 朱健平，等译. 长沙：湖南大学出版社，2015：46.

③ 顾明远. 教育大辞典［M］. 上海：上海教育出版社，1989：106.

者已经取得永久居住权的学生。[①] OECD 对国际学生的定义突出了跨国学习、不是本国居民、不在自己国家学习这三个特征。2014 年英国文化协会（British Council）发布《研究生学生流动趋势至 2024 年》（Postgraduate Student Mobility Trends to 2024）研究报告。报告对国际学生的概念做了重新界定，强调在学生流动中用国际学生代替外国学生（foreign student）。[②] 18 世纪，美国首次出现了“国际学生”的概念，与国内学生（domestic students）相对应。美国阿特拉斯计划（Project Atlas）[③] 对国际学生（International students/internationally mobile students）的定义为，在本国（home country）之外的其他国家进行一部分或全部的高等教育学习，或者是从自己国家跨境到别的国家进行一部分或全部的高等教育学习的学生。[④]

由上述概念界定可以看出，国际学生主体为高等教育阶段的学生，以求学为目的开展跨国交流。国际学生强调“非本国公民”。根据美国现行规定，拥有永久居民权的学生与不拥有永久居民权的学生都需要办理学生签证。但在教育领域，拥有永久居民权的学生享有与美国公民完全相同的权利和义务。本研究将拥有美国永久居民权的学生列为美国国际学生的范围之外。综上，在本研究中，国际学生指非美国国籍、非美国永久居民且不持有美国绿卡，以学习、实习或志愿服务为目的的，从本国跨境到美国境内学习的学生。

## （二）研究生

我国《学位与研究生教育大辞典》对研究生（postgraduate）做了如下界定：研究生是本科毕业和获得学士学位，或具有同等学力，经考核获准进入高等学校或科学研究机构接受本科后教育并从事科学研究，攻读更高级别学位或证书的学生。按照所攻读的学位等级，分为硕士研究生和博士研究生。[⑤]“教育美国”（Education USA）[⑥] 指出，研究生（postgraduate，graduate

---

① ZIGURAS C，MCBURNIE G. International students：towards global citizenship，towards new perspectives on global student mobility［J］. Education in the Asia-Pacific，2012（17）：169－183.

② Postgraduate student mobility trends to 2024［EB/OL］.（2014－10－06）［2016－07－27］. http://www. britishcouncil. org/sites/default/files/postgraduate_ mobility_ trends_ 2024－october－14. pd.

③ 阿特拉斯（Atlas）为希腊神话中的大力神，1595 年，比利时地理学家和制图家 Gerardus Mercator 第一次在他的一册地图集的卷首使用了 Atlas 作为地图集的书名，Atlas 肩负地球的形象自此流传开来，此后，阿特拉斯常被作为“地球”的代名词出现。

④ Glossary of project atlas terms［EB/OL］.［2015－11－18］. http://www. iie. org/Research－and－Publications/Project－Atlas/Glossary.

⑤ 秦惠民. 学位与研究生教育大辞典［M］. 北京：北京理工大学出版社，1994：82.

⑥“教育美国”隶属于美国国务院（U. S. Department of State），是旨在增强美国高等教育多样性、服务国际学生的专业组织。

student）是获得学士学位并在某一专门领域开展继续教育的学生。研究生学位主要由硕士学位和博士学位组成，二者都包含课程学习和科学研究，研究生教育的特点是开展深度学术训练并获得专门指导。① 其中，硕士研究生包括论文硕士（thesis）和非论文硕士（non-thesis）两种，学制为 1 ~ 3 年不等。博士研究生主要是为培养大学教师、科研工作者以及需要具有高级知识和研究技能的专职人员。博士研究生教育要求博士研究生通过综合考试，完成具有原创性和前沿性的学位论文。除此之外，在医学、法学等专业性较强的领域开设了专业学位项目研究生。没有获得学士学位但具有同等学力的申请人可以申请专业学位研究生项目。完成硕士阶段学习的研究生可以继续申请博士研究生项目。博士研究生项目采取灵活学制，学习年限一般为五年及五年以上。获得学士学位和硕士学位的申请者都可以申请博士研究生项目。在通过博士资格考试之后，博士研究生撰写博士论文，通过答辩后可授予博士学位，美国研究生教育学制如图 0 - 2 所示。② 综上，研究生概念包括以下核心要素：第一，获得学士学位或具有同等学力；第二，在专业领域开展深度学士后学习；第三，学习包括课程学习和科学研究两部分；第四，学习期间开展创新性研究。

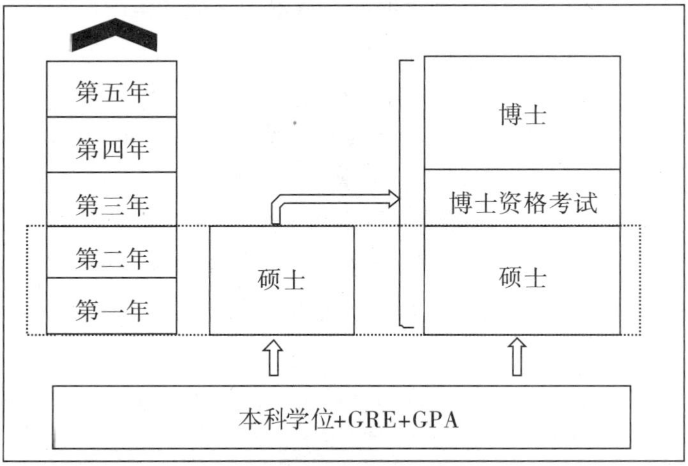


**图 0 - 2　美国研究生教育学制图**

① What is a graduate student? [EB/OL]. [2017 - 05 - 24]. https://educationusa.state.gov/your - 5 - steps - us - study/research - your - options/graduate/what - graduate - student.

② 为保障研究生生源质量，1937 年，著名的研究型大学哈佛大学、哥伦比亚大学、普林斯顿大学和耶鲁大学共同采取了统一的研究生入学考试（Graduate Record Examination，GRE）提升研究生的准入标准，该制度一直沿用至今。

## （三）国际研究生

随着高等教育国际化进程不断加快，学生的国际流动呈现出多种类型，对国际研究生概念的界定须准确把握国际学生的类型特征。简·奈特（Jane Knight）按照学习的目的和时长将国际学生划分为长期攻读学位、短期境外学习、合作授予学位、研究和田野调查、实习和实践、游学和工作坊等六种类型，具体如表0－1所示。

**表0－1 国际学生类型分类表**

| 类型 | 描述 | 授学分、学位证书的单位 |
|---|---|---|
| 1. 在外国高校攻读学位的学生 | 被外国高校录取，攻读学位，也被称为国际、外国或签证学生 | 由外国高校授予学位 |
| 2. 作为国内学位一部分的短期境外学习 | 在国外高校或设置在国内的外国高校分校开展一学期或一年的学习，是国内学位学习的一部分 | 由国内高校授予学位（部分学分由合作高校授予） |
| 3. 两个或两个以上学术机构的跨境合作学位项目 | 学生在两所或两所以上的高校注册学习，合作高校之间联合授予学位，包括国内高校设置的双子项目①，加盟项目②，联合学位项目③，双学位、多学位项目④，国外高校的三明治课程⑤ | 加盟项目和联合学位项目由国外高校授予一个学位，双学位或多学位由两所或两所以上高校授予学位，三明治项目中其中一个学位由国外高校授予 |
| 4. 研究和田野调查 | 为了完成国内高校的学习开展的研究或田野调查 | 录取高校授予学位 |
| 5. 实习或实践 | 为完成国内高校学习要求开展的选择性实习、社区服务等 | 录取高校授予学位 |
| 6. 游学、工作坊 | 要求的或自愿的游学、暑期项目、文化或语言课程、会议、工作坊，国内学位的一部分 | 没有学分要求 |

资料来源：KNIGHT J. Student mobility and internationalization：trends and tribulations［J］. Research in comparative and international education，2012（12）：25.

① 双子项目：Twinning program
② 加盟项目：Franchise program
③ 联合学位项目：Joint degree program
④ 双学位、多学位项目：Double or multiple degree program
⑤ 三明治课程：Sanwich program

由于短期跨国学习或游历较少涉及学术适应问题，本研究主要关注在海外高校学习时长为一年及一年以上的国际学生。通过以上对国际学生和研究生概念的内涵解析，结合核心研究问题，将国际研究生定义为在生源国之外国家的高校开展为期一年及以上学士后专业学习的学生，包括硕士研究生和博士研究生两个学业阶段。

## 三、学术适应

首先，学术的含义。“学术”（academy）一词言近旨远，其词源可以追溯到高等教育机构的雏形——17 世纪的学园（academy）。英国和法国的宗教学者用“学园”代指高等教育机构，后延伸为“知识的积累”，指代知识和学问。在汉语中，学术是一个较为宽泛的概念，意指系统而又专门的学问。其中，“学”与“术”二者相互区别又相互联系，存在“学者术之体，术者学之用”的关系。从历史的角度看，“学术”一词与高等教育机构有着天然的联系，是高等教育机构活动的根基。蔡元培指出，治学者可谓之“大学”，治术者可谓之“高等专门学校”。[①]

随着社会和历史的变迁，学术的内涵日益丰富。为提升高等教育质量，拓展高等教育研究领域，1990 年，时任卡耐基教学促进会（Carnegie Foundation for the Advancement of Teaching）主席欧内斯特·博耶（Ernest Boyer）主持出版题为《反思学术：学术职业的首要任务》（Scholarship Reconsidered：Priorities of the Professoriate），报告明确指出，在高等教育大众化背景中，大学应该成为学术研究的中心，拓宽学术视野，并赋予学术熟悉、崇高而又丰富的内涵。该报告对“学术”一词的基本内涵做了深刻剖析和详细解读，学术（scholarship）指参与原创性研究，学术人员需要通过调查，寻找理论和实践之间的联系，建立起理论和实践之间的桥梁。因此，专业学术人员的工作具有四个互相独立而又相互有所重叠的部分，分别为探究的学术（scholarship of inquiry）、融合的学术（scholarship of integration）、应用的学术（scholarship of application）和教学的学术（scholarship of teaching）。[②] 从学术目标的角度，可以通过区分基础研究和应用研究来定义学术，基础研究为发现的学术，应用研究指实践的学术。通过以上分析得出，学术是对专业知识的高层次探究，学习专业知识和从事科学研究是学术工作的基本要素。

---

① 蔡元培．蔡元培全集：第 3 卷［M］．北京：中华书局，1984：137.

② BOYER E L. Scholarship reconsidered：priorities of the professoriate［M］. San Francisco，CA：Jossey-Bass，2016：2－17.

其次，学术适应的含义。适应是生物体普遍存在的现象，当环境改变时，生物体的功能和结构发生相应的改变。适应泛指适合客观条件或需要，适应既是结果，也是过程。学术适应就是调整至符合留学目的国的教学风格和学术要求的过程。在本研究中，学术适应指学生根据学术工作内容和学术的具体要求在心理、生理、思想和行为等方面做出相应的调试，以融入学术环境，达到学业要求并完成学业任务的过程。

## 第三节　文献综述

为了全面掌握国内外研究现状，本研究通过图书馆及电子资源数据库查询并检索相关文献。中文资料主要来自图书馆的馆藏读本以及 CNKI 学术期刊网、超星、读秀、维普和万方数据库、北京师范大学图书馆特色资源（北京师范大学硕博论文库）等。英文资料主要来自 Eric、Proquest、Springer、Web of Science、Sciencedirect、Sage、Wiley、Bing、Google Scholar 等电子资源数据库。此外，美国威斯康星大学麦迪逊分校图书馆及依托该图书馆馆际互借服务获取的资料是本研究英文资料的另一个主要来源。

通过文献检索发现，现有关于国际研究生学术适应的相关研究主要集中于国际学生跨文化适应研究、国际学生身份认同研究以及国际研究生教育研究三个领域。首先，大量关于国际学生跨文化适应的研究将国际学生的学术适应作为跨文化适应的子维度开展探讨，学者积累了大量关于国际学生跨文化适应的研究成果。其次，国际研究生的学术适应与其身份认同密切相关，部分国际研究生学术适应的研究包含于国际学生身份认同的研究之中。最后，对国际研究生学术适应相关问题的研究与国际研究生教育密切相关。国际研究生学术适应相关文献基础互有融合和交叉，具体如图 0－3 所示。

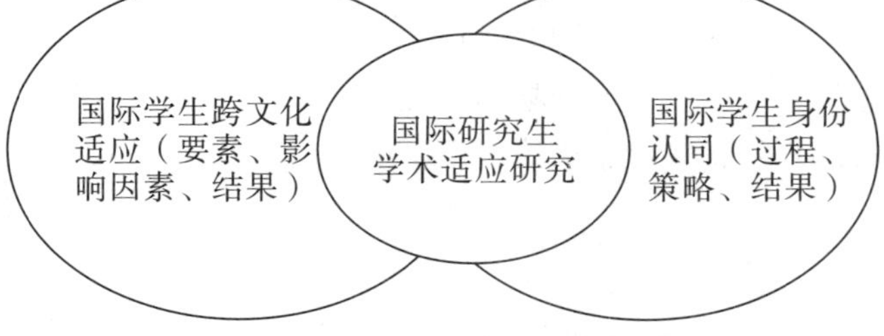


**图 0－3　国际研究生学术适应相关文献图**

## 一、国际学生跨文化适应的研究

随着高等教育国际化日益深入，世界范围内国际学生跨国学习的现象变得越来越普遍，国际学生的跨文化适应问题引起了广泛关注。大多对国际学生学术适应的研究包含于跨文化适应的研究之中。跨文化适应研究始于20世纪初期，基于对土著居民和移民的关注，社会学家、人类学家开展了如何摆脱旧习、学习新文化并适应社会环境过程的研究，后被广泛用于国际学生研究之中。跨文化适应研究是国际学生学术适应研究的基础。为深入研究跨文化适应问题，陈国明等人从跨文化适应的概念着手，指出跨文化适应是一种跨越边际的博弈，并构建了跨文化适应的边际模式。① 目前，影响力较大的跨文化适应理论有"跨文化适应模型""文化适应过程模型"以及"对陌生文化的适应理论"。

文化休克（cultural shock）是跨文化适应的初始阶段。经历文化休克后，个体继而开始文化调试（adjustment）和文化适应（adaptation）。个体在不完全放弃自身行为习惯和思想的前提下，在新环境与自身之间寻求结合点。调试是一个不断发生、没有尽头的过程，需要个体发挥能动性。② 文化适应是个体对新文化的同化，是文化休克的解决办法和结果。做好前期准备、保障文化适应的心理和物质条件、明晰文化和社会的互动规则、采用有效的沟通技巧是跨文化适应的有效途径。③ 人是跨文化适应的主体，自我建构（self-construal）的差异是导致跨文化适应压力的主要原因，并影响跨文化适应的策略和人际关系。跨文化适应是双向的，但常常表现为文化交往中外来群体对新文化模式的接受和调试。④ 主流文化群体也经历了对外来者的适应。基于此，金立贤等人建构了双向跨文化适应动态模型。⑤ 金（Kim）通过实证研究，提出了系统综合的跨文化适应理论，不仅回应了适应新文化需要具备哪些条件，还揭示了如何适应新文化以及怎样适应新文化的问题。⑥

---

① 陈国明，余彤. 跨文化适应理论构建［J］. 学术研究，2012（1）：130－138.

② WANG L H. Chinese students，learning cultures and overseas study［M］. London：Palgrave Macmillan，2015：91－125.

③ WINKELMAN M. Cultural shock and adaptation［J］. Journal of counseling & development，1994（2）：121－126.

④ 王丽娟. 跨文化适应研究现状综述［J］. 山东社会科学，2011（4）：44－49.

⑤ 金立贤，柯太极. 中国学生的学习文化研究：技巧、意识和跨文化适应［M］. 北京：外语教学与研究出版社，2012：376.

⑥ KIM Y Y. Becoming intercultural：an integrative theory of communication and cross-cultural adaptation［M］. Thousand Oaks，California：SAGE Publications，2001：4－10.

## （一）国际学生跨文化适应要素的研究

通过对现有文献的梳理可以发现，心理适应、学术适应和社会适应三者共同构成了国际学生跨文化适应的基本要素。

**1. 国际学生跨文化适应的元研究**

莉娜（Léna Kavaliauskas Crain）采用扎根理论的研究方法，通过对 18 名中国学生的深度访谈和观察，建构了国际学生对美国高校文化适应的理论模型，并指出国际学生经历了出国前的准备、跨文化的需求、对差异的理解、文化保持和文化拓展、在两种文化中转换的文化适应过程。[①] 王祖嫘对北京高校留学生跨文化适应状况的调查发现，留学生的跨文化适应呈现阶段性差异，适应性程度由高到低分别是心理、文化、语言和生活。[②] 国际学生的跨文化适应以及在新环境中的学习过程呈现出 U 形曲线的变化特征。大卫·博纳普（Dave Burnapp）基于对英国一所高校商学院学生的调查发现，高等学校是国际学生文化适应最重要的场域，为帮助国际学生开展跨文化适应，高校应当鼓励反思型思维，鼓励容纳不同的文化而非对某一种文化的同化，不同文化要素之间的协同应成为所有高校促进国际学生跨文化适应的努力方向。[③]

对学习目的国文化的认知是跨文化适应的基础。一项对 60 名在华国际学生自我报告的研究从认知、情感和行为三个方面深入分析了国际学生对中国文化的积极和消极影响。[④] 一项对亚洲国际学生的交友类型对跨文化适应影响的研究表明，东亚国际学生有较强的种族中心主义（ethnocentric），跨国学习经历加强了国际学生与家庭成员以及生源国朋友之间的联系。国际学生对现有朋友以及与本国同学和国际同学之间的友谊表示满意，友谊关系能够保证国际学生获得积极的求学体验。[⑤]

**2. 国际学生的心理适应研究**

测量跨文化适应程度有利于跟进跨文化适应过程并保障顺利开展跨文化

---

① GRAIN L K, JIAO T. A grounded theory of Chinese international students transition to American tertiary education [D]. College Park: University of Maryland, 2016.

② 王祖嫘. 北京高校留学生跨文化适应实证研究 [J]. 中国高教研究，2016 (1)：91 -96.

③ BURNAPP D. Trajectories of adjustment of international students: u-curve, learning curve, or third space [J]. Intercultural education, 2006 (3): 81 -93.

④ CHIANG S. Cultural adaptation as a sense-making experience: international students in China [J]. Journal of international migration and integration, 2015 (2): 397 -413.

⑤ BENSON J. Social ties and adaptation in Asian students [J]. New Zealand sociology, 2016 (7): 48 -67.

适应。在结合心理学、医学、社会学研究的基础上，多卡斯·比顿（Dorcas E. Beaton）等人基于对跨文化适应资源和目标的考量，提出了跨文化适应自我测量的准则。[①] 朱国辉在《西方国际学生跨文化心理适应研究述评》中详细总结了近50年来西方对国际学生跨文化心理适应问题的研究进展，分别从理论视角、研究工具、研究范式和研究结论四个方面进行分类总结。[②] 从心理学的视角审视国际学生跨文化适应，研究发现，依恋回避（attachment avoidance）、依恋焦虑（attachment anxiety）和文化移入是国际学生跨文化适应的心理机制。[③] 家庭、爱情、友谊构成了国际学生社会支持的主体，然而，当存在心理障碍的时候，相较于美国学生，国际学生更不愿意与家人分担，因此，学校的心理咨询和心理干预能够帮助国际学生克服跨文化适应过程中遇到的心理障碍。[④] 消除对新环境的不确定性和焦虑有助于国际学生的跨文化适应。语言能力是影响国际学生跨文化适应的重要因素。语言能力欠缺不仅严重影响国际学生的日常交流，而且会削弱国际学生跨文化适应的信心，对国际学生的心理健康造成威胁。语言焦虑程度在国际学生跨国学习的时长、专业以及性格三个变量之间呈现出了一定的差异。跨国学习年限较长以及文科国际学生经历的语言焦虑较小，男生的语言焦虑高于女生的语言焦虑。[⑤] 对所在国家语言的流畅度和语言水平能力高的国际学生比语言能力低的国际学生参与更多的面对面交流，而非网络在线交流，直接、有效的沟通对国际学生的跨文化适应更有利。[⑥] 通过网络与家人和朋友保持联系有助于国际学生的心理适应，但对国际学生学术适应的语言适应产生不利影响。

### 3. 国际学生的社会适应研究

现有研究表明，社会支持网规模越大，跨文化适应越顺利。社会支持网是一个"强关系"和"弱关系"优势互补的网络，"强关系"可以提供"弱关系"所不具备的深层次交往和彼此充分信任的需要，而"弱关系"也可

① BEATON D E, GUILLEMIN F, BOMBARDIER C, et al. Guidelines for the process of cross-cultural adaptation of self-report measures [J]. Spine, 2000 (12): 3186－3191.

② 朱国辉. 西方国际学生跨文化心理适应研究述评 [J]. 创新与创业教育, 2011 (2): 51－55.

③ MALLINCKRODT B, WANG C. Acculturation, attachment, and psychosocial adjustment of Chinese/Taiwanese international students [J]. Journal of counseling psychology, 2006 (10): 422－433.

④ HAYES R L, LIN H. Coming to America: developing social support systems for international students [J]. Journal of multicultural counseling & development, 1994 (1): 7－16.

⑤ CHENG R, ERBEN A. Language anxiety: experiences of Chinese graduate students at U.S. higher institutions [J]. Journal of studies in international education, 2016 (5): 477－497.

⑥ RUI J R, HUA W. Social network sites and international students' cross-cultural adaptation [J]. Computers in human behavior, 2015 (8): 400－411.

以弥补“强关系”在信息沟通和资源多样化等方面的不足，二者互相促进，形成螺旋式上升的发展模式。①

华桦基于对巴黎华人基督教会留学生活动的观察，以及对留学生的访谈，发现人际关系影响巴黎华人留学生接触、信仰基督教和维持宗教参与。教会内部成员之间人际关系的稳定性和平等性影响留学生对宗教活动的参与。② 国际学生远离家人，现代化社交软件是国际学生保持与家人和朋友沟通进而获得社会支持的主要方式。一项以社会文化适应量表和在线文化支持量表为研究工具对454名在华国际学生开展网络社会支持、性别与跨文化适应关系的研究结果显示，网络社会支持对国际学生的跨文化适应产生了积极影响，网络社会支持对女生的影响大于对男生的影响。③

### （二）国际学生跨文化适应影响因素的研究

文化适应是一个主观的、意义生成的过程，跨文化适应是特殊的文化体验，了解所在国家的文化是文化适应的基础。文化适应和文化学习相辅相成，文化距离近、跨文化适应压力小，文化距离远、跨文化适应压力大。④ 饮食习惯、时间观念、性别角色等是国际学生跨文化适应过程中常遇到的文化差异。跨文化适应常见的问题还包括学习方式的差异、资金不足、食宿差异、交友困难、思乡等。

#### 1. 国际学生的个人因素

国际学生自身的智力水平对跨文化适应产生重要影响。李晓艳等人对在华留学生的研究表明，文化智力对跨文化适应的各维度有显著影响，心理资本对文化智力有显著预测作用。留学生个体的心理资本和社会支持与其文化智力与跨文化适应之间的关系有正向调节作用。⑤ 文化智力与对人际关系的

---

① 冯超．来华非洲留学生的社会支持网与跨文化适应研究：以Z大学的非洲留学生为例［D］．金华：浙江师范大学，2014．

② 华桦．巴黎华人留学生信仰基督教特征研究：以巴黎部分华人基督教会中的留学生为例［J］．青年研究，2009（6）：64－73，94．

③ WANG J，HONG J Z，PI Z L．Cross-cultural adaptation：the impact of online social support and the role of gender［J］．Social behavior and personality：an international journal，2015（1）：111－121．

④ 覃玉荣，周敏波．东盟留学生跨境适应研究：基于文化距离的视角［J］．复旦教育论坛，2013（4）：80－85．

⑤ 李晓艳，周二华，姚姝慧．在华留学生文化智力对其跨文化适应的影响研究［J］．管理学报，2012（12）：1779－1785．

敏感性也会影响国际学生的文化适应。①

高负荷的学业压力、语言、课堂参与、学术写作、与教师和同学的人际交往是中国留学生常见的学业问题，也是国际学生文化适应的巨大挑战。②在出国前的准备阶段，文化知识、自信和语言流畅度三个文化要素直接影响国际学生的跨文化适应程度。谭瑜的博士学位论文立足中外合作办学项目，研究中外合作办学项目学生在海外留学期间的文化适应。通过实证调查，该论文建构出专门针对中外合作办学项目学生跨文化适应的理论框架。该框架将留学动机与目标、国内准备、社会支持、跨文化适应态度与策略及各种人口统计学因素列为影响学生跨文化适应的重要因素。③ 李基云（Ji-yeon Lee）等人对330名在美国高校就读的东亚国际学生的问卷调查结果显示，多元文化性格、信心、社会支持和学术自我效能感是影响东亚国际学生跨文化适应最主要的影响因素，以上因素对国际本科生和国际研究生的影响差异显著，作者指出，没有控制学段变量是该研究的局限。④ 陈晓丽选取社会文化适应量表和施瓦茨个人研究价值观问卷为研究工具，对76名赴西欧国家学习的学生开展跨文化适应水平与价值观之间关系的研究。研究结果发现，博爱、自我的方向、刺激与学术工作呈正相关关系；实习时长、具有跨文化经历与跨文化适应之间的相关关系不显著。⑤

**2. 国际学生获得的社会支持**

由于文化和语言存在巨大差异，亚洲国际学生对欧美国家文化的适应过程中承受着巨大的压力，亚洲学生不习惯向外界寻求帮助，非正式社会团体的支持在亚洲国家国际学生跨文化适应中发挥着重要作用。⑥《中国留学生的跨文化学习和环境：学术调试、适应和经历》关注中国学生跨文化学习中的学术适应问题，选取在德国求学的中国学生作为研究对象，采用混合研究方法，回答中国学生如何适应德国教育环境和文化环境的问题。该研究全面、

---

① 马大卫. 文化智力对跨文化适应的影响机制研究：基于跨文化心理适应的视角［J］. 理论与改革，2016（3）：163－168.

② 阎琨. 中国留学生在美国状况探析：跨文化适应和挑战［J］. 清华大学教育研究，2011（2）：100－109.

③ 谭瑜. 高校中外合作办学项目学生跨文化适应研究［D］. 北京：中央民族大学，2013.

④ LEE J Y, CIFTCI A. Asian international students' socio-cultural adaptation: influence of multicultural personality, assertiveness, academic self-efficacy, and social support［J］. International journal of intercultural relations, 2014（1）：97－105.

⑤ 陈晓丽. 施瓦茨价值观研究与跨文化适应：以爱因斯特赴西欧国家的实习生为例［D］. 上海：上海外国语大学，2014.

⑥ PRITCHARD R M O, SKINNER B. 'Cross-cultural partnerships between home and international students'［J］. Journal of studies in international education, 2002（4）：323－354.

深入地探讨了国际学生出国学习的动力、准备、跨文化适应的障碍、策略、结果以及毕业后的流动等一系列问题。① 国际学生的社交网络、文化压力影响国际学生的跨文化适应。学校可以为国际学生提供类型多样的文化活动，例如合作活动（体育运动）、语言培训、家庭活动、主题活动等，② 帮助国际学生开展文化适应。一项对210名亚洲国际学生的量化研究表明，父母的关心能够有效减轻国际学生的跨文化压力，教授的指导与提升国际学生的绩点之间呈现显著正相关关系。③ 朱国辉的博士论文《高校来华留学生跨文化适应问题研究》运用量化研究的方法，修订了心理适应量表、社会适应量表、学术适应量表，对来华留学生的跨文化适应开展了调查。研究结果表明，留学动机与学术适应呈弱负相关关系，即留学动机越强，学术适应困难程度越低。中国老师、自己的家人和亲戚朋友是缓解学术适应问题的重要社会支持来源。④

作为鲜活的文化载体，本国学生是国际学生的学习伙伴，从学习、生活、心理各个方面影响国际学生的跨文化适应，成为国际学生跨文化适应的重要他人。美国学生通过教育经历、跨文化敏感性、跨文化能力、学术环境、国际兴趣、跨文化角色、对国际学生的印象、跨文化交往的兴趣等八个方面影响在美国高校就读的国际学生的跨文化适应。⑤ 随着国际学生日渐增多，美国高校开展了大量面向国际学生的校园服务。高校的校园服务是国际学生跨文化适应过程中社会支持因素的重要组成部分。国际学生对所在大学的身份认同、大学的支持、社会生活满意度和心理压力影响跨文化适应，其中，大学的支持对国际学生心理健康程度影响巨大，⑥ 具体包括学校类型、

---

① ZHU J. Chinese overseas students and intercultural learning environments: academic adjustment, adaptation and experience [M]. London: Palgrave Macmillan, 2016: 43.

② OLANIRAN B A. International students' network patterns and cultural stress: what really counts [J]. Communication research reports, 1993 (6): 69 – 83.

③ HAN S, PISTOLE M C, CALDWELL J M. Acculturative stress, parental and professor attachment, and college adjustment in Asian international students [J]. Journal of multicultural counseling and development, 2017 (4): 111 – 126.

④ 朱国辉. 高校来华留学生跨文化适应问题研究 [D]. 上海：华东师范大学，2011.

⑤ BARGER S S. The impact of international students on domestic students in United States institutions of higher education [D]. Madison: University of Wisconsin-Madison, 2004.

⑥ CHO J, YU H. Roles of university support for international students in the United States: analysis of a systematic model of university identification, university support, and psychological well-being [J]. Journal of studies in international education, 2015 (8): 11 – 27.

社会关系、教师对国际学生的期待、学校中的多元文化教育等因素。[①] 为了减少海外求学期间生活、学习等方面的风险，国际学生可以寻求相关部门的帮助，准备充足的学费和生活费，提前规划学习进度，多与家人和同伴交流。

## （三）国际学生跨文化适应结果的研究

跨文化适应是一个漫长而又艰辛的过程，其间充满了压力，国际学生的跨文化适应过程是否顺利？一项对墨尔本一所高校 979 名国际学生的调查表明，58.8% 的国际学生的适应过程是积极的、连贯的，34.4% 的国际学生经历了非连贯和充满压力的适应过程，另有 6.7% 的国际学生表示跨文化适应是一项冒险，过程非常痛苦。[②] 阿扎德·沙弗瑞（Azadeh Shafaei）等人关注国际研究生的心理和社会文化适应及适应结果，在场域理论和跨文化适应理论的基础上建构了国际研究生跨文化适应结果的解释框架，并对马来西亚三所公立大学 1 276 名国际研究生开展跨文化适应的问卷调查。研究结果显示，不同的社会文化背景以及不同的国际研究生群体的跨文化适应存在一定差异，61% 的受访者表示心理健康状态良好，47% 的受访者对学业的满意度较高。[③]

不同国家高校的课程体系、课程内容存在差异，跨国学习的国际学生要学习不同于生源国的专业知识，学习目的国的课程设置是影响国际学生跨文化适应的因素之一。本杰明·劳夫（Benjamin J. Lough）基于对美国高校 15 名社会工作专业学生的半结构访谈，研究美国课程对国际学生产生的积极和消极影响。大部分受访者认为，毕业之后更倾向于在消除贫困和社会发展领域工作。国际学生也学习了一些不适宜文化移植的专业技能、干预策略和政策性思考。而接受西方国家的高等教育、学习新的研究方法能够增强国际学生的就业竞争力。[④]

国际研究生，尤其是博士研究生，除国际研究生的身份外，还扮演了父母、丈夫/妻子的角色，承担了更多的家庭责任。作为父母、丈夫/妻子的国

---

① HAENNI A, HEINZMANN S, BUHOLZER A, et al. Psychosocial adaptation and school success of Italian, Portuguese and Albanian students in Switzerland: disentangling migration background, acculturation and the school context [J]. Journal of international migration and integration, 2015 (2): 85 - 106.

② RUSSELL J, ROSENTHAL D, THOMSON G. The international student experience: three styles of adaptation [J]. Higher education, 2010 (2): 235 - 249.

③ SHAFAEI A, RAZAK N A. International postgraduate students' cross-cultural adaptation in Malaysia: antecedents and outcomes [J]. Research in higher education, 2016 (3): 739 - 767.

④ LOUGH B J. Curricular blueprinting: the relevance of American social work education for international students [J]. Social work education, 2009 (10): 792 - 802.

际研究生经历了怎样的跨文化适应过程？一项对在美国高校就读的 31 名亚洲国际研究生的研究发现，作为父母、丈夫/妻子的国际研究生面临更大的跨文化适应压力，如茫然不知所措（feel overwhelmed）、语言困难、疏离感、经济压力、婚姻危机等。克服以上困难的策略包括平衡多重角色、适应学术文化、将子女送至托儿中心照管。[①] 国际学生的跨文化适应与国际学生的性别之间关系密切。一些男性国际研究生还会担心非国际研究生配偶的生活，并承担责任和地位缺失、不平等的婚姻关系等后果。对留美女性研究生的社会适应的研究表明，正式组织、非正式组织和自我支持是女性国际研究生的主要社会支持来源。当出现精神不适应时，女性国际研究生往往通过消费转移精神不适应，或通过各种形式的倾诉以及参加宗教活动、校内国际学生活动改善个人精神状况。[②]

## 二、国际学生身份认同的研究

文化和身份认同决定了国际学生看待事物的立场，是国际学生获得鲜活生活体验的主导因素。身份认同是国际学生在不同话语体系中的自我建构，国际学生应正视不同文化体系以及文化体系之间的差异，平等对待不同的身份。[③] 在文化碰撞中，国际学生的身份认同、身份和解经历了曲折的变化过程。[④] 美国国际教育协会曾指出，必须持续开展学生海外学习项目以及游学活动效果的研究，理解海外学习对促进社会变迁所发挥的作用，同时明确学生对所在国家文化认同的程度。[⑤]

### （一）国际学生身份认同过程的研究

《国际学生的联通性和身份认同：跨国的视角》（International Student Connectedness and Identity：Transnational Perspectives）从现象学、主体间性、

① MYERS-WALLS J A，et al. Living life in two worlds：acculturative stress among Asian international graduate student parents and spouses ［J］. Journal of comparative family studies，2011（9）：455－478.

② 孟霞. 留学女研究生社会适应研究：以美国 D 大学中国女留学生为例［D］. 武汉：武汉大学，2010.

③ TRAN L T，GOMES C. International student connectedness and identity：transnational perspectives ［M］. Singapore：Springer Science Business Media，2017：3.

④ MICHAEL H. The discursive negotiation of international student identities ［J］. Discourse：studies in the cultural politics of education，2008（6）：207－222.

⑤ SHARMA S，PHILLION J，RAHATZAD J，et al. Internationalizing teacher education for social justice：theory，research，and practice ［M］. Charlotte，NC：Information Age Publishing，Inc.，2014：2.

跨国主义多个视角全面分析了国际学生的社会交往、人际关系以及身份认同的变化。该研究不仅建构了指导国际学生与本国学生交流的理论框架，还为国际学生以更加平等的视角学习、分享新知识，在不同文化之间寻求妥协提供了基础。① 金云扬（Eun-yong Kim）通过对美国中西部一所公立研究型大学 24 名国际本科生的民族志研究发现，国际学生的身份认同经历了前接触、接触、被包围、浮现、融合、国际化六个阶段，从心理学的视角为帮助国际学生开展跨文化适应提供了理论基础。② 文化身份认同是一个渐进的动态过程，师雪娇对在华留学生文化及身份认同的研究发现，外语学习与留学生文化身份认同密切相关。留学生的文化身份认同随着他们的学术地位、多元文化语境、第二语言和理想自我的变化而变化。文化身份变化呈现从“应试者”到“文化代言人”再到“跨文化公民”的变化路径。③

国际学生在海外高校求学期间会参与多种社会活动，学者研究了国际学生广泛参与社会活动对其价值观、宗教信仰以及身份认同的影响。李达国（Daguo Li，音译）利用焦点小组访谈法选取了 11 名在英国南部高校就读的中国硕士生开展研究。研究发现，国际学生获得的校外支持极大地丰富了国际学生的语言和文化经验，校外支持的主要提供者为天主教教会，校外支持对国际学生的文化认同甚至宗教信仰产生了不同程度的影响，按照受影响的程度，可以将国际学生分为信仰者（believer）、怀疑者（doubter）、折中者（between believer and doubter）、移情者（empathiser）以及评论者（commentator）五种类型。国际学生表示其集体主义认同感受到影响，逐渐认同并肯定个人主义价值观。④

## （二）国际学生身份认同建构策略的研究

国际学生对英语语言的学习会影响其身份认同，一些在英语为教学语言的亚洲国家学习的国际学生也不例外。为学好英语，国际学生投入了大量的时间和精力，在学习英语的过程中受到西方文化的影响，建构了西方文化的

① TRAN L T，GOMES C. International student connectedness and identity：transnational perspectives［M］. Singapore：Springer Science Business Media，2017：3.

② KIM E Y. An alternative theoretical model：examining psychosocial identity development of international students in the United States［J］. College student journal，2012（3）：99－113.

③ 师雪娇. 哈工大留学生文化身份研究［D］. 哈尔滨：哈尔滨工业大学，2016.

④ LI D G. Out of the ivory tower：the impact of wider social contact on the values，religious beliefs and identities of Chinese postgraduate students in the UK［J］. Race ethnicity and education，2012（3）：241－258.

文化价值观，并效仿西方国家的生活方式，造成对自我身份认同的怀疑。①

在信息时代，互联网和社交网络平台为信息交流提供了平台，很多国际学生倾向于通过在社交网站上传图片或文字分享海外学习心得。为回答海外学习学生通过社交网络的图片分享如何影响以及在多大程度上影响国际学生跨文化学习和身份取向的问题，武齐克·林夕（Woychick Lindsay）通过分析美国海外学习学生在其社交网站上分享的图文资料，并指出旅行、朋友、语言、风景是分享最多的主题，而反思和学术的内容最少。海外学习增强了学生的社会认同感。② 有学者建构了国际学生跨文化适应网络交流的结构方程模型，国际学生的网络交流有助于其保持先前的文化认同和生活方式。③

大量研究关注从发展中国家到发达国家的学生国际流动，其文化适应和身份认同表现为非西方文明向西方文明的同化。然而，进入 21 世纪以后，学生的国际流动趋势正在悄然发生改变，选择去发展中国家学习的学生越来越多，在发展中国家学习的西方国家的国际学生也同样经历对非西方文化的适应，并影响其对西方国家的身份认同。④ 随着大量海外华人学生选择到中国高校接受高等教育，蒯真开展了在中国高校学习的海外华人后裔的文化认同研究。研究表明，海外华人后裔往往将自己定义为移民所在国的公民，文化认同居于两国之间。⑤ 然而，新种族主义认为，文化差异容易导致文化偏见，不利于文化保存。在美国高校就读的很多国际学生在文化适应过程中经历过文化歧视和文化偏见。“9·11”事件后，美国新种族主义的盛行为少数族裔、有色人种、母语非英语者、伊斯兰国家的国际学生的文化适应带来了更为严峻的挑战，他们会经历更多的心理歧视、语言伤害和直接冲突。⑥ 身份认同的改变发生在生活的各个方面，细微的文化差异会影响国际学生的文化认知和自我反思。在留学目的国参与的体育运动也会增强国际学生对留学目的国的文化认同。⑦ 身份认同是文化互动中的联合建构，很多国际学生能

---

① HA P L. English as an international language: international student and identity formation [J]. Language and intercultural commuication, 2009 (8): 201 -214.

② LINDSAY W. Study abroad- ‘self’ ie: U. S. international student identity and cross-cultural adaptation on instagram [D]. Spokane, WA: Gonzaga University, 2016.

③ CEMALCILAR Z, FALBO T, STAPLETON L M. Cyber communication: a new opportunity for international students’ adaptation? [J]. International journal of international relations, 2005 (1): 91 -110.

④ PRAZERES L. International and intranational student mobility: trends, motivations and identity [J]. Geography compass, 2013 (11): 804 -820.

⑤ 蒯真. 浙江大学海外华人留学生的个人身份构建 [D]. 杭州：浙江大学，2013.

⑥ LEE J J, RICE C. Welcome to America? International student perceptions of discrimination [J]. Higher education, 2007 (3): 381 -409.

⑦ 曹璐. 体育运动在留学生跨文化适应中的作用 [J]. 教育评论，2016 (1): 51 -53.

够平等对待双重或多重身份。①

## （三）国际学生身份认同结果的研究

多元身份认同是国际学生在两种及两种以上的文化交互中对不同文化的折中接纳。高等教育阶段是学生完善自我认知、心智成熟的时期。国际学生的身份认同会受到所在学校的文化特色的影响。约翰·莱文（John S. Levin）通过研究发现，社区学院的国际学生能够准确理解学业标准，完成学业任务，形成新的自我理解，并督促自己为实现未来的工作目标和个人目标而学习。②

克服了一系列社会、心理和学术障碍之后，国际学生获得了更为丰富的知识和文化，其民族国家的身份逐渐转变为全球身份，形成多元文化认同并成长为世界公民。③ 世界主义思想对国际学生的跨文化适应产生积极影响。一项对亚利桑那州立大学40名国际学生为期两年半的民族志考察的研究发现，世界主义是国际学生正视文化差异、寻求自身文化定位的选择，同时也是国际学生跨文化交流的策略。国际学生的世界主义会加速全球化进程。④瑞娜·哈迈德（Rania Hamad）通过对加利福尼亚南部两所高校的78名参与海外学习的本科生和研究生的量化研究发现，海外学习的时间长短并不影响学生的跨文化适应。然而，海外学习的时长、跨文化交流的意愿影响学生的文化和民族认同。⑤

海外求学经历改变了国际学生对自身经济和社会地位的身份认同。长久以来，国际学生被认为来自富裕阶层，是很多西方国家高校的“摇钱树”（cash cow）。然而，一项对加拿大高校国际研究生的研究表明，很多国际研究生来自工薪阶层，在西方国家获得博士学位能极大增强其就业竞争力，使其成为劳动力市场上的“特权阶层”。国际学生更容易意识到文化差异，接受文化差异，并对文化差异保持沉默。还有一些国际学生逐渐变得“美国

---

① MICHAEL H. The discursive negotiation of international student identities [J]. Discourse: studies in the cultural politics of education, 2008 (6): 207 -222.

② LEVIN J S, MONTERO-HERNANDEZ V. Community colleges and their students [M]. New York: Palgrave Macmillan US, 2009: 159 -180.

③ BAGNALL N. Global identity in multicultural and international educational contexts: student indentity formation in internation schools [M]. New York: Routledge, 2015: 28.

④ SOBRÉ-DENTON M. The emergence of cosmopolitan group cultures and its implications for cultural transition: a case study of an international student support group [J]. International journal of intercultural relations, 2011 (1): 79 -91.

⑤ HAMAD R, LEE C M. An assessment of how length of study-abroad programs influences cross-cultural adaptation [J]. Journal of human behavior in the social environment, 2013 (7): 661 -674.

化”或者“国际化”，并寻求身份认同折中的公共空间——全球公民。①

综合以上研究结果可以发现，国际学生在有形及无形中是异质文化的体验者和传播者，在学习目的国和生源国之间，在异质文化的交流和碰撞中，扮演了文化桥梁的角色。国际学生融合新文化，超越原有文化，处于夹心文化层。② 国际学生生活在生源国和学习目的国的二元文化体系之中，文化差异、文化交流和碰撞形塑了国际学生的文化观和身份认同。海外学习经历能够为国际学生提供更多接触不同文化的机会，与没有跨国学习的学生相比，国际学生更容易形成世界主义世界观。

## 三、国际研究生学术适应的研究

高等教育的使命是培养具有较强学术能力和高阶逻辑思考能力的学生，从全球劳动力市场和经济全球化的视角看能够增强国家在全球知识经济体系中的综合竞争力。研究生教育不仅培养高级专业人员，还与科技进步和社会发展休戚相关。美国将研究生教育视为国家人力资源战略，“9·11”事件后美国国际研究生教育面临新的挑战，联邦政府、高校和社会组织采取了积极措施吸引优秀国际研究生。③ 研究生教育要服务国家需求，满足国家发展对知识、技术和人才的需要。

### （一）国际研究生学术障碍的研究

与本土学生相比，在相同的学习环境中，国际研究生面临更多的学习压力和挑战。如何克服压力开展文化学习是学术适应的关键要素。《国际研究生：压力和社会支持》一文指出，1985 年，在美国高校获得博士学位的国际研究生占研究生总数的 25%，但是国际研究生面临语言、资金、社会融入、角色冲突等多重困难。国际研究生学习项目以及家庭的支持与国际研究生的压力之间呈显著负相关关系。④

大量国际研究生，尤其是博士生不仅要担任本科生助教，还要参与导师

---

① BRIN E J. Becoming and being: international graduate student experience and identity formation in the context of multiculturalism and internationalization [D]. Vancouver: University of British Columbia, 2012.

② 安然. 来华留学生跨文化适应模式研究 [J]. 中国高等教育, 2009 (18): 61 -62.

③ 孔令帅, 陈文亮. “911 事件”后美国国际研究生教育: 挑战、对策与现状 [J]. 现代教育管理, 2009 (5): 96 -99.

④ MALLINCKRODT B, LEONG F T. International graduate students, stress, and social support [J]. Journal of college students development, 1992 (1): 71 -78.

的科研项目。导师不善交际的性格、非理性的期待、较难相处的个性以及同伴之间的巨大竞争压力为国际研究生求学带来了巨大困难。① 扬·托尼（Young Tony J.）等人基于跨文化转换理论（Cross Culture Transition）构建了分析框架，将压力及压力处理分为学术转换中遇到的压力、处理压力中的机制两个部分，把文化学习分为学习文化及特殊技能、学习接受学校的文化传统两个部分。对英国一所大学 680 名国际研究生的问卷调查发现，接受跨文化教育的国际学生的学业成绩优于没有接受跨文化教育的国际学生的学业成绩。②

特梅尔·伊丽莎白（Tremmel Elizabeth）通过对三名国际研究生的深度个案研究，探讨国际研究生的学科身份构建。研究指出，国际研究生在适应语言和文化的同时，还要应对激烈的学习竞争，成为优秀学生以及优秀的科研工作者。③ 国际研究生在海外高校接受前沿的专业训练，是所在国家专业领域内从业人员的后备军。上村亚纪子（Akiko Kamimura）等人通过对美国一所高校 20 名（16 名已经获得医师执照，4 名尚未获得医师执照）医学专业国际研究生的访谈研究发现，医学专业国际研究生的学术障碍包括语言和文化、经济成本和时间成本等。④

## （二）国际研究生学术适应影响因素的研究

国际研究生如何看待研究生阶段的学习？国际学生如何定义学术成功？基于以上研究问题，项媛媛采用质性现象学的研究方法，选取在美国南部一所公立研究型大学就读的 19 名中国博士研究生开展研究。研究结果表明，在美国就读的中国研究生认为，学术成功包括四个要素，分别是培养学术能力、有一定的学术贡献、获得学位、成为某一个领域的专家。文化因素（中国文化、美国文化、全球文化）以及社会机构因素（学科、导师等）会对

---

① OLIVEIRA A W, DHINGRA K. Experiencing science education in the US: the international graduate student perspective [J]. Cultural studies of science education, 2008 (3): 541 – 553.

② YOUNG T J, SCHARTNER A. The effects of cross-cultural communication education on international students' adjustment and adaptation [J]. Journal of multilingual and multicultural development, 2014 (6): 547 – 562.

③ ELIZABETH T. The disciplinary identity construction of international graduate students: positioning across contexts [D]. Madison: University of Wisconsin-Madison, 2014.

④ KAMIMURA A, SAMHOURI M S, MYERS K, et al. Physician migration: experience of international medical graduates in the USA [J]. Journal of international migration and integration, 2016 (3): 463 – 481.

国际研究生对学术成功的定义产生影响。① 国际研究生比较独立，在学习过程中采取多种策略克服困难，更加专注和自律。大量国际研究生在西方国家高等学校接受研究生阶段的教育，为西方国家高校的研究生指导教师带来了新的挑战。一项对澳大利亚博士生导师的研究表明，跨文化指导是一个充满争议和不确定性的领域，在导师提供的指导和帮助不充分的情况下，来自亚洲国家的国际学生仍然可以独立学习。②

杨军红基于对加利福尼亚大学圣塔芭芭拉分校包括本科生、硕士生和博士生在内的15名中国留学生的访谈，探讨中国留学生在美国高校的学术适应问题。③ 穆罕默德·哈赛因（Mohammed B. Hussein）的博士论文《农学、生命科学和工程学国际研究生和美国研究生开展研究生学习的原因及其学习方式的研究》运用量化研究的方法对400名研究生开展问卷调查，回答了美国学生和国际学生开展研究生阶段学习的动因、研究生学习方式的偏好等问题，并探讨了研究生学习动因与其人口统计学变量之间的相关关系、研究生偏好的学习类型与其人口统计学变量之间的相关关系，对美国学生和国际学生开展研究生阶段的学习及学习偏好类型开展了对比分析。研究发现，美国研究生与国际研究生的学习动因和学习方式差别显著。社会福利、认知兴趣、社会关系、专业提升、逃避激励（escape stimulation）是学生选择研究生阶段学习的五个主要动力；大部分美国研究生和国际研究生都倾向于有条理的课程学习、通过上课听讲获得信息，对学业成就具有高期待、中等的同伴关系偏好（peer affiliation）、自己设定目标、与导师保持紧密的私人关系。④

国际研究生的生源国、留学身份、对接收国的了解程度、对学习项目的了解程度对其学术适应产生显著影响。布拉斯克·玛丽贝尔（Blasco Maribel）从文化全纳教育学的视角（culturally inclusive pedagogy）通过焦点小组访谈法研究国际学生的学术适应问题，以国际学生的缄默文化知识为背景，从课前预习、课上表现、测试三个环节开展国际研究生学习链的适应性研究，指出国际研究生的学习经历了干扰（disruption）、注意、主动使缄默知

---

① XIANG Y Y. Exploring Chinese international students conceptions of academic success in an American graduate school [D]. Tallahassee: The Florida State University, 2015.

② PALFREYMAN D, MCBRIDE D. Learning and teaching across cultures in higher education [M]. London: Palgrave Macmillan, 2007: 93 - 113.

③ 杨军红. 在美高校内中国留学生的学术适应困难及应对策略：以加州大学圣塔巴巴拉分校的中国留学生为例 [J]. 文教资料，2014 (27)：113 - 117.

④ HUSSEIN M B. Reasons for participation and learning styles of international and of American graduate students in college of agricultural and life sciences and colleges of engineering [D]. Madison: University of Wisconsin-Madison, 1987.

识显性化、贴标签、感受五个适应过程。①

尼亚帕提·饶（Nyapati R. Rao）等人关注医学专业国际研究生的教育，对医学专业国际研究生的职业发展、核心能力、评估和反馈、医师资格认证、医患关系、法律等涉及医学专业国际研究生学习、科研甚至实习、工作的系列教育问题进行深入探讨。② 梁晓、文禹舜的英文专著《中国大陆学生在加拿大研究生项目中的学术适应》（Academic Adaptation：Mainland Chinese Students in Graduate Programs at a Canadian University）③ 采用质性研究方法，选取加拿大卡尔加里的中国研究生为研究参与者，从研究生和学校管理者双重角度解读了中国研究生在加拿大高校研究生项目就读过程中遇到的学术障碍及应对策略，在此基础上对比分析了中国和加拿大研究生教育的异同及各自的特色。一项基于社会学习理论（social learning theories）对加拿大国际学生中研究生学术成长问题的研究结果表明，国际研究生通过大量练习、获得导师的指导等方式完成学术适应。④ 丝玛拉·巴萨万娜（Simmala Buasawan）的博士学位论文《美国高校中老挝、越南国际研究生的跨文化适应研究》探讨了来自越南和老挝的国际研究生在学习过程中的文化适应问题。研究的主要发现在于老挝和越南奉行集体主义文化，而美国盛行个人主义文化，文化的巨大差异以及语言障碍为老挝和越南的国际研究生适应美国高校的学习方式带来了巨大的挑战。"文化距离"是影响国际研究生跨文化适应的重要因素。在适应美国研究生教育中的多元文化课堂过程中，老挝和越南的国际研究生不仅改变了自身的生活和学习环境，还进行了艰难的心理适应过程，他们经历了准备、转变、成长和反思的适应过程。⑤

刘小军通过研究发现，中国研究生阶段的国际学生教育存在课程学习和培养体系缺乏针对性、科研资源利用有限，实践能力和创新能力培养不够、素质教育不足、缺乏有针对性的培养计划及学位管理不完善的问题。⑥ 中国

---

① MARIBEL B. Making the tacit explicit：rethinking culturally inclusive pedagogy in international student academic adaptation [J]. Pedagogy，culture & society，2015 (23)：85 – 106.

② RAO N R，ROBERTS L W. International medical graduate physicians：a guide to training [M]. Switzerland：Springer，2016：3 – 7.

③ 梁晓，文禹舜. 中国大陆学生在加拿大研究生项目中的学术适应 [M]. 长沙：湖南师范大学出版社，2013：68 – 172.

④ PALMER Y M. Student to scholar：learning experiences of international students [J]. Journal of international students，2016 (6)：216 – 240.

⑤ SIMMALA B. Cross-cultural adjustment of Lao and Vietnamese international graduate students in the United States [D]. Milwaukee：University of Wisconsin-Milwaukee，2012.

⑥ 刘小军. 研究生层次外国留学生培养的几点思考 [J]. 学位与研究生教育，2006 (7)：47 – 50.

全英文授课国际研究生教育项目遭遇语言不畅、英文资源缺乏、课程一刀切、研究旨趣差异显著等挑战。克服这些挑战需要采取改变对国际研究生教育的认识、打通国际研究生教育与本土研究生教育的通道、互通有无、共享资源等解决方案。① 朱红等人通过对中国一所高校为国际研究生开设的英文研究讨论会（research seminar）的研究指出，研究讨论会是一种自主性较强的研究生教育形式，不仅为不同学科的国际研究生之间的交流提供了平台，还帮助了国际研究生建立学术友谊。通过小组合作的方式促进国际研究生共同解决研究问题，有利于国际研究生接受全方位的学术训练。② 也有学者关注了国际研究生的性别、婚姻、专业对其学习的影响以及对未来职业选择的影响。一项对美国国际研究生职业选择的研究表明，国际研究生对未来工作地点的选择依次是：回生源国、留在美国以及去除此之外的第三国。其中，专业、性别、地理位置都是就业选择的显性影响因素。③

## 四、对已有研究的反思

通过对国际研究生学术适应相关文献资料的梳理发现，现有研究成果集中于以美国、英国、澳大利亚为代表的国际学生接收国中。国际研究生学术适应的相关研究与国际学生跨文化适应的研究互相交织。已有研究在国际学生跨文化适应的影响因素、障碍、克服措施、社会支持等方面积累了较为丰富的研究成果，为开展国际研究生的学术适应研究奠定了基础。然而，现有研究对国际研究生学术适应的研究有限，研究深度不够，关注群体单一，且缺乏系统性和对国际研究生学术适应过程的全景呈现。国际研究生学术适应的策略、学术支持、科研差异及科研适应等方面还有很大的研究空间。

### （一）学术适应研究与跨文化适应研究相互交织

随着国际学生的跨国流动呈现出多极化趋势，世界不同国家对高等教育领域学生的跨国流动和学术适应的关注不断提升。现有文献的检索结果表明，对来自东亚国家的国际学生在英语国家跨文化适应的研究最多。国外跨

---

① 朱红，马云鹏. 高等教育国际化新思维：来自全英文授课国际研究生教育实践的探讨［J］. 大学教育科学，2012（6）：46－51.

② HONG Z，EGBUONU N G L. Creative moments in company：a quality pursuing case of an international graduate education program in a Chinese university［M］//Quality assurance in Asia-Pacific universities. Switzerland：Springer International Publishing，2017：71－89.

③ SHEN Y J，HERR E L. Career placement concerns of international graduate students：a qualitative study［J］. Journal of career development，2004（9）：15－29.

文化适应的研究者多数来自中国大陆、韩国、中国台湾地区等硕士和博士研究生这些高学历群体。① 由于近年来我国对来华留学生的关注日益增多，学者对来华留学生的跨文化适应开展较丰富的研究，其中以来华留学生和中国赴美国高校求学的国际学生为主要研究对象。来华留学生跨文化适应的研究以硕士学位论文为主，研究成果于 2010 年之后增长迅猛，但研究内容呈现出较强的同质性。

大量对国际学生学术适应的研究作为一个子维度包含于跨文化适应研究之中。学者倾向于将国际学生的跨文化适应分为社会适应、心理适应和学术适应三个方面，对文化适应、心理适应和学术适应的界限划分清晰度不够。国际学生学习、生活等各个方面的适应因素交融为跨文化适应这一个集合体，研究缺乏针对性。

## （二）对国际学生学术适应的研究逐渐立体化

国际学生的学术适应不同于跨文化适应，跨文化适应是一个动态反复的适应过程，学术适应伴随着国际学生学术能力的不断增强，呈现出螺旋式上升的发展态势。

从国内外学者对国际学生学术适应的现有研究成果来看，国际学生学术适应的研究逐渐丰富，相比于圈囿于国际学生学术适应过程中遇到困难及如何克服困难的研究，对该领域的研究逐渐拓展到国际研究生的求学动机、支持、资源、国际学生的求学经历对职业规划、学科身份等各方因素的影响。不同的学科视角也为该领域的研究带来了全新的研究图景，心理学、管理学、STEM 学科中对国际学生学术适应的研究初见端倪。此外，人口学统计变量因素（如年龄、性别、家庭情况等）对国际学生学术适应的影响也逐渐增多，越来越多的学者关注国际学生学术适应过程中学习方式、写作、自我期待、与导师的互动等具体问题，为不同群体国际学生的学术适应提供了多样化参考。

## （三）对国际学生学术适应研究的研究方法逐渐丰富

国内外学者对国际学生学术适应的研究关注国际学生的就读体验，采取了质性研究方法、量化研究方法、混合研究方法等多种研究方法，其中，不乏以学理为基础的思辨研究。

首先，在质性研究方法的使用过程中，现象学、扎根理论、民族志是较

① 黄展．近十年来国际学生跨文化适应的国外研究新进展［J］．比较教育研究，2014（8）：88－92．

为常见的研究方法。中国学者对国际学生学术适应的研究大量采用以访谈为主的质性研究方法。质性研究方法不仅能够获得真实的一手数据，还可以根据具体的研究问题和研究参与者建构出相对应的理论模型。

其次，国际学生学术适应的量化研究多关注国际学生的个人因素、外界支持等对学术适应产生的影响、国际学生学术适应策略的选择等问题。学者通过修订心理学、社会学的心理压力、学业测量、语言和文化水平等量表，研究国际学生的学术适应问题，深度剖析了国际学生学术适应的现状，为后续研究提供了大量实证数据。

最后，一些学者采用量化研究和质性研究相结合的研究方法，在数据挖掘的基础上，结合国际学生的经验感受回答了国际学生如何开展学术适应的问题。对国际学生学习习惯、文化背景以及跨国求学经历对其身份认同影响的研究多以基于思辨研究的理论研究为主。

### （四）国际研究生的学术适应研究有待深入

综合以上研究可以发现，目前学界开始关注国际学生学术适应的专门研究，但基于国际学生群体的多样性，国际学生中研究生阶段教育的独特性及研究生教育与本科教育之间的巨大差异，对国际研究生学术适应的研究相对缺乏。

高等学校学生的国际流动呈现出多元化态势，加之很多国家进入了高等教育大众化阶段，人们对高质量高等教育的需求越来越强烈。知识和科技的迅猛变革使得各国对人才综合能力的要求越来越高。以上因素导致世界范围内国际研究生的全球流动加剧，在海外高校攻读硕士或博士学位的国际学生数量不断增多，流动趋势以发展中国家的学生到发达国家高校接受研究生阶段教育为主。国际研究生具有稳定的学术目标，扮演更多的社会角色。面对庞大的国际研究生群体，开展有针对性的研究，帮助国际研究生在课程学习、学术研究等方面开展学术适应，在促使国际研究生取得学业成功方面，仍有很大的研究空间。

# 第一章　研究设计

精神科学比自然科学有着更多的疑虑、矛盾和不确定性。因为自然科学乃是去寻找普遍的、规律性的自然法则，而精神科学则是要通过历史个体的内心体验，对各种特殊、具体的生活现象及事实的意义做出解释。精神科学极为重要的范畴是表达、意义和理解。生活不能直接把自身揭示给我们，而只能通过心灵的客观产物加以照亮。这种客观产物构成了表达，对意义的把握需要一个特殊而复杂的精神活动，即理解。

——狄尔泰《精神科学引论》

研究设计不仅是研究的前期准备，更重要的是保证研究科学性、严谨性并贯穿研究始末的纲领性指导。本研究的研究设计包含研究的理论基础、研究方法的选择、具体实施和研究思路四个部分。

## 第一节　理论基础

理论包含了研究的基本概念、术语和思想，是一个概念模型，同时也是抽样、研究方法的实施以及数据分析的依据。人文社会科学领域的理论是一个研究视角，能够帮助人们清晰地阐释领域内的基本问题。质性研究对研究问题的表述和对研究问题的解答需要理论框架做指导，[①] 理论能够帮助质性研究者解释问题，寻找研究现象中的内在联系和规律。来自文献研究的正式理论与研究者个人理解的默会理论（tacit theory）相结合，有助于将一个问题、一种好奇的现象、一群沉默且被边缘化的人，或者一个可以质疑的议题转化为研究焦点，并形成更具有推广性的研究视角。[②]

① MERRIAM S B. Qualitative research：a guide to design and implementation［M］. San Francisco，CA：Jossey-Bass，2015：84－85.

② 马歇尔，罗斯曼. 设计质性研究：有效研究计划的全程指导［M］. 何江穗，译. 5版. 重庆：重庆大学出版社，2015：76.

## 一、转换理论的内涵

转换理论（transition theory）探讨个体身份、角色如何转换的问题，是心理学领域成人发展理论（adult development theory）的一个分支，由“发展”、“情景”、“生命周期”和“转换”四个研究视角组成，其中，“转换”是成人发展理论的高级阶段，“发展”“情景”“生命周期”是转换理论的基础。

20世纪80年代，心理学家丹尼尔·莱文森（Daniel Levinson）将个体发展分为不同时期，指出每一个时期都有重要的发展任务，主要是建立和维持各种生活模式。不同的发展时期之间存在一个“转换期”（transitional period），即对原有生活结构的重新质疑和评估，探讨对个体内部以及外在世界观点改变的可能性，以便重新做出选择和决定，并成为新生活结构的基础。莱文森对个体生命周期的划分以及“转换”概念的提出为理解处于成人早期的国际研究生开展异国学术文化的适应提供了心理学基础。按照莱文森对个体生命周期的划分，研究生阶段的教育发生在人的早年成年期（22~40岁），这一时期，研究生作为社会个体，承担着履行社会职责并寻找社会认同的阶段性生命使命。早年成年期同时也是个体做出重要决定并奠定未来社会角色的时期。

## 二、转换理论的理论模型

心理学家安德森（Anderson Mary）、古德曼（Goodman Jane）和斯库勒斯伯格（Schlossberg Nancy）通过大量实证研究，在个体生命周期理论的基础上发展了转换理论，并建构起了转换理论的模型，转换模型包括转换准备、转换过程中的资源和转换强化三个依次变化的发展阶段，如图1-1所示。

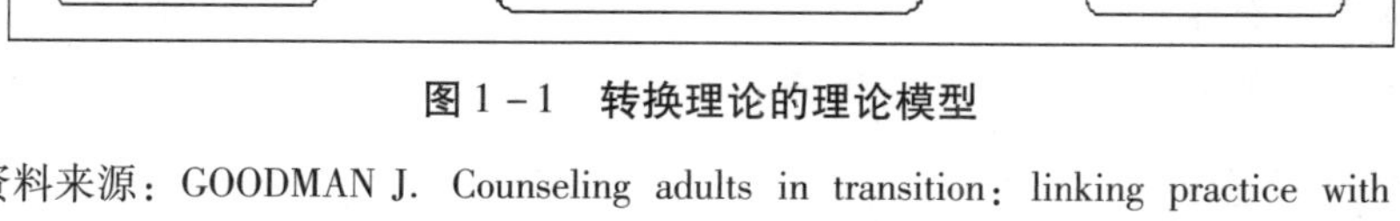


**图1-1　转换理论的理论模型**

资料来源：GOODMAN J. Counseling adults in transition: linking practice with theory [M]. New York: Springer Pub. Co., 2006.

转换的准备指转换之前的调试。在转换过程中，个体会受内外部条件的影响，这些因素构成了克服转换过程中遇到的困难和可以利用的资源。转换发生后，个体会采取相应的措施强化所获得的资源和策略。①

在转换理论的三个发展阶段中，转换过程中的资源是转换模型的核心，由“情景”（situation）、“自身”（self）、“支持”（support）、“策略”（strategies）构成相互循环的“4S”系统，具体要素如图 1－2 所示。

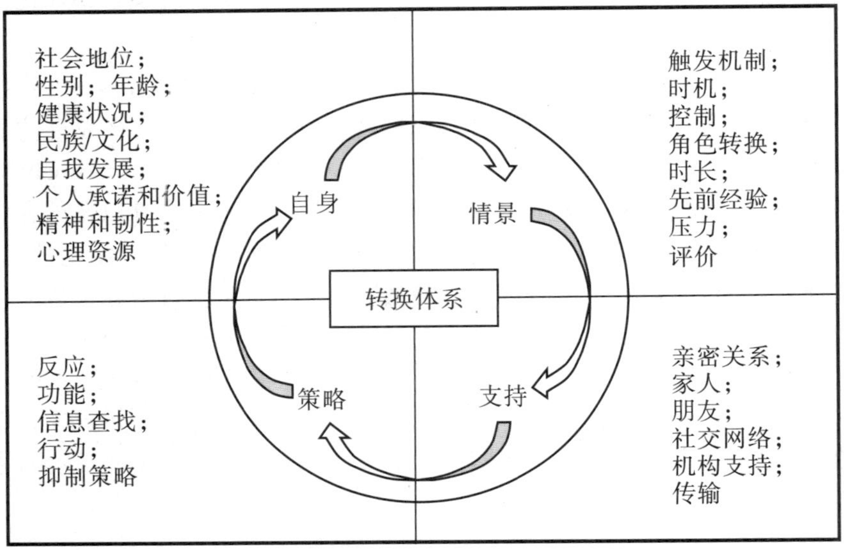


**图 1－2　转换理论“4S”系统**

第一，“情景”是个体的真实处境，指身边发生了什么事情，给主体带来了哪些变化，这个过程是否伴随很多外在压力。具体而言，情景包含了如下八个部分：（1）转换的触发机制；（2）事情变化的时机；（3）个体在多大程度上能够控制转换的发展；（4）个体的角色发生了哪些方面的转换；（5）转变的时长是暂时的还是永久的；（6）先前是否有类似的经验；（7）转换带来了哪些并发压力；（8）个体对情景的感受是积极的、消极的还是中立的。

第二，“自身”指转换发生在哪个个体身上，个体有什么样的特征。每个个体生活在不同的成长环境中，形成了不同的性格特点，“自身”的因素各不相同，有可能是有助于顺利度过转换期的有利因素，也有可能是阻碍转

① ANDERSON M. Counseling adults in transition: linking schlossbergs theory with practice in a diverse world [M]. New York: Springer Publishing Company, 2011: 38.

换发生的不利因素。“自身”由人口统计学变量和个人心理素质两个部分组成。其中，人口统计学变量包括个人的社会经济地位、性别、年龄、健康状况、民族和文化等事实性要素；心理资源由自我认识的发展、乐观和自我效能、个人承诺和价值、精神和韧性四个方面构成。

第三，“支持”指在转换过程中可以接触到的外界的帮助，主要包括他人对个体转换的帮助。他人主要指亲密关系、家庭的帮助、朋友等社交网络、机构或社区中的人。外界的支持不仅能够为个体的转换提供资金、工具等物质性支持，还可以提供技能、心理疏导、认知策略等心理性支持。

第四，“策略”指个体为克服困难而采取的措施。具体包括个体对新变化做何反应，在转换过程中发挥了什么样的功能，搜寻有利信息，采取及时有效的行动，对适应所带来消极心理变化的抑制，等等。策略可以分为三种类型：一是对环境的改变；二是对所遇到的问题的控制；三是为适应新的环境而改变自己，控制压力，适应新变化。转换是一个自我更新的过程，也是生命中的必然，它能够改变人们的行为、想法、自我认知乃至世界观。每个个体经历的转换过程不尽相同，也并非每一次转换都能够成功地克服困难，但是在转换过程中，即使个体的经历非常痛苦，这个过程也是得到成长和新发现的过程。

## 三、转换理论在本研究中的作用

首先，转换理论符合国际研究生的年龄特点，为理解国际研究生的学术适应提供了理论视角。国际研究生选择跨国接受研究生阶段的教育主要发生在完成本科学业或者积累了早期工作经验之后，年龄阶段集中于 25 ~ 35 岁之间。该阶段是个体向能够独立承担社会责任、寻求在社会中的地位转变的阶段。面对全新的生活环境和学业压力，国际研究生要在适应新的学习环境的同时完成向成年人身份和角色的转变。转换理论作为成人发展理论的一个分支，主要探讨个体如何向成年人转变的问题，与国际研究生的“转换期”相吻合，为开展国际研究生的学术适应提供了心理学基础。

其次，转换理论为研究国际研究生的学术适应提供了基础性、可供参考的分析框架。转换理论将转换分为转换准备、转换过程中对资源的运用以及对转换过程中所用到的资源和策略的强化三个主要步骤，是个体社会角色转换的一般规律。国际研究生在跨国学习过程中不仅要经历向成年人社会角色的转变，还要完成对不同学术氛围、学习习惯、科研环境的适应和转变，作为一名研究生，还需要经历从“学习者”向“研究者”的转变。转换理论中转换过程资源的“4S”系统为分析国际研究生学术适应的影响因素、过程、策略、支持提供了系统的理论支持。"4S" 系统涵盖个体在社会角色转换阶段，包括自身、外部环境在内近 30 个要素，为全面呈现国际研究生学术适应的整体图景和要素之间的互动关系奠定了理论基础。

转换理论按照个体转换的结果将转换分为意料之中的转换、意料之外的转换、被期待但未实现的转换（nonevent）。该分类涵盖了转换完成后的不同结果。在经历了不同的适应阶段之后，国际研究生的学术适应也会呈现出或积极或消极的适应结果。转换理论为分析国际研究生学术适应的效果提供了可供参照的理论标准，丰富了建构国际研究生学术适应解释模型的视角。

## 第二节　研究方法

### 一、研究方法的选择

量化研究与质性研究是社会科学领域两类主要的研究路径，用于解释不同类型的研究问题。量化研究关注因果因素，依赖数值型数据，是验证性的或"自上而下"的方法，研究者采用数据检验研究假设或理论，遵循普遍的科学标准。[①] 质性研究通过分析人的语言和行为，探求并理解个人或团体的问题或社会活动意义，适用于旨在获得多数研究参与者的意义生成、对社会现象的理解、社会和历史构建及理论生成的研究。[②] 量化研究采用"窄角镜头"，在同一时间关注一个或几个因果因素，例如，变量 $X$ 是否或在多大程度上导致了变量 $Y$ 的问题。质性研究采用"广角、深角镜头"，检验人类在自然条件下的选择和行为，关心 $X$ 在产生 $Y$ 的过程中发挥了什么样的作用，以及过程是怎样的问题。[③] 质性研究方法能够采取更加贴近行动者的视角，帮助人们理解社会现象，并在真实的生活场景中开展意义建构。

研究方法的选择依赖研究目的和具体的研究问题，需要保持研究范式各要素的统一性。"范式"（paradigm）指研究的基本假设、思考方式、方法论

---

① 约翰逊，克里斯滕森. 教育研究定量、定性和混合方法［M］. 马健生，等译. 4 版. 重庆：重庆大学出版社，2014：34.

② HOGAN J. Approaches to qualitative research theory & its practical application—a guide for dissertation students［M］. Cork：Oak Tree Press，2011：7 -9.

③ 约翰逊，克里斯滕森. 教育研究定量、定性和混合方法［M］. 马健生，等译. 4 版. 重庆：重庆大学出版社，2014：35.

的知识体系，是引导研究者解释和理解研究现象的知识构架。[①] 实证主义、建构主义（解释主义）以及批判主义是当前教育研究领域常用的三种基本研究范式，其具体适用范围如表 1 – 1 所示。

**表 1 – 1 教育研究中主要研究范式表**

| 研究范式 | 理论类型 | 研究问题 | 叙述类型 |
| --- | --- | --- | --- |
| 实证主义 | 逻辑演绎 | 处理因素之间的关系 | 科学报告 |
| 建构主义/解释主义 | 解释、归纳 | 开放式、影响类问题 | 解释说明 |
| 批判主义 | 马克思主义、女性主义等 | 涉及社会阶层、文化资本、女性、不平等问题 | 历史的、经济的、社会文化的分析 |

资料来源：（根据以下资料整理）DENZIN N K，LINCOLN Y S. Introduction：the discipline and practice of qualitative research in collecting and interpreting qualitative materials [M]. Thousand Oaks：SAGE Publications，2003：1 – 45.

本书着力探讨国际研究生如何开展学术适应这一核心研究问题，具体探讨国际研究生学术适应的影响因素，如何克服学术适应过程中的困难，以及学术适应对国际研究生产生了哪些影响三个子问题。该研究侧重于对问题的解释以及对影响因素的归纳，是开放式、影响类的研究，遵循建构主义的研究范式，研究设计属于质性研究方法的范畴。

质性研究方法是多种不同研究方法的统称，包括话语分析、参与式行动研究、叙事研究、现象学研究、民族志研究、扎根理论研究等。研究问题的类型、期望达到的研究结果以及开展研究的主客观条件是选用具体研究方法的主要依据。本研究围绕核心研究目的，将研究问题拆解成具体的子问题，并根据具体的研究问题选用适切的研究方法收集数据。本研究分别采用了观察法、实物收集法和访谈法三种研究方法，研究问题以及研究方法的选择如表 1 – 2 所示。研究者作为局内人开展研究，研究参与者为麦大的国际研究生、教师以及国际学生办公室工作人员，研究生包括硕士研究生和博士研究生。

① 加洛蒂. 认知心理学 [M]. 吴国宏，译. 西安：陕西师范大学出版社. 2005：18.

**表 1－2　本研究具体研究方法的选择**

| 研究问题 | 具体研究方法的选择 |
| --- | --- |
| 1. 国际研究生在学术适应过程中遇到了哪些问题? | 访谈法：对研究参与者（国际研究生及国际研究生导师）开展半结构访谈，了解国际研究生学术适应过程中遇到的学术差异以及困难。<br>实物收集法：收集培养单位研究生教育的规定性文件，利益相关者对国际研究生的要求等实物资料，补充说明国际研究生学术适应过程中遇到的问题 |
| 2. 国际研究生如何克服学术适应过程中的困难? | 访谈法：通过对研究参与者（国际研究生、国际研究生导师、国际学生服务办公室工作人员）的半结构访谈，探求国际研究生克服学术适应困难、处理学术差异的方法，分析影响国际研究生学术适应的因素。<br>观察法：通过对研究参与者学习/科研活动的观察，考察国际研究生处理学术差异及学术适应障碍的策略 |
| 3. 学术适应过程对国际研究生产生了什么样的影响? | 访谈法：对研究参与者（国际研究生）开展半结构访谈，了解学术适应过程对国际研究生学术成长所产生的积极/消极影响及学术适应带给国际研究生的改变。<br>实物收集法：收集国际研究生的作业、论文等资料，分析国际研究生学术适应过程的细节对学术适应产生的影响及学术适应的实然效果 |

## 二、研究地点的选择

案例研究是社会科学领域常用的研究方法，适用于在真实的情境中回答“怎么样”以及“为什么”的问题。① 选择特定的案例开展实证研究不是简单的选点调查，是对客观世界的某个具有典型性特征的个人、事件、社会集团或者社区所进行的深入的全面的研究，② 最显著的特征是“描述客观世界的真实故事”。本研究选取美国威斯康星大学麦迪逊分校为案例，主要基于以下三个原因。

① YIN R. Case study research: design and method [M]. Thousand Oaks: SAGE Publications, 2002: 1.

② 徐增阳. 个案结论的普适性与实证研究的科学性：农村政治研究方法两题兼评《岳村政治》[M] //邓正来. 中国书评：第三辑. 桂林：广西师范大学出版社，2005：16.

首先，麦大是美国公立研究型大学的典型代表。威斯康星大学始建于1848年，位于美国威斯康星州，是一所综合性研究型公立大学，享有较高的国际声誉。受1862年《莫里尔法案》的影响，美国成立了一大批公立州立大学，排名前五名的公立州立大学依次是加利福尼亚州、密歇根州、威斯康星州、明尼苏达州和伊利诺伊州的公立州立大学。这些大学纷纷实施“教学和科研相结合”的办学理念，重视发展研究生教育，成为美国公立研究型大学的典型代表。美国的研究生教育发生在三种不同类型的高等教育机构中，分别是新建的研究型大学，如约翰·霍普金森大学、克拉克大学；著名的私立大学，如哈佛大学、哥伦比亚大学；以及公立研究型大学，如加利福尼亚大学和威斯康星大学。美国一流的公立大学和私立大学具有非常明显的相似性，顶级私立大学（哈佛大学、耶鲁大学、哥伦比亚大学、芝加哥大学、普林斯顿大学）和与之相对应的公立大学（加利福尼亚大学、威斯康星大学、密歇根大学、伊利诺伊大学、明尼苏达大学）归属于同一个美国大学协会。[①]

高校经费来源是判断高校性质的主要依据。联邦政府资助项目是麦大最大的经费来源，以2016—2017学年为例，麦大接受的联邦政府资助占总预算的30%。排名第二的经费来源是学生学费，比例为19%。[②] 麦大科研经费在全美高校中排名第六，2016年，麦大博士学位授予数量位列美国第三位。[③] 在美国诸多大学中，威斯康星大学麦迪逊分校与加州大学伯克利分校齐名，代表了美国公立研究型大学的最高水平。[④] 麦大在2015年世界大学学术排名（Academic Ranking of World Universities）中位列第24位。威斯康星大学因20世纪初期提出将英国寄宿制学院和德国研究型大学特点相结合的“教育服务社会”的威斯康星理念，并开辟了高等教育领域继教学、科研之后的服务社会的第三大职能而蜚声全球。威斯康星理念不仅奠定了麦大发展的历史根基，也树立了麦大的基本办学理念。

2014年，在美国公立大学就读的国际研究生数量占国际研究生总数的21%。其中，大部分国际研究生为全日制研究生，占美国全日制研究生总数

---

① 1900年，美国成立了美国大学协会（Association of American Universities，AAU），旨在提升美国大学的教育质量，并改变欧洲人对美国研究生教育的偏见，促进办学质量较差的高校开展质量改进。参见：格拉汉姆，戴蒙德. 美国研究型大学的兴起：战后年代的精英大学及其挑战者［M］. 张斌贤，於荣，王璞，译. 保定：河北大学出版社，2008：9.

② 2016 - 2017 Fast facts［EB/OL］. https://apir. wisc. edu/datadigest/201617Digest/Data_Digest_2017_web. pdf.

③ University of Wisconsin-Madison at a glance［EB/OL］.（2017 - 03 - 10）［2017 - 06 - 02］. http://www. wisc. edu/pdfs/uwmadison - factsheet - apr - 2017. pdf.

④ 沃德. 令人骄傲的传统与充满挑战的未来：威斯康星大学150年［M］. 李曼丽，李越，译. 北京：清华大学出版社，2007：12.

的29.5%，[①] 远高于国际研究生在美国研究生总数中所占的18%的比例。美国大学十分重视科研在高校发展中所发挥的重要作用。由于公立研究型大学具有较高的学术声誉，相比于私立高校，公立大学研究生教育阶段的经济成本较低，美国公立研究型大学接收的国际研究生数量比其他类型高校都要多。

其次，麦大国际研究生数量庞大，研究生教育享有国际声望。麦大拥有12类硕士学位点，以及5类博士学位点。[②] 2017年有在读学生43 336名，研究生占在读学生总数的21.2%，研究生包括来自世界130多个国家和地区的国际学生5 000多名。2016年招收的国际学生中，本科生总数为2 640名。2016年，麦大的研究生总数为9 193人，其中，国际研究生数量为2 675名，国际研究生约占研究生总数的30%，[③] 且人数不断增多。美国《开放门户报告》（Open Doors Report）显示，威斯康星州国际学生的数量每年会有5.5%向上浮动的空间。[④] 因卓越的教育质量，麦大多项研究生项目的国际排名名列前茅。在2017年美国新闻与世界报道研究生项目排名中，麦大多个研究生学习项目获得较高的排名，其中，教育学院综合排名为世界第三，课程与教学论、教育心理学的专业排名为第一；社会学系排名第六，社会阶层化研究和社会人口项目的排名分别为第一和第二；历史学排名第九。[⑤] 因卓越的教育质量和良好的办学声誉，麦大每年吸引数以千计的国际学生前来开展研究生阶段的学习。

再次，麦大十分重视国际学生教育，不断推进院校国际化进程。冷战结束之后，世界范围内高等教育全球化进程不断加快，威斯康星大学采取了多种措施开展全面的高等教育国际化进程。为保持领先的发展地位，在高等教育国际化这一新的历史发展时期，麦大准确把握时代脉搏，在全面认识学校发展遇到的内在与外在挑战的基础上，制定出促进学校国际化发展的策略，

---

① Graduate enrollment and degrees：2004－2014［EB/R］．［2017－06－09］．http：//cgsnet.org/ckfinder/userfiles/files/E_ and_ D_ 2014_ report_ final.pdf.

② 麦大可授予的硕士学位包括：文学硕士、科学硕士、会计硕士、工商管理硕士、音乐硕士、工程硕士、法语研究硕士、国际公共事务硕士、社会工作硕士、艺术硕士。可授予的博士学位包括：听力学博士、音乐博士、高级注册护理博士、职业理疗博士、哲学博士。

③ 2016－2017 Fast facts［EB/OL］．［2017－06－02］．https：//apir.wisc.edu/datadigest/201617Digest/Data_ Digest_ 2017_ web.pdf.

④ Open doors fact sheet：Wisconsin［EB/OL］．［2017－04－26］．https：//www.iie.org/Research－and－Insights/Open－Doors/Fact－Sheets－and－Infographics/US－State－Fact－Sheets/2016.

⑤ Graduate programs ranked high by U.S. News & World Report［EB/OL］．（2017－03－13）［2017－04－26］．http：//news.wisc.edu/uw－madison－graduate－programs－ranked－high－by－u－s－news－world－report－2/#sthash.4CV3F4v6.dpuf.

吸引了大量国际学生前来深造。自 2010 年始，麦大开始制定阶段性的五年发展战略规划，《麦大校园战略规划 2010—2014》以及《麦大校园战略规划 2015—2019》都提出要按照能力和个人价值（merit）在世界范围内招收优秀学生，并加大科研投入。[①] 与此同时，威斯康星大学不断完善对国际学生的服务和管理措施，以满足不同群体国际学生的需求为出发点，营造具有文化多样性的人文环境，进而提升国际学生的就读体验，提高教育质量，促进高校可持续发展。

## 三、抽样方法

### （一）目的抽样方法的使用

抽样方法的选择决定研究数据的代表性和研究结论的可信度。在数据抽样时应考虑样本的数量、代表性、数据的可获得性等因素，本研究主要采取目的抽样法选取研究参与者。

目的抽样指研究者明确研究目标总体的特征，设法找到具有这些特征的个体的抽样方法。[②] 目的抽样表现出研究参与者的群体特征，有利于直接、快速地寻找研究样本，并合理收集研究数据，是最有效的抽样方式。目的抽样必须考虑样本总量的分布特点。由于本研究的研究参与者为 2016—2017 学年在麦大学习一年以上的国际研究生，包括硕士生、博士生和交换、访问研究生。通过文献梳理，研究者发现，国际研究生群体中的博士生承担了较多的科研任务，与理工科国际研究生相比，人文社会科学专业的国际研究生所需要克服的学术差异较大，在学术适应过程中遇到的问题较多，学术适应的过程较长。因此，本研究选取较多数量的人文社会科学专业的国际博士生作为研究参与者。

基于麦大国际研究生文化背景的多样性以及研究者在异域文化情境中开展跨文化研究的现状，为最大限度地涵盖研究样本的总体特征并与研究参与者建立起联系，在样本选取过程中，本研究结合了配额抽样与滚雪球抽样的抽样方法。根据预先了解的样本的总体特征选择具体研究参与者的配额抽样方法是本研究抽样时的参照依据。国际研究生的学习专业、种族、性别等因

---

① From Wisconsin and the world: focusing a great university on its core mission, public purpose, and global reach. a strategic framework 2015 - 2019 [EB/OL]. [2016 - 12 - 15]. https://chancellor.wisc.edu/strategicplan2/.

② 约翰逊，克里斯滕森. 教育研究定量、定性和混合方法 [M]. 马健生，等译. 4 版. 重庆：重庆大学出版社，2014：217.

素都是配额抽样的参考指标。研究参与者的范围会对研究结果的可靠性产生影响，本研究理性选择研究参与者，提供尽可能多的视角。在目的抽样的基础上，本研究按照国际研究生的性别、专业、国际研究生来源国的文化和地域特点、国际研究生的学段等因素进一步选取研究样本。2016 年，麦大国际学生中的中国学生总数为 2 147 人，占国际学生总数的近一半，因此，样本选择中的中国学生数量较多。此外，本研究充分运用了滚雪球的数据收集方法，有利于更加方便、高效地与研究参与者建立联系。基于以上原则，本研究共选取国际研究生样本总量 40 个，样本具体分布如表 1－3 所示。

**表 1－3　研究参与者一览表①**

| 序号/代码 | 身份/学位 | 生源地 | 性别 | 学科 | 学段 | 文本字数 |
|---|---|---|---|---|---|---|
| 1INSMM | 硕士 | 印度 | 男 | 理工科 | 硕士一年级 | 1 478 |
| 2CHLAFM | 硕士 | 中国 | 女 | 人文社会科学 | 硕士一年级 | 4 550 |
| 3THLAFM | 硕士 | 泰国 | 女 | 人文社会科学 | 硕士二年级 | 5 696 |
| 4CHLAFM | 硕士 | 中国 | 女 | 人文社会科学 | 硕士二年级 | 5 253 |
| 5CHLAMM | 硕士 | 中国 | 男 | 人文社会科学 | 硕士二年级 | 6 010 |
| 6CHLAFM | 硕士 | 中国 | 女 | 人文社会科学 | 硕士二年级 | 8 580 |
| 7CHSFM | 硕士 | 中国 | 女 | 理工科 | 硕士二年级 | 4 797 |
| 8TKSFM | 硕士 | 土耳其 | 女 | 理工科 | 硕士二年级 | 3 467 |
| 9TKLAMM | 硕士 | 土耳其 | 男 | 人文社会科学 | 硕士二年级 | 3 357 |
| 10CHLAFM | 硕士 | 中国 | 女 | 人文社会科学 | 硕士二年级 | 2 749 |
| 11CZSME | 交换硕士 | 捷克 | 男 | 理工科 | 硕士一年级 | 2 154 |
| 12FLAFE | 交换硕士 | 法国 | 女 | 人文社会科学 | 硕士一年级 | 2 164 |
| 13CZSME | 交换硕士 | 捷克 | 男 | 理工科 | 硕士二年级 | 2 930 |
| 14CHLAFD | 博士 | 中国 | 女 | 人文社会科学 | 博士一年级 | 6 864 |
| 15KZLAFD | 博士 | 哈萨克斯坦 | 女 | 人文社会科学 | 博士一年级 | 6 314 |

① 对样本编码的说明，以 1INSMM 为例，IN 为生源国印度（India）的缩写；S 表示学科分类中的理工科（Science），LA 为文科（Liberal Arts）；M 为性别，男性为 M（Male），女性为 F（Female）；M 代表硕士学位（Master），博士学位为 Doctor。此外，V 表示访问生身份（Visiting）；E 表示交换生身份（Exchange）。访问生为不修学分的学生，交换生为有学分要求的学生。

续上表

| 序号/代码 | 身份/学位 | 生源地 | 性别 | 学科 | 学段 | 文本字数 |
|---|---|---|---|---|---|---|
| 16CHSFD | 博士 | 中国 | 女 | 理工科 | 博士一年级 | 3 932 |
| 17ZMSFD | 博士 | 赞比亚 | 女 | 理工科 | 博士二年级 | 2 713 |
| 18SKSFD | 博士 | 韩国 | 女 | 理工科 | 博士一年级 | 2 006 |
| 19CHSFD | 博士 | 中国 | 女 | 理工科 | 博士一年级 | 6 950 |
| 20BRLAFD | 博士 | 巴西 | 女 | 人文社会科学 | 博士一年级 | 4 174 |
| 21CISMD | 博士 | 智利 | 男 | 理工科 | 博士二年级 | 5 900 |
| 22SKLAFD | 博士 | 韩国 | 女 | 人文社会科学 | 博士二年级 | 2 873 |
| 23CHSMD | 博士 | 中国 | 男 | 理工科 | 博士二年级 | 6 223 |
| 24PLLAFD | 博士 | 菲律宾 | 女 | 人文社会科学 | 博士二年级 | 1 998 |
| 25BSFD | 博士 | 巴基斯坦 | 女 | 理工科 | 博士二年级 | 6 905 |
| 26CTSMD | 博士 | 中国台湾 | 男 | 理工科 | 博士三年级 | 5 442 |
| 27CTLAMD | 博士 | 中国台湾 | 男 | 人文社会科学 | 博士三年级 | 3 899 |
| 28SKLAMD | 博士 | 韩国 | 男 | 人文社会科学 | 博士三年级 | 5 877 |
| 29CLAFD | 博士 | 哥伦比亚 | 女 | 人文社会科学 | 博士三年级 | 3 575 |
| 30SPLAFD | 博士 | 西班牙 | 女 | 人文社会科学 | 博士三年级 | 7 002 |
| 31CHSFD | 博士 | 中国 | 女 | 理工科 | 博士四年级 | 6 619 |
| 32CHLAFD | 博士 | 中国 | 女 | 人文社会科学 | 博士四年级 | 8 008 |
| 33IRLAFD | 博士 | 伊朗 | 女 | 人文社会科学 | 博士四年级 | 4 074 |
| 34ZBLAMD | 博士 | 津巴布韦 | 男 | 人文社会科学 | 博士四年级 | 5 906 |
| 35CHLAFD | 博士 | 中国 | 女 | 人文社会科学 | 博士四年级 | 4 255 |
| 36ILAME | 交换博士 | 以色列 | 男 | 人文社会科学 | 博士三年级 | 4 383 |
| 37BESMV | 访问博士 | 比利时 | 男 | 理工科 | 博士三年级 | 1 300 |
| 38BRLAFV | 访问博士 | 巴西 | 女 | 人文社会科学 | 博士三年级 | 6 207 |
| 39CHSFV | 访问博士 | 中国 | 女 | 理工科 | 博士二年级 | 5 635 |
| 40CHSMV | 访问博士 | 中国 | 男 | 理工科 | 博士二年级 | 5 647 |

在样本中，人文社会科学国际研究生 23 人，约占 58%；理工科国际研究生 17 人，约占 42%。男生 14 人，女生 26 人，男女生比例约为 3∶5。硕士生13 人，博士生 27 人，硕士与博士的比例约为 1∶2。本研究的研究参与者来自世界 20 个不同的国家和地区，其中，中国学生 17 人（含台湾地区），亚洲其他国家的学生 10 人，欧洲国家学生 7 人，南美洲国家学生 4 人，非洲国家学生 2 人。攻读学位的国际研究生 32 人，交换和访问身份的国际研究生 8 人。访谈转录访脚本共计 187 866 字。

## （二）对样本“代表性”和“典型性”的讨论

质性研究对研究样本的选择要兼顾样本的“代表性”和“典型性”。“代表性”侧重研究样本是否能够涵盖研究对象的群体特点，“典型性”侧重个体样本的选择是否能够有效地解释研究对象。目的抽样方法能够使研究者在抽样之前通过分析研究对象的群体特征，在具体研究问题的指导下选择具有研究对象“典型”特征的样本，从而使得样本能够对研究问题做出“代表性”的解释和说明。本研究立足对麦大国际研究生学术适应的关切，关注点为麦大国际研究生群体，不同文化背景、不同年龄阶段、不同学科的国际研究生都为麦大国际研究生群体的有机组成部分，因此，本研究在样本抽样时并没有对具有不同人口统计学变量特点的国际研究生做区别性对待。为最大限度地涵盖麦大国际研究生的整体特征，本研究在可以利用的研究条件中，抽样时尽可能地邀请不同文化背景、不同年龄阶段、不同学科、不同性别的国际研究生作为研究参与者。随着研究不断推进，研究者发现，不同文化背景、不同年龄阶段以及不同学科类型的国际研究生在学术适应过程中呈现出一些类别化的差异性特征，本研究对这些差异性的类型特征开展了进一步的讨论（见结论）。普遍性蕴藏于个性之中，具有不同身份、学科等方面特征的国际研究生为麦大国际研究生群体的组成部分，是本研究样本的有机组成部分。

## （三）对样本所在学习阶段分布的思考

不同年级、不同学习阶段的国际研究生的学术适应过程不尽相同，本研究利用扩大研究参与者年级跨度的方法弥补研究参与者个体特殊性不足的缺陷。首先，很多受访的国际研究生表示学术适应在刚开始的时候最为艰难，大部分学术适应困难是在入学的第一年间克服的。在对高年级国际研究生的访谈过程中，他们仍然会回忆起入学伊始的学术适应过程。“国际研究生学术适应”这个问题本身的特殊性一定程度上弥补了研究参与者分属于不同学习阶段给研究结论可靠性带来的影响。其次，国际研究生本身包括不同学习阶段的国际研究生，不同年级的国际研究生是本研究的基本组成单元。本研究在目的性抽样时将国际研究生的就读阶段作为重要参考指标，一方面可以描绘国际研究生学术适应贯穿硕士一年级到博士毕业年级的全景，另一方面，共性存在于个性之中，通过对不同个体国际研究生学术适应的研究提炼出国际研究生学术适应的一般特征和规律，能够为结论的推广性做出贡献。

## 四、数据收集

在质性研究中，听、观察、理解都是数据收集的重要方式。① 根据研究问题，本研究采取访谈法、观察法和文献收集法收集数据。数据收集是一个持续的过程，本研究于 2016 年 11 月开始收集预研究数据，正式收集数据始于 2017 年 2 月，于 2017 年 8 月结束。

研究者利用在麦大教育学院开展博士生联合培养的机会进入研究现场。作为一名联合培养博士生，研究者可以参与麦大的课程学习、研讨会、讲座等学习活动。研究者积极参与麦大举办的国际学生社团活动（土耳其、巴西、爱尔兰、德国、印度、伊朗、俄罗斯等）、国际学生办公室的学生活动、中国学生联合会活动。在课程学习与参与课外活动过程中广泛与研究参与者建立起联系。研究开始之前，研究者事先与研究参与者取得联系，获得口头及书面同意，并签订知情同意书（见附录一）。通过访谈、观察收集第一手数据，研究者全方位收集与研究相关的文字及实物资料。

### （一）访谈法

质性研究需要厘清研究问题，探究事件发展的过程，研究参与者有哪些真实的体验等。访谈是在特定话题的指导下促使研究参与者建构、探寻特定经历的过程，能够帮助研究者直接获得研究参与者的真实体验。② 访谈是一个呈现意义的过程，人们从自身的经验和意识出发选择描述事件细节的方式。熟练运用访谈技巧能够增强访谈的有效性。对别人感兴趣是保证访谈质量的主要技巧。访谈法是本研究最重要的数据收集方法。本研究采取面对面、一对一的半结构访谈，每次访谈历时 30 ~ 60 分钟不等，平均时长为 40 分钟。深度访谈的目的不是为了找到特定问题的答案，也不是验证假设，而

---

① LECOMPTE M D. Designing & conducting ethnographic research: an introduction [M]. New York: Altamira Press, 2010: 36.

② SEIDMAN I. Interviewing as qualitative research: a guide for researchers in education and the social sciences [M]. New York: Teachers College Press, 2006: XI.

是理解他人的生活经验以及基于生活经验的意义建构。①

第一，设计访谈提纲。一般而言，访谈可以分为三个步骤：第一个步骤是让研究参与者在特定的情境中尽可能多地描述经历；第二个步骤是在情景中挖掘细节；第三个步骤是鼓励研究者反思行为的意义。表述清晰、准确、有意义的问题能够引发被访者提供丰富、有意义的回答。为达到以上访谈目的，本研究根据研究的理论框架设置了 10 个访谈问题（访谈提纲见附录二）。一个合理的访谈问题不能同时包含多个问题，本研究将影响类的问题拆分成积极影响和消极影响两个方面，将以上类别的问题作为两个问题向研究参与者分别提出。半结构访谈需要从客观中立的问题，或者人口统计学变量中的基本问题开始，避免敏感的问题，并以轻松的问题结尾。因此，访谈提纲的设计由浅入深，从较为开放的访谈问题开始有利于消除研究参与者的紧张感，促使研究参与者顺利融入访谈过程。

访谈提纲内容包括：研究参与者的个人背景；选择到麦大开展研究生阶段学习的原因；学习和研究过程中遇到的障碍；克服障碍的策略；学术适应过程中比较成功的事例；在麦大学习与生源国学习方式的差异；所获得的学术支持；与指导教师之间的关系；与国际学生以及非国际学生的关系；等等。质性研究中的访谈侧重于寻求行为背后的逻辑以及事情发展的过程，研究问题多表述为过程性问题（how）而非事实性问题（why）。为使研究参与者充分表达自身的感受，访谈最后以开放性问题结尾，使研究参与者能够有机会补充自己的想法。

第二，作为一种关系的访谈。质性研究中的守门员（gatekeeper）是允许研究者进入研究现场或为研究者提供资金及其他条件支持的人或组织。获取守门员的许可是质性研究者进入研究现场的基础条件，获得守门员的支持能够为顺利进入研究现场提供便利。研究者在麦大教育学院的导师是本研究中的关键守门员。在外方导师的帮助下，研究者广泛接触到麦大的国际研究生以及国际研究生指导教师。在本研究的课堂和活动观察阶段，外方导师及研究者所观察课堂的任课教师、活动组织者也扮演了守门员的角色，为研究者迅速进入研究现场提供了有利条件。

访谈的实质是讲故事，研究者应尊重研究参与者，建立“我—你”的主体间性关系。来自于同一种文化背景能够使研究者与研究参与者更容易建立起互信关系和亲密关系（rapport）。为了得到真实的答案和经历，研究者与研究参与者要适当保持距离。研究者在访谈过程中以平等、尊重的态度对待

---

① BROOKS F B，RUBIN H J，RUBIN I S. Qualitative interviewing：the art of hearing data［M］. London：SAGE Publication，2005：14－20.

所有的研究参与者。

与研究参与者建立信任关系是开展访谈的第一步。研究者尽可能地通过上课、讲座、国际学生活动、社团活动等机会主动与研究参与者建立直接联系。为了确保研究参与者的代表性，研究者希望尽可能多地接触到理工科以及中国以外的其他国家的国际研究生。由于研究者在麦大是一名来自中国的联合培养博士生，所在院系为教育政策系，在日常学习和生活中很少有机会能够接触到非中国籍的理工科研究生。研究者利用参与麦大组织的国际学生活动以及麦大不同国家学生社团组织的文化日或其他集体活动“寻找”潜在的研究参与者。麦大国际学生服务办公室在学期中隔周的周二和周四分别举办“global café”和“international student discussion group”活动，联合培养的一年间，研究者也因定期参加以上两项活动而成为麦大多元文化学生中心（multiculture student center）的“积极分子”。此外，研究者还参与了土耳其文化日、伊朗文化日、巴西文化日、印度文化日、俄罗斯音乐节等多种主题文化活动，有幸结识了本研究中的多名研究参与者。

为保证访谈质量，研究者在访谈之前通过直接咨询、朋友介绍、阅读研究参与者的论文等途径充分了解研究参与者的背景信息以建立访谈自信。如果研究参与者知道研究者的身份、研究目的等一系列背景信息，就会更容易建立起互信关系，也会更乐于多表达自己的观点。因此，在建立信任关系时，研究者会主动向研究参与者表明自身的身份，介绍研究目的。

在征求研究参与者的同意后，本研究选取对研究参与者而言较为方便且相对安静的访谈地点开展访谈。本研究中的访谈地点主要为：麦大图书馆、研究参与者的实验室、办公室、咖啡厅、学生活动中心等。访谈是一门艺术，在访谈过程中，研究者保持安静，积极倾听，并做好访谈记录。访谈记录不仅包括研究参与者的话语，还包括研究参与者的语气、语调、停顿、表情、肢体语言等信息，以准确理解研究参与者的真实体验。在倾听过程中，研究者尽量做到听研究参与者讲话的内容，将访谈信息内化，并注意把握内在的声音。在研究参与者表达的过程中，研究者不打扰研究参与者，问题的追问不引导研究参与者。当研究参与者表述不够充分时，研究者通过追问尽量使研究参与者提供更多的解释和例子，充分阐述细节。访谈过程根据研究参与者的个性特点和访谈进展做调整，不能破坏研究者和研究参与者之间的信任关系，以便能够获得更多更加开放和深入的回答。研究者在征得访谈对象同意后，对访谈内容录音，① 并记录访谈的基本内容。

---

① 在所有 40 名研究参与者中，编号为 1INSMM 的研究参与者不同意录音，是唯一一名没有同意录音的研究参与者。

在研究过程中，研究者根据数据收集的基本情况以及研究者的观察，记录田野笔记。田野笔记主要记录对数据收集、数据转录、数据初步分析的思考，并对研究方法和研究问题开展及时反思和记录。本研究的访谈笔记和田野笔记共计近 2 万字。访谈结束后，研究者向研究参与者赠送小礼物表示感谢。为保证数据收集的质量，本研究分别对一名人文社会科学专业（编号为 15KZLAFD）和理工科专业（编号为 19CHSFD）的博士一年级新生开展两次跟踪访谈。

## （二）观察法

观察能够将行为放置于特定的情境中，帮助研究者更加准确地理解研究对象特定的行为。从一定程度上而言，所有的社会学研究都是参与式观察研究，因为研究者不能脱离社会生活而研究特定的社会现象。参与式观察能够在自然状态下获得研究参与者真实的行为，是获得非结构化研究数据的最好方式。① 从这点出发，参与式观察不是一种特殊的研究技巧，而是研究者探究世界本身特征的一种模式。在观察中，完全参与与完全旁观同样具有局限性，都会影响研究者与研究参与者的互动以及数据的客观性。完全参与会使研究者受到研究参与者的价值观、规范和行为方式的影响，并在一定程度上内化为自身的思想和行为。② 完全不参与影响研究者与研究参与者之间的互动，缺乏对研究语境以及研究参与者行为的深入理解。为保证数据收集的有效性，本研究遵守研究伦理，提前告知研究参与者研究的主题，但不透露研究的具体问题和研究的细节，并提出对研究参与者的学习和科研活动开展参与式观察的请求。

研究问题决定了观察的内容，基于核心研究问题设计观察提纲能够保障观察的有效性。在观察过程中，研究者通过细节开展观察深描，运用系统的思维方式解释观察中的现象。本研究采取半结构参与式观察法，观察国际研究生的课堂学习、研讨会、讲座、实验观察等活动。

第一，选取观察对象。为尽可能全面地展现国际研究生学术适应的全貌，本研究采用目的抽样的方法，照顾到观察对象的学科、学段、专业的差异。在观察之前，本研究征得了研究参与者的同意。在观察的基础上针对所观察到的行为开展有针对性的访谈有利于获取有效研究数据。观察法中研究

---

① MERRIAM S B. Qualitative research: a guide to design and implementation [M]. San Francisco, CA: Jossey-Bass, 2015: 137 – 145.

② COHEN L, MANION L, MORRISON K. Research methods in education [M]. 5th ed. London and New York: Routhledge, 2000: 310 – 315.

参与者同时也是访谈法样本抽样后选取的研究参与者。本研究观察对象及观察活动如表 1－4 所示。

**表 1－4　观察对象及观察活动一览表**

| 观察对象编码 | 活动 | 时长 | 地点 |
|---|---|---|---|
| 4CHLAFM | 研究生课程 | 9 个小时 | 教育学院教室 |
| 14CHLAFD | 研究生课程 | 3 个小时 | 社会学系教室 |
| 19CHSFD | 黄瓜育种 | 2 个小时 | 园艺学温室 |
| 28SKLAMD | 研究生课程 | 3 个小时 | 教育学院教室 |
| 34ZBLAMD | 研究生研讨会 | 1 个小时 | 教育学院会议室 |
| 38BRLAFV | 研究生课程 | 3 个小时 | 地理学院教室 |
| 40CHSMV | 发动机测试 | 1 个小时 | 机械工程系实验室 |

第二，拟定观察提纲。观察提纲有利于研究者围绕研究问题开展观察，本研究采取半结构式观察，设计了观察提纲（见附录三），其中包括物理环境、被观察者的人际互动、课堂讨论（实验行为）、语言行为、非语言行为 5 个要素。① 研究者利用联合培养博士生的身份，在课堂学习过程中开展国际研究生学术适应的参与式观察。通过非结构化的互动所获得的信息更加真实、及时。研究者利用参与研究生课堂、研究生学术研讨会、专业讲座以及理工科国际研究生实验的机会观察研究参与者的表现，记录研究者的学习或科研的过程。本研究的参与式观察包括 6 节研究生课堂观察学习，每次课程历时 3 个小时，共计 18 个小时；一次博士生研讨会，共计 1 个小时；2 次理工科实验，其中包括农学专业和机械工程学专业博士生的实验各 1 次，2 次实验共计 3 个小时。以上观察共计 22 个小时，观察记录近 2 万字。

第三，观察过程。参与式观察包括参与和观察两个基本要素。在观察开始前，研究者需要选取观察地点，并能够进入观察现场。观察过程中要做观察笔记，观察结束后须撰写观察反思。在本研究中，研究者通过在自然情境中参与研究参与者的学习和科研活动，以进一步理解研究参与者的行为，基于观察所获得的行为特征对研究参与者开展深度并有针对性的访谈。作为自然情境中的组成部分，参与式观察对研究者保持客观性带来了挑战。首先，

① DENZIN N K，LINCOLN Y S. Strategies of qualitative inquiry［M］. Thousand Oaks：SAGE Publications Internationals Educational and Professional Publisher，1998：110－136.

在参与课程学习等学习活动时，研究者既要完成自己的阅读和讨论任务，同时还要记录研究参与者的学习行为，会造成角色冲突。其次，研究者尽量保持沉默，并对观察到的现象及时做记录。在参与理工科实验的过程中，由于研究者作为实验助手参与研究参与者的实验活动，研究者在观察结束后，及时记录了所观察到的现象，并撰写了观察笔记，弥补了角色冲突给观察带来的不利影响。

## （三）实物收集法

实物收集法是本研究另一个重要的数据收集方法。实物资料是一个“涵盖性术语”（umbrella term），数据来源十分广泛，包括个人和公共的资料，例如，录音、信件、杂志、随笔、考试结果、图片、博客、网站、邮件、备忘录、家庭作业、课程计划、课程网站中的信息、海报等内容。[①] 实物收集法的优势在于不受研究时间和地点的限制，不会对研究参与者造成侵扰。

本研究的实物材料包括关涉国际研究生教育的相关文件、政策文本、档案；国际研究生的作业、论文、课堂笔记、PPT；社交网络中的自我表达，包括邮件、Facebook、Twitter、微信等社交平台中的文字、图片和视频等资料。数据收集没有最优的方式，以上三种不同渠道收集的数据能够互相补充，增强研究的科学性。

本研究围绕“麦大研究生教育”以及“麦大国际研究生服务”两个方面，在联邦政府、学校和院系三个层面开展政策文本、管理条例等资料的实物收集，共收集与本研究相关的文件 17 份。研究者通过麦大个人学习系统的账户、网络途径，以及直接向研究参与者问询等方式收集研究参与者的作业 14 份，课堂笔记 2 份，PPT 3 份。此外，通过研究参与者社交平台搜索与研究主题相关的文字材料。由于此类材料是碎片化的呈现方式，截至数据分析阶段，共收集包括英语和汉语在内的相关文字记录共计近 5 000 字。

田野笔记是本研究一个重要的资料来源。研究者特别关注了在教育学院一起上课以及在生活中有交集的国际研究生，开展非正式数据资料收集，主要是与国际学生在学习和生活交往过程中的对话、观察和体验。每次交流或互动结束之后，研究者及时将相关信息做记录，并持续收集自身在研究环境中的见闻、体验等。

数据收集是否足够主要根据数据的充分性和饱和度来判断，通过有目的的访谈、观察和实物收集不再能够获取新的信息，或收集成为一种无趣的劳

① LECOMPTE M D. Designing & conducting ethnographic research: an introduction [M]. New York: Altamira Press, 2010: 115.

动而不是有意义的过程时，数据数量就足够了。本研究所选取的40名研究参与者在性别、专业、生源国、学段四个维度上反映了麦大国际研究生的总体特征，数据收集较为充分。在数据收集过程中，由于来自中国人文社会科学专业的博士生占比较大，在研究中期之后，研究数据信息不断重复出现，此类数据最先达到饱和。此后，研究者按照目的抽样的方法，深入收集数据差异比较大的理工科国际研究生的数据。在收集完40个样本数据之后，研究数据基本达到饱和，几乎没有新的数据出现，自此完成本研究的数据收集。

## 五、数据分析

质性数据分析是将数据系统地划分成有意义的单元，数据分析是研究者为了寻找类型、确认主题、发现关系、拓展解释、释义数据、批判反思、生成理论而重新组织、审查数据的过程，包含综合、评价、解释、类属化、对比等要素。数据分析最终目标是提炼数据中的有效信息，挖掘数据的意义并形成知识和智慧，本研究对数据的分析遵循质性研究数据分析的数据—信息—知识—智慧（DIKW，Data - Information - Knowledge - Wisdom）模型。

### （一）数据分析软件的选择

数据分析的实质是研究者展现与资料之间的互动，是对数据的描述、了解和诠释。如运用鲜明对照或委婉指陈，指出结构当中隐含的概念。① 质性研究数据分析以归纳法为主线探求现象间的本质联系，能够在一个特定的语境中寻求对特定的研究参与者的深度理解，更加灵活、线性、有活力，更多地捕捉研究参与者所提供的细节。

本研究运用NVivo8.0质性研究分析软件分析研究数据。NVivo是目前国际公认的质性研究最主要的资料分析工具之一，是对研究资料进行分类管理的有效工具。该软件支持多种资源格式，包括文本（doc，text，rft格式）、图片（jpg，bmp格式）以及音频（wav，avi，mp3格式）。研究者可以通过该软件对原始资料编码形成“自由节点”，在对“自由节点”进一步概念化和综合化的基础上形成“树节点”。通过“树节点”的结构化处理可以自动形成可视化的模型。NVivo8.0质性研究分析软件在本研究中的应用尽可能保证了研究者研究资料分析过程和结果的科学性和客观性。

① FLICK U. The SAGE handbook of qualitative data analysis [M]. London: SAGE Publications, 2014: 3 -5.

本研究运用 NVivo8.0 质性研究分析软件对原始数据进行三级编码分析，以求展现国际研究生学术适应的过程，并归纳出国际研究生学术适应的一般规律及国际研究生学术适应的解释模型。在数据收集过程中，研究者开展初步数据分析，后续数据收集建立在初步分析的概念或主题的基础之上。这些概念或主题来自于原始资料分析，最大化地从属性和维度上形成概念、揭示变量以及寻找概念之间的关系。[①] 在完成所有数据收集之后，研究者开展全面、深度的数据分析。

## （二）数据转录

每一个词语都是一个微观世界。为保持数据的真实性和有效性，忠于原始数据，避免损失数据的效度，研究者逐词转录原始数据。在所有访谈资料中，有 23 份访谈录音为英语，为便于数据分析，研究者在转录过程中将其逐字逐句转换为汉语。此外，研究者将被访者的语言信息和非语言信息都包括在转录中，对被访者的语气、停顿、语调进行细致的描述，以探求被访者的真实感受。

## （三）数据编码

编码是将大量杂乱的原始数据组织化、规范化，从原始数据中分离，经过数据整合之后再返回原始数据中以获得更深刻理解的过程。[②] 编码需要反复阅读数据。本研究对原始数据的分析采用开放编码、类属编码和主题编码分析的方式，将不同的数据分类整理，并提炼出数据分析的主题。

本研究的数据聚焦于麦大国际研究生怎样阐释他们的学术经历，怎样建构他们学习和科研的生活世界，并探求数据背后的逻辑和意义。通过对原始数据进行主题分析，能够加深对研究问题的理解，得出解决问题的办法和建议。数据分析会受到已有研究成果和相关理论框架的影响，研究者独立思考，努力悬置先见和前摄，尽量贴近文本，区分数据中的事实和价值，并对所有数据保持客观中立的态度。

在开放编码阶段，研究者摒弃个人“偏见”以及对研究的“定见”，采用逐句编码的方式，尽可能地将研究参与者的本土概念或原始话语当作初始编码。有意义的单元由词语、短语、句子、段落构成，研究者将原始数据分

---

① 科宾，施特劳斯．质性研究的基础：形成扎根理论的程序与方法［M］．朱光明，译．重庆：重庆大学出版社，2015：153.

② CHARMAZ K. Constructing grounded theory：a practical guide through qualitative analysis［M］. Thousand Oaks，CA：SAGE，2006：118.

割成若干有意义的单元，根据原始数据所表达的意义的差异，开放编码共形成 1 137 个初始概念。本研究旨在寻找麦大国际研究生学术适应过程的本质，而非验证一系列假设，编码注重研究参与者的态度、事件、行为、策略、心态、意义、方式、关系、互动、结果等要素，力图准确表达概念的含义。类属编码旨在找到数据中的相同主题，是质性数据分析的核心。开放编码之后，研究者开展类属编码，对数据进行综合、归纳和分类，寻找概括力和解释力更强的编码。具体方法为：整合出现频次较少、相互交叉的概念，对开放编码不断提炼与抽象化，在一系列非结构化的数据中找到分析问题的类属。在数据编码过程中，研究者坚持记录备忘录，记录编码的过程以及某些编码的语境及含义。以上数据分析直至理论饱和。

## 六、数据有效性验证

本研究属于建构主义范式，在建构主义研究中，没有独立于思考之外的客观知识，从研究数据中需要通过一定的理论和分析框架得出研究结论。因此，在研究过程中，研究者不可避免地受到一系列主观、客观因素的影响，影响数据的有效性。本研究通过背景深描、数据三角验证等途径确保数据的有效性。

### （一）深描

深描（thick description）是对研究现象的描述性解释，在质性研究中，深描是对现象背后文化解释的书面记录。① 质性研究在分析数据的过程中考虑到研究参与者的行为和意义阐释，深描对言语信息的解释能够起到补充数据分析的作用，能够丰富数据的解释，通过深描与将收集到的数据进行对比是开展数据有效性验证的基本途径。本研究为跨文化研究，需要深入了解研究参与者的文化背景，将研究参与者的言语、行为和体验与特定的文化背景联系起来，以获得对研究问题更为准确、深入的理解和解释。本研究通过对研究参与者以及研究现象的深描为数据分析提供丰富的背景信息，并在背景信息的基础上探求研究现象发展的始末及研究参与者行为的影响因素。

---

① 费特曼．民族志：步步深入［M］．龚建华，译．3 版．重庆：重庆大学出版社，2013：136.

## （二）三角验证

三角验证指通过不同的视角或用不同的结论得到对一个现象、问题或行为的固定的理解。① 质性研究是基于现实的研究，但现实充满了变化性和不确定性，质性研究的结论是通过研究者与研究参与者的互动得出的结论，由于不同的人有不同的体验，为确保质性研究数据的有效性，应开展多项事实分析。

每一位研究参与者的立场不同，对同一个事物的观点也有所差异。采用多个数据，以多个人的视角验证访谈数据真实性的数据互证是本研究数据有效性验证的重要途径。本研究在样本选择时照顾到了研究参与者的学科门类、国籍、学段等因素，尽量选取两个以上同一学科门类、国籍、学段的国际研究生开展访谈。此外，本研究选取 3 名美国研究生、2 名国际研究生导师以及 2 名国际学生办公室工作人员开展访谈，从以上三个与国际研究生密切接触的群体了解国际研究生学术适应的过程，并将所获得数据与从国际研究生处获得的数据进行对比分析，验证数据的有效性。

## （三）研究对象鉴定（member check）

在分析结果成文之后，研究者邀请参与本研究的两名研究参与者开展数据的有效性验证。鉴于本研究以中文成文，研究者选取两名母语为汉语的研究参与者开展数据验证。其中，第一位研究参与者（编号为 40CHSMV）为访谈中的第一位理工科博士生，为本研究提供了丰富的研究数据。这名研究参与者虽为访问博士生身份，但访学期限为两年，熟知麦大的博士生学习和科研过程。第二位研究参与者在访谈时为人文社会科学专业硕士二年级学生（4CHLAFM），在完成麦大硕士阶段学业之后，申请到了美国南部一所高校的博士生项目。研究者邀请其开展数据验证时，该研究参与者已是美国南部一所州立大学一名在读博士新生。以上两名研究参与者基于在美国两年及两年以上的研究生求学经历，对本研究的研究数据提出了客观、深入的验证。研究者向以上两位研究参与者发出数据检验的邀请后，两位研究参与者都欣然应允。研究者分别于 2017 年 10 月 13 日和 14 日通过电子邮件将研究的正文部分发送给以上两名研究参与者，并在 2017 年 10 月 16 日和 11 月 3 日得到了以上两位研究参与者的数据验证反馈。两名研究参与者分别从人文社会科学和理工科的视角对研究数据和结论做出验证，提出了文章的修改建议。

---

① SILVERMAN D. Doing qualitative research [M]. 2nd ed. London: SAGE Publications, 2005: 212.

参与数据验证的研究参与者指出“论文写得很真实，感同身受”，“每周做科研的时间为15到20个小时是不是有些少?”对文中的一些观点“非常赞同”等。研究者在审阅修改建议并与研究参与者进一步讨论的基础上，对文章做了细节上的修改。两位研究参与者均表示数据客观真实，准确反映了麦大国际研究生学术适应的过程。

### （四）其他数据有效性验证方法

本研究采取了临时互证、理论互证的方式验证数据的有效性。临时互证（temporal triangulation）是用不同时间获得的数据开展数据间的验证。① 首先，本研究对其中两名国际研究生进行了两次访谈，分别为到麦大的第4个月和第12个月，并对两次访谈所收集到的数据进行对比，在获取新数据的同时开展数据的对比和有效性验证。其次，理论互证（theoretical triangulation），用多个理论解释数据。理论是分析问题的视角，国际研究生学术适应的问题涉及教育学、心理学甚至社会学等多个学科的理论，例如适应理论、成人发展理论等，从不同的理论视角分析数据能够提高数据的解释力。

### （五）数据分析有效性验证

为开展数据的三角互证，本研究选取3名美国研究生、2名研究生导师以及2名国际学生办公室工作人员围绕国际研究生的学术适应问题进行访谈，数据三角互证研究参与者基本信息如表1－5所示。其中，除与一名国际研究生导师（编号为5LATM）和一名国际学生服务办公室的工作助理（编号为7ISS）的访谈使用汉语之外，与其他五位访谈者的访谈语言为英语，研究者将所有访谈数据转录为汉语，访谈脚本转录字数共计汉字33 943字。

**表1－5　数据三角互证研究参与者基本信息表②**

| 编号 | 工作岗位 | 任职时长 | 转录脚本字数 |
|---|---|---|---|
| 1ALADF | 在读博士生/研究生课程助教 | 博士二年级 | 3 939 |
| 2ALAMM | 在读硕士生 | 硕士二年级 | 4 463 |

① DENZIN N K，LINCOLN Y S. Handbook of qualitative research［M］. San Francisco：Thousand Oaks，CA：SAGE，2000：391.

② 对编码的说明，以1ALADF为例，1表示序号；A表示美国人（American）；LA表示人文社会学科（Liberal Arts），S表示理工科（Science）；D表示博士生（Doctor），M表示硕士生（Master）；F表示女生（Female），M表示男生（Male）；其中，ISS指国际学生服务办公室（International Student Service）。

续上表

| 编号 | 工作岗位 | 任职时长 | 转录脚本字数 |
|---|---|---|---|
| 3ALADM | 在读博士生/研究生课程助教 | 博士三年级 | 2 877 |
| 4LATF | 研究生导师 | 入职第五年 | 3 950 |
| 5LATM | 研究生导师 | 入职第十七年 | 6 496 |
| 6ISS | 国际学生服务办公室 | 入职第八年 | 7 043 |
| 7ISS | 国际学生服务办公室 | 助理第一年 | 5 175 |

研究者运用 NVivo 8.0 对美国学生、研究生导师、国际学生服务办公室工作人员访谈资料、观察记录以及收集到的实物材料开展独立分析，数据分析共获得原始节点 918 个。通过三级编码的方式对验证性材料数据分析的结果与对访谈资料的分析结果相吻合。

研究者在第一次数据分析结果之后，邀请一名比较教育学专业博士研究生“同行”验证数据分析结果。这位“同行”基于自己对研究方法、研究问题以及研究对象的认识，提出了数据分析的建议，并对本研究的数据编码进行复核。复核结果显示，所收集的数据真实，数据编码准确，聚类清晰，数据分析结果结构合理。

## 七、研究伦理

伦理（ethics）规范是帮助研究者捍卫所珍视事物的原理和准则。教育学领域质性研究是研究者与研究参与者通过对话和互动而达成相互理解和建构意义的研究。[①] 研究的准确性受到研究者与研究参与者之间关系的影响，确定研究者与研究参与者之间的伦理关系有助于明确双方的权利和义务，保证研究的合法性和研究结论的真实性和有效性。

### （一）获得研究许可

为保护研究参与者的权利，麦大规定，涉及人的研究要申请伦理审查委员会（Institutional Review Board，IRB）的审核方能开展。伦理审查委员会

① 李玲. 论质性研究伦理审查的文化适应性［J］. 比较教育研究，2009（6）：7－11.

是美国审核、监测研究伦理的机构。儿童、少数族裔人群容易在研究中受到身体或心理上的伤害，为保护研究参与者的个人权益并确保产出准确的知识，1974 年，美国出台《国家研究法案》（National Research Act of 1974），对以人为对象的研究的道德伦理做出规定，保护研究参与者的基本权利，是研究合法性的准确性说明。美国公立大学体系（American Public University System）指出，伦理审查委员会要确保研究符合联邦政府、州、地方以及高校的相关法律法规。

获得研究资格考核是申请伦理审查的基本条件。研究者于 2016 年 12 月初参加麦大伦理审查委员会为申请者开设的研究伦理网上培训课程学习，经过 30 个小时的在线学习之后，研究者通过伦理审查委员会的相关考试，获得基本能力测试（The Basics of Effort Reporting-UWM Course）与以人为研究主体的研究（Basic/Refresher Course-Human Subjects Research）两项研究资格证书。本研究于 2016 年 12 月向麦大伦理审查委员会提交研究申请，2017 年 2 月通过审核，获得研究许可（见附录四）。

研究伦理审查使研究者更为深入地思考研究的伦理问题，尤其是对于跨文化研究者而言，学习研究伦理有利于减少文化冲突，保证研究顺利进行。在准备申请材料以及研究伦理课程学习的过程中，研究者一方面获得了如何在美国高校开展人文科学领域实证研究的基本知识，另一方面明晰了麦大对研究者以及研究过程的要求，促使该研究遵守美国高校研究的管理条例，并遵循科学的研究规范。

### （二）对研究参与者的保护

本研究的研究参与者均为年满 18 周岁以上的成年人，本研究涉及的研究内容为研究参与者的就读体验，不涉及敏感话题，不会对研究参与者造成身体或心理上的伤害。对研究参与者的保护表现在以下两个方面。

首先，签订正式书面知情同意书。出示书面知情同意书（见附录一）并在获得研究参与者正式同意之后开展研究是对研究参与者个人权利的尊重和保护。本研究在研究开展之前向研究参与者出示知情同意书，告知研究参与者的权利，知情同意书上明确表示，研究参与者有权利随时退出研究。而后询问研究参与者是否同意录音，获得同意后，研究者与研究参与者在知情同意书上共同签名。本研究涉及课堂和活动观察，研究者在开展观察之前获得被观察者和被观察者所在环境中其他成员的同意，并与被观察的研究参与者签订知情同意书。

其次，严格保护数据。对数据的保护有利于获取研究参与者的信任，增强研究参与者的安全感，确保研究数据的真实性。为保护研究参与者的隐私，研究者将研究参与者的个人信息做匿名处理。在研究开始之前，研究者向研究参与者说明，所有访谈或观察数据只做研究使用，不会外传或泄露。研究数据被存储在研究者个人的电脑硬盘中，数据存储采取设置密码等相应的保护措施，防止数据流失。

## 八、研究方法的局限性

方法服膺于特定的研究目标而发挥作用，质性研究是意义建构研究，具有较强的主观性，方法的使用不可避免地具有局限性。正视研究方法的局限性，采取多种措施保证研究的客观性是克服研究方法局限的有效策略。本研究研究方法的局限性表现在三个方面。

### （一）跨文化研究中的文化和语言障碍

#### 1. 文化障碍

本研究是基于研究参与者的多元文化背景的跨文化研究，跨种族、跨文化的数据收集和数据分析会增加研究的难度。在数据收集过程中，研究参与者的种族、宗教等因素会影响研究者与研究参与者之间的理解程度和相互关系。为克服文化障碍，首先，研究者在研究中要投入更多的时间和精力。在与研究参与者接触之前，研究者充分了解研究参与者的文化习惯，并利用多种渠道（阅读其学术发表、朋友介绍、了解社交账户中的基本信息）增强对研究参与者的了解。其次，研究者采取一定的研究技巧减少文化差异对本研究造成的影响。质性研究中，研究者的高度投入和对研究问题及过程真正感兴趣是减少宗教、文化差异的重要策略。在访谈法的使用过程中，研究者做好充分的准备，并表现出良好的行为举止，尊重研究参与者，建立平等的人际关系，对研究参与者的经历和故事保持好奇心和敏感性。在访谈过程中，研究者保持礼貌，话语简练，控制自己的偏见和个人感受。

#### 2. 语言障碍

由于本研究中一半以上的研究参与者母语不是英语，也非汉语，研究者和研究参与者使用英语交流，受语言表达的限制，数据的丰富性受到影响。研究者采取以下措施克服语言障碍。

首先，研究者反复修改英文访谈提纲，交由在麦大的指导教师修改访谈提纲，力求做到访谈问题的英文表述符合英文表达规范，并保证访谈问题准确、清晰。其次，研究者首先对在麦大就读的中国研究生开展访谈，作为文化桥梁，中国研究生能够提供大量背景信息，通过对中国研究生的初步访谈，研究者接触到了丰富的专业术语及相对应的英文表达方式。例如，对同一届研究生用“Cohort”一词表达，“Professor”一词非简单地指代“教授”，更多时候指“授课教师”。对中国研究生的访谈一方面锻炼了访谈技巧，另一方面也为更好地开展数据采集、转录、翻译和理解奠定基础。再次，在对母语非英语也非汉语的研究参与者的访谈中，研究者及时追问，借助词典、笔记本等研究工具，明晰研究参与者提供的第一手数据。

### （二）抽样方法的局限性

由于每一个国际研究生个体都具有独立性和特殊性，本研究采取目的性抽样方法，参考配额抽样和滚雪球抽样的抽样原则选取研究参与者。抽样时兼顾样本的“典型性”和“代表性”，在样本选择时，尽可能地考虑不同文化背景、学科门类、学段特点、身份特征、年龄、性别的国际研究生学术适应的差异。

质性研究的本质在于理解研究对象的生活世界，不同于量化研究所采用的大样本抽样方法，基于研究者开展研究时所具备的研究条件，本研究尽可能地选取具有不同特征的国际研究生参与研究，但未能涵盖麦大国际研究生不同类别的全貌。研究者作为一名来自中国的联合培养博士生，在教育学院就读，最先接触到的研究参与者为教育学院来自中国的国际研究生。虽然研究者在研究开展期间尽最大可能与来自不同文化背景、非中国、非人文社会科学专业的国际研究生建立起联系，并主动邀请具有以上特征的国际研究生参与本研究。然而，研究者参与大量国际学生活动的经历表明，国际研究生参与国际学生活动的积极度不高，通过国际学生活动所接触到的国际研究生较少。由于研究采取“自愿参与、随时退出”的原则，研究者在主动向被研究者发出研究邀请时，常常未能得到肯定的、及时的回复。例如，鉴于来自印度的国际研究生占国际研究生中的比例较大，大量来自印度的国际研究生就读于理工科，研究者在日常学习和生活中较少接触到来自印度的国际研究生。得知国际学生服务办公室举办印度文化主题活动的消息之后，研究者积极参与该活动，并在参与活动的同时主动邀请印度研究生参与本研究。虽然研究者主动联系到的四名印度国际研究生在口头上答应了研究者提出的参与研究的请求，并留下了联系邮箱，然而，当研究者再次通过发送邮件的方式邀请以上四名来自印度的“准研究参与者”参与研究时，研究者主动发送三次邀请邮件，最终只有一名印度研究生“真正”同意参与本研究。研究过程中，该名印度研究生自我保护意识较强，拒绝了研究者开展访谈录音的请求。

### （三）研究者作为研究工具的局限性

由研究者在其生活史的基础上形成的价值取向、主观愿望、文化偏好组成的“研究者的意志”无法从质性研究中完全悬置。研究者的身份不仅决定了提出什么样的研究问题，还会影响包括研究设计、与研究参与者的关系、数据分析等因素。研究者的主观性以及研究者与外界主体的互动不可避免地对研究的过程产生影响。研究者本人的生活体验影响对问题的理解，研究者的知识结构和对与研究相关的文献的阅读也会对研究的客观性造成一定程度的影响。在分析数据时，研究者常常会带有主观偏见，质性数据分析源自研究者的“个人社会文化地位”（own sociocultural locus）。主体性是质性研究的迷思，会影响数据的客观性，并会在研究中无形地承认研究者的偏见。但是只有承认偏见，才得以公正、有效地解释研究参与者的语言和行为。[①]

对国际研究生学术适应的理解是研究者以客位文化视角看待国际研究生学术适应的过程。局内人的身份能够更为深刻地理解国际研究生学术适应的过程，能够与研究参与者产生“共情”，引起研究参与者的兴趣，并取得研究参与者的信任。相似的生活体验使研究者对研究问题和访谈内容有更多的同情和理解，易于理解研究参与者的语言和非语言信息。

## 第三节　研究思路

本研究围绕国际研究生如何开展学术适应这一核心研究问题，选取威斯康星大学麦迪逊分校为案例，综合运用访谈法、观察法和实物收集法探求麦大国际研究生在课程学习以及研究中的学术适应过程及一般规律，使用NVivo8.0质性数据分析软件对所收集到的数据进行三级编码分析，力图探寻国际研究生学术适应的解释模型。

### 一、研究思路图

通过数据分析及对数据分析的反复聚类，结合通过观察、实物数据收集数据以及三角互证数据的数据分析，本研究得出以下基本结论：国际研究生

① CORBIN J M，STRAUSS A L. Basics of qualitative research：techniques and procedures for developing grounded theory［M］. Los Angeles：SAGE，2015：87.

的学术适应解释模型包括学术适应的基本维度、学术适应的主要困难、学术适应的实践策略、学术适应的支持条件以及学术适应的效果五个部分。根据数据分析的主要结论，本研究的研究思路如图 1－3 所示。

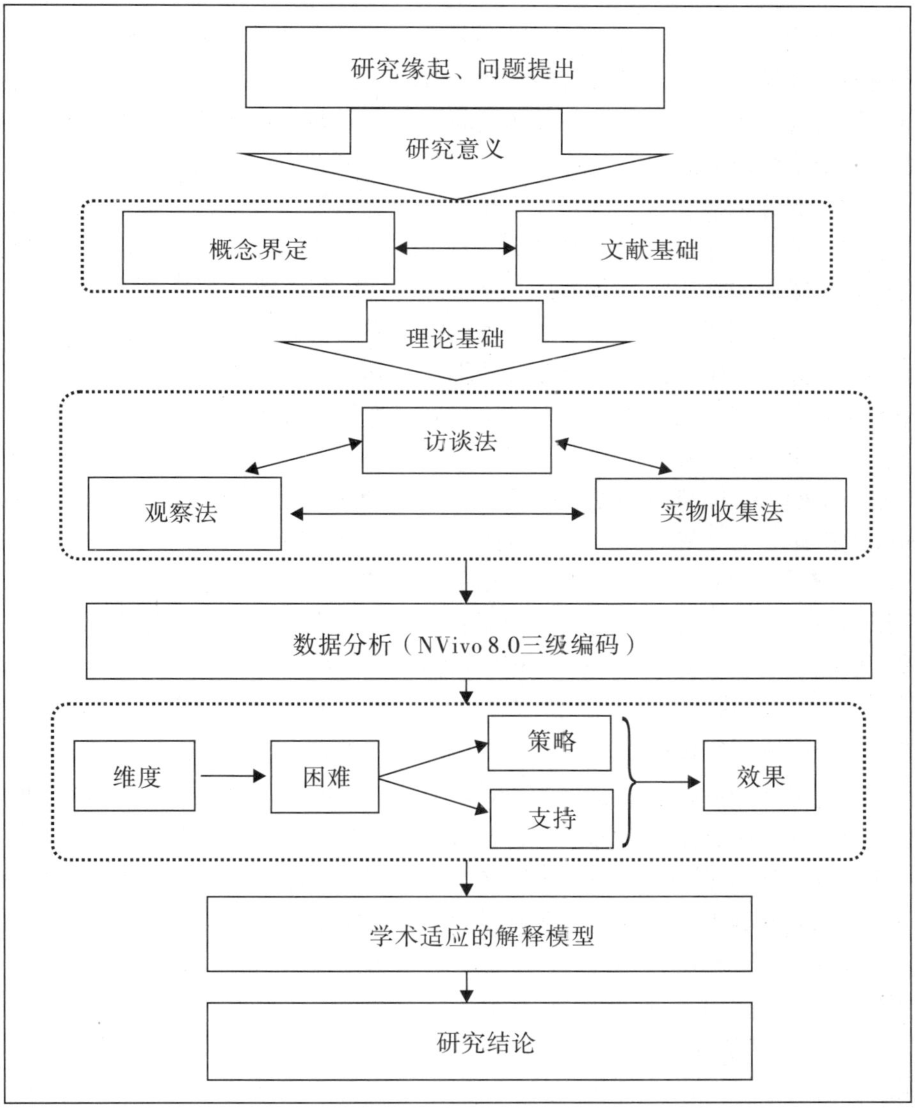


**图 1－3 研究思路图**

## 二、论文结构

根据数据分析结果，本研究对数据分析得出的基本结论开展解释性说明，力图构建美国公立研究型大学国际研究生学术适应的解释模型。围绕本研究的具体研究问题，研究者借用 NVivo8.0 数据分析工具，对所收集的数据开展编码分析，通过数据分析结果回答研究问题。具体而言，本研究共九章，分为三个部分。

第一部分包括导论、研究方法和数据分析结果，分别为论文的导论、第一章、第二章。导论介绍了本研究缘起于高等教育国际化、对美国国际研究生教育质量的关切以及我国高等教育领域建设“世界一流大学”和“世界一流学科”的三重背景。第一部分指出本研究的研究问题为“美国公立研究型大学国际研究生如何开展学术适应”。该项研究具有丰富国际研究生跨文化适应研究、完善国际研究生学术适应的理论和实践意义。在对“美国公立研究型大学”、“国际研究生”以及“学术适应”三个关键词进行核心概念界定的基础上，围绕本研究的核心问题和关键词，开展了中英文文献梳理。研究方法是如何开展研究的关键步骤。完善的研究方法就像一份计划完备的“旅行攻略”，对研究的整体思路和研究方法的使用做出规定性说明。第一章介绍了研究方法。本研究选取心理学中个人转换的“转换理论”作为理论基础，借用“转换理论”中的“4S”理论体系作为数据收集和数据分析的参考。综合采用包括访谈法、观察法和实物收集法三种质性研究的数据收集方法收集第一手研究数据。研究者采用 NVivo8.0 质性数据分析软件对研究数据开展三级编码分析，并验证数据的有效性。本研究恪守基本的研究伦理，并对研究的局限性做了客观性反思。第二章以文字和图形结合的方式呈现了数据分析的基本结果，包括数据分析得出的学术适应的基本维度、主要困难、实践策略、支持条件以及学术适应效果的原始模型和修复模型。

第二部分是对研究所得出基本结论的结果呈现、解释性说明以及对核心问题的讨论，由第三章到第七章构成。第三章探讨了国际研究生学术适应的基本维度。研究发现，课程学习、科学研究和学术环境是国际研究生学术适应的主要对象，研究者对以上三个基本维度中的子维度开展深度探讨，探求麦大国际研究生学术适应维度的基本特点。基于学术适应的基本维度，国际研究生表示，在课程学习、科学研究和学术环境方面遭遇到了多重学术适应的困难。第四章探讨了国际研究生学术适应的主要困难。国际研究生采取认知策略、学业管理策略和其他辅助策略克服学术适应中所遇到的困难。第五章详细铺陈了国际研究生学术适应的实践策略。第六章阐述了国际研究生学术适应的支持条件，主要包括国际研究生的个人背景、外部条件以及关键人物。经过以上学术适应的过程，国际研究生表示，学术适应产生了显性积极效果和潜在消极效果两种结果，也有部分国际研究生表示学术适应效果不明显。第七章论述了国际研究生学术适应的积极和消极效果。

第三部分为研究的基本结论以及对国际研究生学术适应的思考。本研究发现，国际研究生的学术适应过程形成了包括基本维度、主要障碍、实践策略、支持条件、效果在内的解释模型。基于不同的文化背景、年龄等因素，国际研究生在学术适应过程中呈现出了鲜明的类别特征。

# 第二章 数据分析结果的原始模型与修复模型

一个词语，不管作为因果/亲缘关系词语还是作为集群/相似性词语，地位都不是一劳永逸、固定不变的。

——汉斯·斯鲁格《维特根斯坦》①

本研究运用 NVivo8.0 数据分析工具对 40 名研究参与者的访谈数据开展编码分析，通过对总数为 187 866 字的访谈文本的逐句开放式编码，访谈文本开放编码的节点和参考点统计表如表 2－1 所示。本研究采用开放式编码、类属编码和主题编码的三级编码方式，不断提炼研究中反复出现的词语，合并同义编码后，根据开放编码的意义合并成为不同的类属，并按照不同范畴类属的含义提炼出主题编码，进而构建研究的理论模型。

表 2－1 访谈文本编码节点与参考点统计表

| 访谈文本编号 | 节点 | 参考点 | 访谈文本编号 | 节点 | 参考点 |
|---|---|---|---|---|---|
| 1INSMM | 39 | 43 | 21CISMD | 133 | 142 |
| 2CHLAFM | 99 | 127 | 22SKLAFD | 107 | 116 |
| 3THLAFM | 72 | 106 | 23CHSMD | 112 | 119 |
| 4CHLAFM | 66 | 72 | 24PLLAFD | 75 | 87 |
| 5CHLAMM | 95 | 113 | 25BSFD | 120 | 145 |
| 6CHLAFM | 78 | 94 | 26CTSMD | 94 | 117 |
| 7CHSFM | 72 | 87 | 27CTLAMD | 65 | 76 |
| 8TKSFM | 78 | 80 | 28SKLAMD | 101 | 108 |

① 斯鲁格. 维特根斯坦［M］. 张学广，译. 北京：北京出版社，2015：156.

续上表

| 访谈文本编号 | 节点 | 参考点 | 访谈文本编号 | 节点 | 参考点 |
|---|---|---|---|---|---|
| 9TKLAMM | 125 | 160 | 29CLAFD | 67 | 77 |
| 10CHLAFM | 76 | 83 | 30SPLAFD | 103 | 112 |
| 11CZSME | 50 | 59 | 31CHSFD | 97 | 125 |
| 12FLAFE | 93 | 97 | 32CHLAFD | 106 | 139 |
| 13CZSME | 54 | 73 | 33IRLAFD | 61 | 69 |
| 14CHLAFD | 132 | 161 | 34ZBLAMD | 78 | 87 |
| 15KZLAFD | 127 | 135 | 35CHLAFD | 80 | 89 |
| 16CHSFD | 100 | 128 | 36ILAME | 71 | 82 |
| 17ZMSFD | 87 | 93 | 37BESMV | 75 | 78 |
| 18SKSFD | 61 | 72 | 38BRLAFV | 97 | 108 |
| 19CHSFD | 98 | 103 | 39CHSFV | 78 | 108 |
| 20BRLAFD | 81 | 108 | 40CHSMV | 85 | 89 |

# 第一节　学术适应基本维度的原始模型与修复模型

在通过 NVivo8.0 数据分析工具对研究数据编码的基础上，可以得出国际研究生学术适应的基本维度、主要困难、实践策略、支持条件和效果的原始模型。质性研究的数据分析过程是对研究数据反复提炼、聚类的过程，研究者对原始数据的提炼贯穿研究数据分析的全过程。研究者借用多次编码、同行验证、研究对象鉴定、头脑风暴等方法开展深度数据聚类，最终得出国际研究生学术适应的基本维度、主要困难、实践策略、支持条件和效果的修复模型。

## 一、学术适应基本维度的原始模型

本研究发现，围绕“学术适应的维度”共出现相关树状节点 42 个，具体而言，学术适应的维度包括课程学习、科学研究和学术文化 3 个方面，见图 2－1。

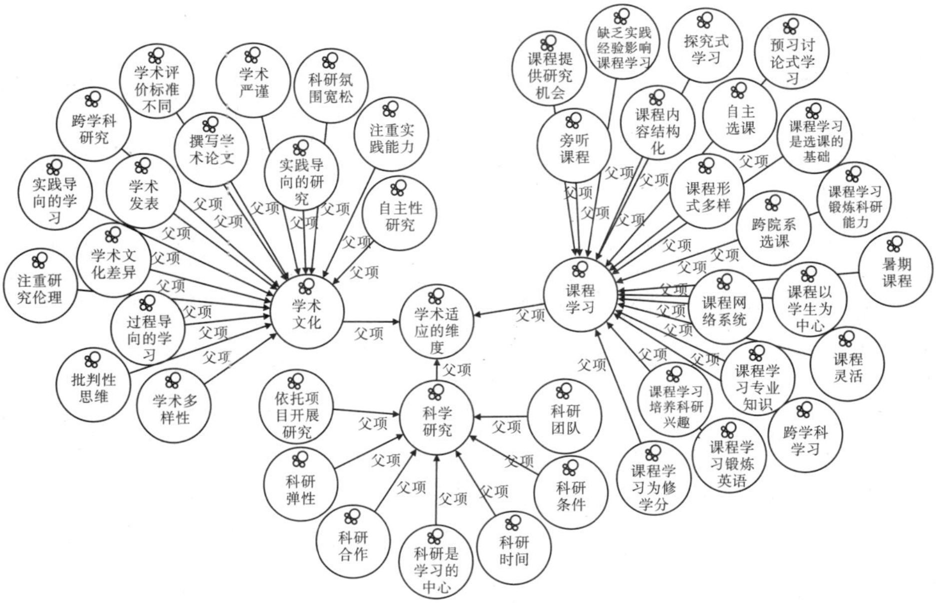


**图 2－1　学术适应维度的原始模型**

## （一）课程学习

课程学习是研究生阶段学习的基础，是国际研究生学术适应的首要任务。不同的教育体系对研究生课程学习的要求不尽相同，受访者表示美国高校十分重视研究生的课程学习，国际研究生在美国开展研究生阶段课程学习过程中需要适应美国高校研究生课程学习的模式和要求。具体而言，课程学习包括以下 20 个节点，分别是：课程灵活、课程内容结构化、课程提供研究机会、课程网络系统、课程形式多样、课程学习锻炼科研能力、课程学习锻炼英语、课程学习培养科研兴趣、课程学习是选课的基础、课程学习为修学分、课程学习专业知识、课程以学生为中心、跨学科学习、跨院系选课、旁听课程、暑期课程、探究式学习、预习讨论式学习、自主选课、缺乏实践经验影响课程学习。

## （二）科学研究

科学研究是研究生，尤其是博士研究生的重要学习任务，很多国际研究生在开始研究生阶段学习之初就参与科研项目，开展科学研究。科学研究是国际研究生学术适应的有机组成部分。面临全新的学习环境，国际研究生表示，科学研究适应的因素包括科研弹性、科研合作、科研时间、科研是学习的中心（注重研究、交换期间做科研）、科研条件、科研团队以及依托项目开展研究 7 个部分。

### （三）学术文化

学术文化具有多样性，不同国家、高校乃至不同的院系都有不同的学术文化。国际研究生适应所在学习组织的学术文化是确保学业顺利开展的基础。本研究中的受访者表示，需要适应的学术文化包括：过程导向的学习、科研氛围宽松、跨学科研究、批判性思维、实践导向的学习、实践导向的研究、学术多样性、学术评价标准不同、学术文化差异、学术严谨、学术发表、注重实践能力、注重研究伦理、撰写学术论文以及自主性研究 15 个子节点。

## 二、学术适应基本维度的修复模型

在学术适应维度原始模型的基础上，研究者根据原始节点被引用的次数和节点的平均覆盖率，对学术适应的维度的原始模型进行节点聚类，将同一类属的节点归类，得到学术适应维度的修复模型。

### （一）课程学习的修复模型

通过将同类节点按照所指代的内涵将课程学习维度中的自由节点进行类属划分，得到课程设置、授课方式、跨学科学习、课程服务科研 4 个类属。

首先，课程设置包括课程灵活、过程导向的学习、课程学习锻炼英语、实践导向的学习、课程学习为修学分、课程学习专业知识、课程形式多样、旁听课程、课程网络系统和课程内容结构化 10 个子节点。其次，探究式学习、预习讨论式学习、课程以学生为中心归属于授课方式这一类属。再次，跨学科学习、跨院系选课、自主选课归属于跨学科学习。最后，课程服务科研包括课程学习锻炼科研能力、课程学习是选课的基础、课程提供研究机会、课程学习培养研究兴趣 4 个子节点。课程学习修复模型的编码结果如表 2－2 所示。

表 2－2　课程学习的编码结果表及修复类属

| 类属 | 节点 | 来源 | 参考点 | 平均覆盖率 |
|---|---|---|---|---|
| 课程设置 | 课程灵活 | 5 | 7 | 1.76% |
| | 过程导向的学习 | 7 | 9 | 1.68% |
| | 课程学习锻炼英语 | 2 | 2 | 1.46% |
| | 实践导向的学习 | 7 | 9 | 1.30% |
| | 课程学习为修学分 | 7 | 9 | 1.30% |
| | 课程学习专业知识 | 4 | 4 | 1.28% |
| | 课程形式多样 | 6 | 7 | 1.10% |
| | 旁听课程 | 3 | 4 | 0.68% |
| | 课程网络系统 | 4 | 4 | 0.67% |
| | 课程内容结构化 | 2 | 2 | 0.51% |
| 授课方式 | 探究式学习 | 4 | 4 | 1.28% |
| | 预习讨论式学习 | 21 | 29 | 1.00% |
| | 课程以学生为中心 | 2 | 2 | 0.60% |
| 跨学科学习 | 跨学科学习 | 10 | 14 | 1.64% |
| | 跨院系选课 | 9 | 10 | 0.85% |
| | 自主选课 | 2 | 3 | 0.79% |
| 课程服务科研 | 课程学习锻炼科研能力 | 21 | 36 | 1.03% |
| | 课程学习是选课的基础 | 1 | 1 | 0.83% |
| | 课程提供研究机会 | 1 | 2 | 0.62% |
| | 课程学习培养科研兴趣 | 2 | 2 | 0.42% |

### （二）科学研究的修复模型

将科学研究中的子节点科研弹性和科研时间合并入科研条件，科研团队以及依托项目开展研究并入科研合作，科研是学习中心改为以科研为中心，加之科研自主性，可以得到科研的修复模型，如表 2－3 所示。

表 2－3　科学研究的编码结果及修复类属

| 类属 | 节点 | 来源 | 参考点 | 平均覆盖率 |
|---|---|---|---|---|
| 科研条件 | 科研条件 | 13 | 25 | 1.29% |
| | 科研弹性 | 24 | 46 | 1.23% |
| | 科研时间 | 12 | 18 | 0.85% |
| 科研合作 | 依托项目开展研究 | 13 | 18 | 2.19% |
| | 科研合作 | 10 | 16 | 0.89% |
| | 科研团队 | 1 | 1 | 0.12% |
| 科研自主性 | 自主性研究 | 17 | 39 | 1.06% |
| 以科研为中心 | 科研是学习的中心 | 18 | 34 | 0.99% |

## （三）学术文化的修复模型

学术严谨包括注重研究伦理、注重实践能力。实践导向的研究包括科研氛围宽松、跨学科研究、学术文化差异、学术多样性、自主性研究。很多受访者表示学术文化中最重要的是培养批判性思维。此外，评价标准多元是麦大学术氛围的特色。基于此，可以得到学术文化的编码结果及修复类属，如表 2－4 所示。

表 2－4　学术文化的编码结果及修复类属

| 类属 | 节点 | 来源 | 参考点 | 平均覆盖率 |
|---|---|---|---|---|
| 学术严谨 | 注重研究伦理 | 3 | 4 | 1.50% |
| | 学术严谨 | 16 | 25 | 1.07% |
| | 注重实践能力 | 9 | 14 | 0.86% |
| 批判性思维 | 批判性思维 | 18 | 34 | 2.38% |
| 实践导向的研究 | 学术文化差异 | 12 | 15 | 2.28% |
| | 跨学科研究 | 6 | 13 | 1.15% |
| | 自主性研究 | 17 | 39 | 1.06% |
| | 学术多样性 | 2 | 2 | 1.05% |
| | 实践导向的研究 | 14 | 26 | 0.96% |
| | 科研氛围宽松 | 10 | 13 | 0.81% |
| 评价标准 | 学术评价标准不同 | 10 | 17 | 0.91% |

综合对课程学习、科学研究和学术文化 3 个类属的编码分析可以得出国际研究生学术适应维度的修复模型，如图 2－2 所示。

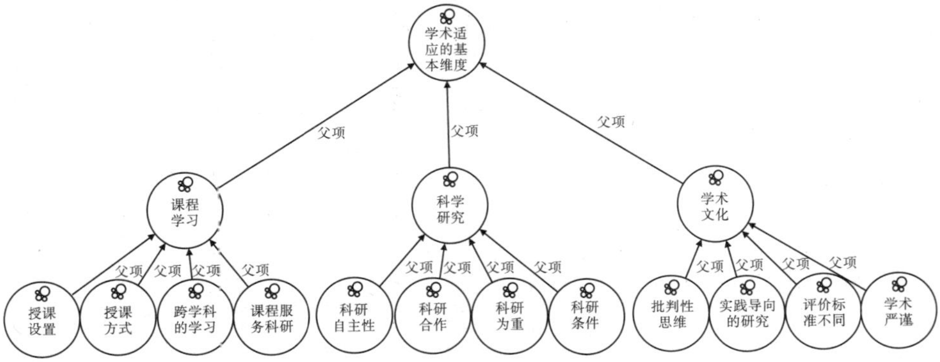


图2－2　学术适应基本维度的修复模型

# 第二节　学术适应主要困难的原始模型与修复模型

## 一、学术适应主要困难的原始模型

基于学术适应的维度，本研究中学术适应的障碍指国际研究生在课程学习、科学研究、学术文化等学习的各个方面所遇到的困难或需要解决的问题。通过对访谈数据的原始编码可以发现，国际研究生学术适应的困难主要表现为课程学习、科学研究和学术环境差异（见图2－3）。

### （一）课程学习

对很多硕士研究生以及低年级的博士研究生而言，课程学习是最主要的学习任务，课程学习奠定了研究生阶段开展科研的基础。美国的研究生项目重视研究生的课程学习，对研究生有较高的学分要求。国际研究生在课程学习中遇到的困难为：学业繁重、课程难、课程实践性强、课程学习时间长、课程学习要求有差异、课程要求高、课程作业多、课堂发言少、课堂讨论压力大、缺乏实践经验影响课程学习、与课程背景知识脱节。语言差异以及英语能力不足为国际研究生的学习和研究带来了很多困难，语言困难表现为英语口音、语速快、语言表达不充分、学术写作和语言影响自信等方面。

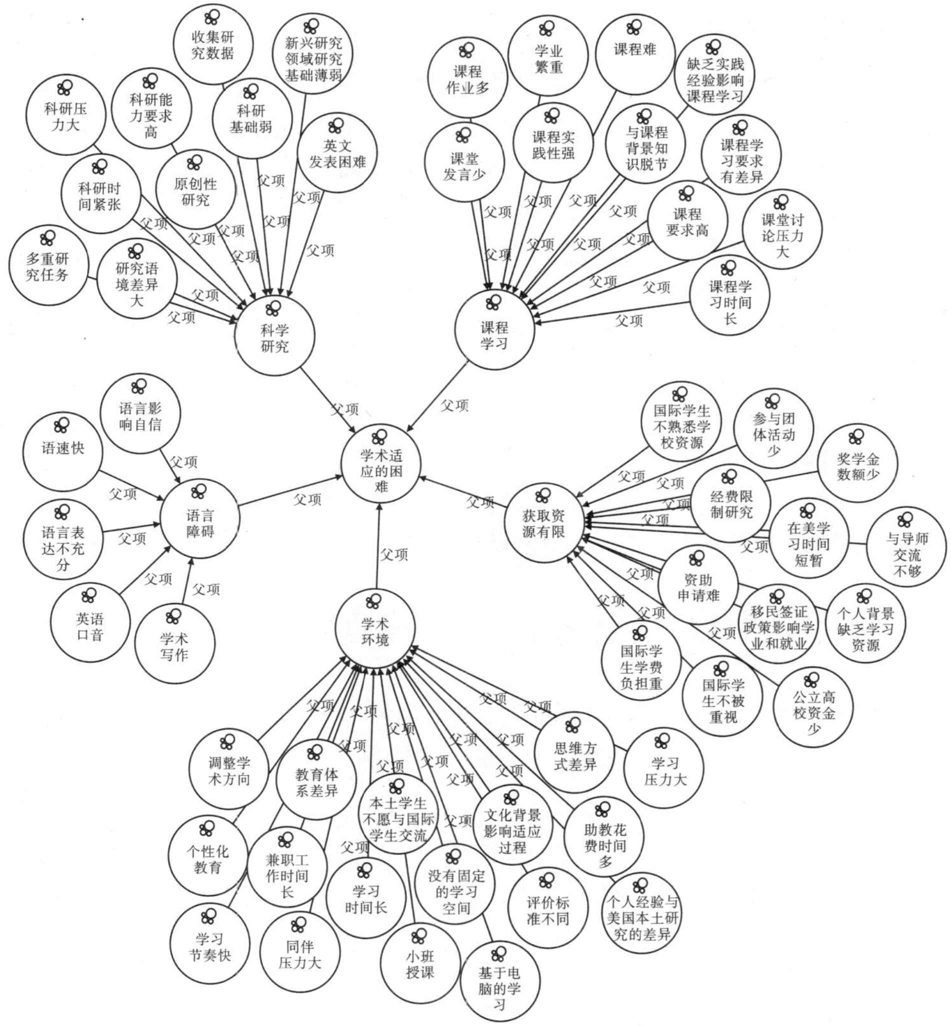


图 2－3　学术适应困难的原始模型

## （二）科学研究

开展科学研究是国际研究生，尤其是博士生的主要学业任务，科研本身具有挑战性，对科研工作者具有较高的能力要求，国际研究生所遇到的科研障碍表现为：多重研究任务、科研基础弱、科研时间紧张、科研压力大、研究语境差异大（没有无缝对接的研究）、收集研究数据、科研能力要求高、新兴研究领域基础薄弱、英文发表困难、原创性研究。

### （三）学术环境差异

很多受访的国际研究生表示，学术环境差异为学术适应带来了新的困难，主要表现为：调整学术方向、个人经验与美国本土研究的差异、学习节奏快、基于电脑的学习、教育体系差异、没有固定的学习空间、同伴压力大、思维方式差异、学习时间长、学习压力大、文化背景影响适应过程、本土学生不愿与国际学生交流、个性化教育、小班授课、兼职工作时间长、助教花费时间多、评价标准不同。

获取学习资源是确保学业顺利开展的保障，学术适应过程中所涉及的学习资源包括资金资源、学习时间、学习资料和学业指导。通过对数据编码发现，国际研究生获取学习资源的障碍主要表现为：公立高校资金少、国际学生不被重视、国际学生不熟悉学校资源、国际学生学费负担重、个人背景缺乏学习资源、经费限制研究、移民签证政策影响学业和就业、与导师交流不够、在美学习时间短暂、资助申请难、奖学金数额少、参与团体活动少。

## 二、学术适应主要困难的修复模型

通过查询开放编码的原始语义，调整编码节点，将语义重复的编码合并，重新划分编码类属，得出学术适应障碍的修复模型，如图 2－4 所示。

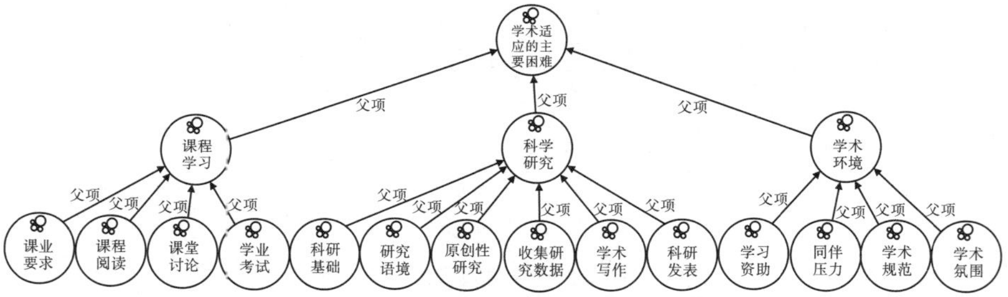


图 2－4　学术适应主要困难的修复模型

### （一）课程学习

根据节点的意义，课程学习压力来源可以划分为课业要求、课程阅读、课堂讨论和学业考试 4 个类属。首先，课业要求由课程难、课程实践性强、课业繁重、语言是学习的障碍、学习节奏快组成。其次，课程阅读由阅读时间长、与课程背景知识脱节组成。再次，课堂讨论的困难由课堂发言少、课堂讨论压力大、缺乏实践经验影响课程学习、英语口音、语言表达、谨慎参与课堂讨论组成。此外，包括课程作业多、课程要求高、学业压力大和学习时间紧张在内的学业考试也是课程学习的困难之一，见表2－5。

**表2－5　课程学习压力的编码结果及修复模型**

| 类属 | 节点 | 来源 | 参考点 | 平均覆盖率 |
|---|---|---|---|---|
| 课业要求 | 课程实践性强 | 6 | 8 | 1.49% |
| | 语言是学习的障碍 | 25 | 47 | 1.46% |
| | 课程难 | 19 | 37 | 1.15% |
| | 学习节奏快 | 4 | 4 | 1.14% |
| | 课业繁重 | 11 | 13 | 1.04% |
| 课程阅读 | 阅读时间长 | 11 | 16 | 1.86% |
| | 与课程背景知识脱节 | 3 | 3 | 0.84% |
| 课堂讨论 | 课堂发言少 | 9 | 12 | 1.45% |
| | 课堂讨论压力大 | 11 | 14 | 1.17% |
| | 语言表达 | 16 | 21 | 1.16% |
| | 英语口音 | 8 | 9 | 1.05% |
| | 谨慎参与课堂讨论 | 8 | 10 | 1.04% |
| | 缺乏实践经验影响课程学习 | 2 | 4 | 0.71% |
| 学业考试 | 学业压力大 | 13 | 16 | 1.05% |
| | 课程作业多 | 19 | 41 | 1.03% |
| | 学习时间紧张 | 5 | 5 | 0.89% |
| | 课程要求高 | 13 | 27 | 0.87% |

## （二）科学研究

科研基础有2个节点，为科研基础薄弱、新兴研究领域基础薄弱。科研能力要求高、科研时间紧张、多重研究任务、原创性研究、科研压力大构成了原创性研究的科研困难。研究语境包括研究语境差异大、没有无缝对接的研究、折中研究选题、缺乏本土知识。收集研究数据是国际研究生面临的重要科研困难。学术写作困难表现为学术英语困难、撰写学术论文困难。此外，国际研究生普遍表示英文发表困难。具体见表2－6。

表 2－6　科研困难的编码结果及修复模型

| 类属 | 节点 | 来源 | 参考点 | 平均覆盖率 |
|---|---|---|---|---|
| 科研基础 | 科研基础薄弱 | 5 | 5 | 0.81% |
| | 新兴研究领域基础薄弱 | 1 | 1 | 0.38% |
| 原创性研究 | 科研能力要求高 | 1 | 1 | 1.21% |
| | 科研时间紧张 | 2 | 3 | 1.13% |
| | 多重研究任务 | 3 | 3 | 0.98% |
| | 原创性研究 | 7 | 10 | 0.83% |
| | 科研压力大 | 4 | 7 | 0.75% |
| 研究语境 | 研究语境差异大 | 14 | 19 | 2.01% |
| | 没有无缝对接的研究 | 1 | 1 | 1.90% |
| | 折中研究选题 | 25 | 51 | 1.79% |
| | 缺乏本土知识 | 1 | 1 | 0.43% |
| 收集研究数据 | 收集研究数据困难 | 6 | 11 | 1.15% |
| 学术写作 | 学术英语 | 16 | 23 | 1.36% |
| | 撰写学术论文 | 5 | 6 | 0.84% |
| 科研发表 | 英文发表困难 | 11 | 14 | 1.17% |

## （三）学术环境

学术环境方面的学术适应困难主要由学习资助、同伴压力、学术规范和学术氛围4个部分组成。其中，学习资助包括资助申请难、个人背景缺乏学习资源、国际学生学费负担重、公立高校资金少和经费限制研究。学术规范包括教育体系差异、文化背景差异、个人经验与美国本土研究的差异、思维方式差异、基于电脑的学习和调整学术方向。同伴压力包括同伴压力大、学习时间长。学术氛围包括国际研究生不被重视、不熟悉学校环境、学术氛围不友好、没有固定的学习空间、移民签证政策影响学业和就业、在美学习时间短暂、参与团体活动少。具体见表2－7。

**表 2－7　学术环境的编码结果及修复模型**

| 类属 | 节点 | 来源 | 参考点 | 平均覆盖率 |
|---|---|---|---|---|
| 学习资助 | 资助申请难 | 11 | 18 | 1.36% |
| | 个人背景缺乏学习资源 | 5 | 10 | 1.31% |
| | 国际学生学费负担重 | 3 | 3 | 0.96% |
| | 公立高校资金少 | 3 | 4 | 0.90% |
| | 经费限制研究 | 5 | 6 | 0.70% |
| 学术规范 | 教育体系差异 | 19 | 31 | 1.89% |
| | 文化背景差异 | 16 | 30 | 1.43% |
| | 个人经验与美国本土研究的差异 | 2 | 3 | 1.37% |
| | 思维方式差异 | 3 | 4 | 0.88% |
| | 基于电脑的学习 | 1 | 1 | 0.86% |
| | 调整学术方向 | 11 | 12 | 0.82% |
| 同伴压力 | 同伴压力大 | 5 | 6 | 1.71% |
| | 学习时间长 | 18 | 33 | 1.11% |
| 学术氛围 | 国际研究生不被重视 | 2 | 2 | 1.50% |
| | 不熟悉学校环境 | 1 | 1 | 1.41% |
| | 没有固定的学习空间 | 2 | 2 | 1.38% |
| | 移民签证政策影响学业和就业 | 3 | 3 | 1.29% |
| | 学术氛围不友好 | 3 | 3 | 1.07% |
| | 参与团体活动少 | 20 | 28 | 0.66% |
| | 在美学习时间短暂 | 2 | 2 | 0.36% |

# 第三节　学术适应实践策略的原始模型与修复模型

## 一、学术适应实践策略的原始模型

学术适应策略指国际研究生为适应新的学术体系而采取的措施。通过对原始数据的编码分析得出，国际研究生学术适应的策略由认知策略、学业管理策略、积极的个人态度、加强学术联系、加强语言学习5个方面组成，见图2－5。

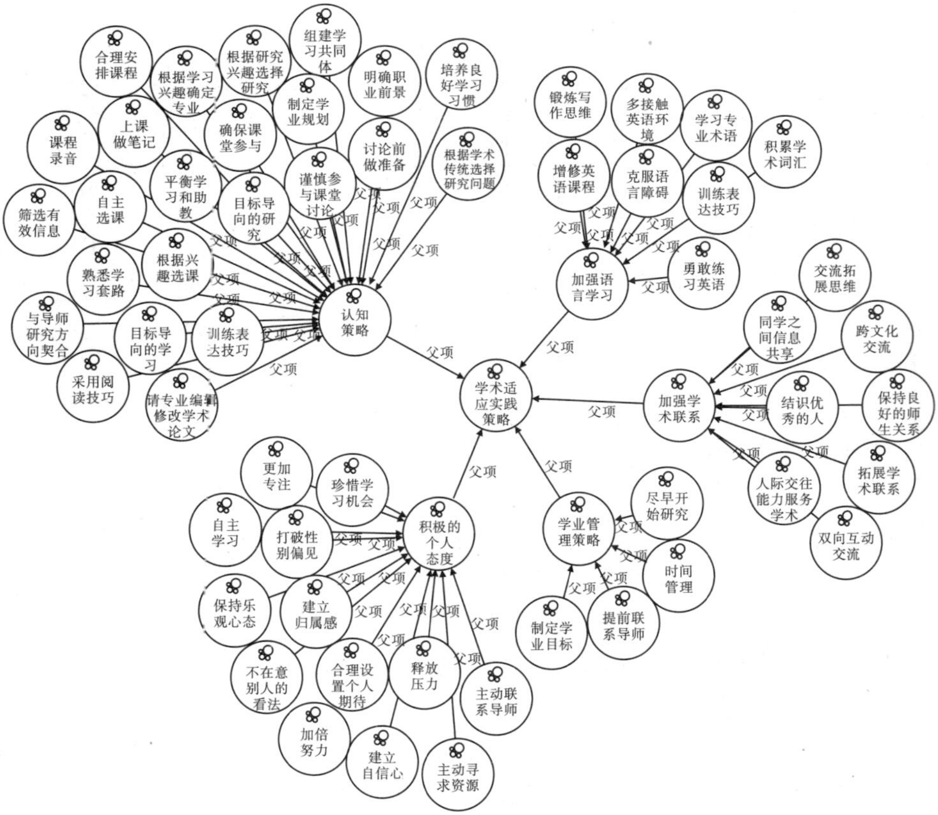


图2－5　学术适应实践策略的原始模型

### （一）认知策略

国际研究生在克服学术障碍的过程中采取的学习策略有：采用阅读技巧、根据兴趣选课、根据学术传统选择研究问题、根据学习兴趣确定专业、根据研究兴趣选择研究、谨慎参与课堂讨论、课程录音、培养良好学习习惯、确保课堂参与、筛选有效信息、上课做笔记、熟悉学习套路、讨论前做准备、与导师研究方向契合、制定学业规划、请专业编辑修改学术论文、自主选课和组建学习共同体等。

### （二）学业管理策略

时间管理、尽早开始研究、提前联系导师、制定学业目标构成了学业管理策略。

### （三）积极的个人态度

积极的个人态度包括合理设置个人期待、不在意别人的看法、打破性别偏见、加倍努力、保持乐观心态、建立自信心、释放压力、建立归属感、珍惜学习机会、更加专注、主动联系导师、主动寻求资源、自主学习。

### （四）加强语言学习

加强语言学习包括锻炼写作思维、多接触英语环境、积累学术词汇、克服语言障碍、学习专业术语、训练表达技巧、勇敢练习英语、增修英语课程。

### （五）加强学术联系

加强学术联系包括拓展学术联系、保持良好的师生关系、双向互动交流、交流拓展思维、跨文化交流、结识优秀的人、同学之间信息共享、人际交往能力服务学术。

## 二、学术适应实践策略的修复模型

研究者根据语义合并编码，并根据原始文本调整编码的表述方式，所做调整如下：平衡学习和助教合并入时间管理，加倍努力并入更加专注，人际交往能力服务学术改为人际交往服务学术，积累学术词汇改为学习专业术语，组建学习共同体和建立归属感并入合作学习，专业编辑修改学术论文移入训练学术英语等。

通过对学术适应策略中原始节点语义相似性的分析和聚类，认知策略、学业管理策略和辅助策略是修复后的类属节点。其中，认知策略包括4个方面，分别为采用阅读技巧、确保课堂参与、自主学习与合作学习的学习模式、英语学习。学业管理策略包括制定学业目标、时间管理、建立学术联系、主动寻求帮助。辅助策略包括基于个人兴趣、培养学术自信、丰富生活、跨文化交流。学术适应实践策略编码及修复模型如表2-8所示。

**表2-8　学术适应实践策略编码及修复模型**

| 类属 | 节点 | 来源 | 参考点 | 平均覆盖率 |
|---|---|---|---|---|
| 认知策略 | 组建学习共同体 | 3 | 3 | 2.57% |
| | 筛选有效信息 | 1 | 1 | 2.06% |
| | 加强语言学习 | 44 | 54 | 1.89% |
| | 合作学习 | 15 | 20 | 1.87% |
| | 讨论前做准备 | 7 | 9 | 1.82% |
| | 采用阅读技巧 | 6 | 9 | 1.52% |
| | 上课做笔记 | 1 | 1 | 1.37% |
| | 自主学习 | 21 | 37 | 1.35% |
| | 确保课堂参与 | 2 | 3 | 1.31% |
| | 珍惜学习机会 | 3 | 3 | 1.29% |
| | 更加专注 | 7 | 12 | 1.25% |
| | 建立归属感 | 2 | 3 | 1.06% |
| | 自主选课 | 2 | 2 | 0.78% |
| 学业管理策略 | 时间管理 | 12 | 25 | 2.33% |
| | 人际交往服务学术 | 2 | 2 | 1.80% |
| | 主动联系导师 | 7 | 7 | 1.68% |
| | 目标导向的研究 | 6 | 6 | 1.39% |
| | 结识优秀的人 | 11 | 17 | 1.36% |
| | 目标导向的学习 | 17 | 24 | 1.32% |
| | 善于把握机会 | 2 | 2 | 1.27% |
| | 主动寻求资源 | 25 | 50 | 1.21% |
| | 明确职业前景 | 1 | 1 | 1.21% |
| | 制定学业规划 | 6 | 7 | 0.87% |
| | 与导师交流不够 | 3 | 5 | 0.70% |
| | 培养良好学习习惯 | 1 | 1 | 0.60% |
| | 自我展示 | 1 | 1 | 0.58% |
| | 合理安排课程 | 1 | 1 | 0.45% |

**续上表**

| 类属 | 节点 | 来源 | 参考点 | 平均覆盖率 |
|---|---|---|---|---|
| 辅助策略 | 打破性别偏见 | 1 | 2 | 0.87% |
| | 合理设置个人期待 | 6 | 7 | 2.49% |
| | 丰富生活 | 15 | 29 | 1.71% |
| | 根据兴趣确定专业 | 8 | 8 | 1.69% |
| | 跨文化交流 | 13 | 19 | 1.67% |
| | 做好学业准备 | 9 | 9 | 1.59% |
| | 根据兴趣选课 | 7 | 11 | 1.54% |
| | 根据兴趣选题 | 20 | 40 | 1.45% |
| | 根据兴趣申请助研 | 2 | 4 | 1.34% |
| | 建立自信心 | 16 | 25 | 1.31% |
| | 不在意别人的看法 | 4 | 4 | 1.25% |
| | 保持乐观心态 | 7 | 7 | 1.11% |
| | 释放压力 | 4 | 4 | 1.04% |
| | 同学之间信息共享 | 3 | 3 | 0.84% |

根据语义对原始节点聚类，并合并语义重复的节点。采用阅读技巧、确保课堂参与、学习模式、英语学习构成认知策略。制定学业目标、时间管理、建立学术联系以及主动寻求帮助构成学业管理策略。基于个人兴趣、培养学术自信、丰富生活和跨文化交流构成辅助策略。由此可以得出国际研究生学术适应实践策略的修复模型，如图 2－6 所示。

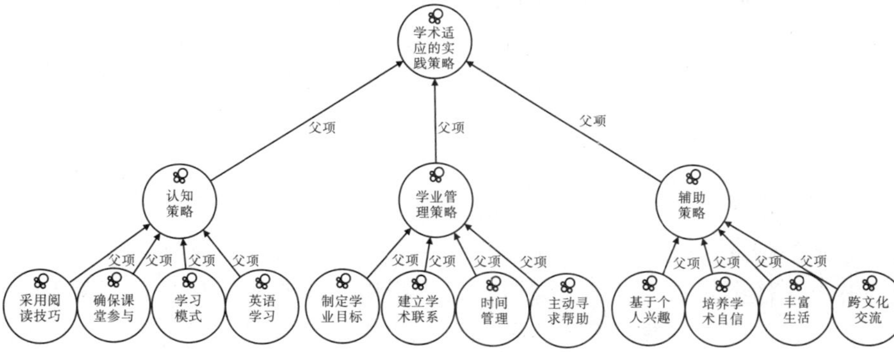


图 2－6　学术适应实践策略的修复模型

# 第四节　学术适应支持条件的原始模型与修复模型

## 一、学术适应支持条件的原始模型

### （一）个人背景

学术适应支持的个人背景因素包括：良好的个性、工作经历、很早有出国学习的想法、具有批判性思维的基础、没有社交负担、热爱学术、喜爱美国文化、学术文化相似、学业基础好、有海外学习经历、语言基础好、自我期待高、丰富生活。

### （二）外部条件

国际研究生学术适应支持的外部条件包括：辅修课程、课程教学质量高、个性化教育（小班授课）、师资力量强、提供额外学习支持、提供海外学习机会、图书馆资源丰富、网络学习资源、写作中心、心理咨询、新生指导、多种学术资源、职业咨询、学术会议、专业学习活动、专业志愿服务活动、学术会议、国际学生活动、参与活动增强归属感、参与活动服务学业、人际关系简单、人机关系平等、人际关系融洽、无差别对待国际研究生。兼职工作、奖学金基金的支持、助研有助于发表、助教锻炼教学能力、助教利于学术适应、助教提供资助、助教提升语言能力、助研影响研究方向、自主决定学习专业、自主决定学校选择、资助是学习的保障、资助有保障。

### （三）关键人物

关键人物主要由导师和任课教师构成，主要节点包括：导师的个性特征、导师的帮助、任课教师的帮助、任课教师的认可、任课教师负责、任课教师开放、任课教师认真、任课教师要求严格、任课教师有耐心、任课教师指导研究、任课教师尊重学生、任课教师注重学习反馈、高年级同学、美国同学提供帮助、国际研究生互相帮助。此外，家人、室友、同事、同学也是国际研究生学术适应的关键人物。

学术适应支持条件的原始模型如图 2 –7 所示。

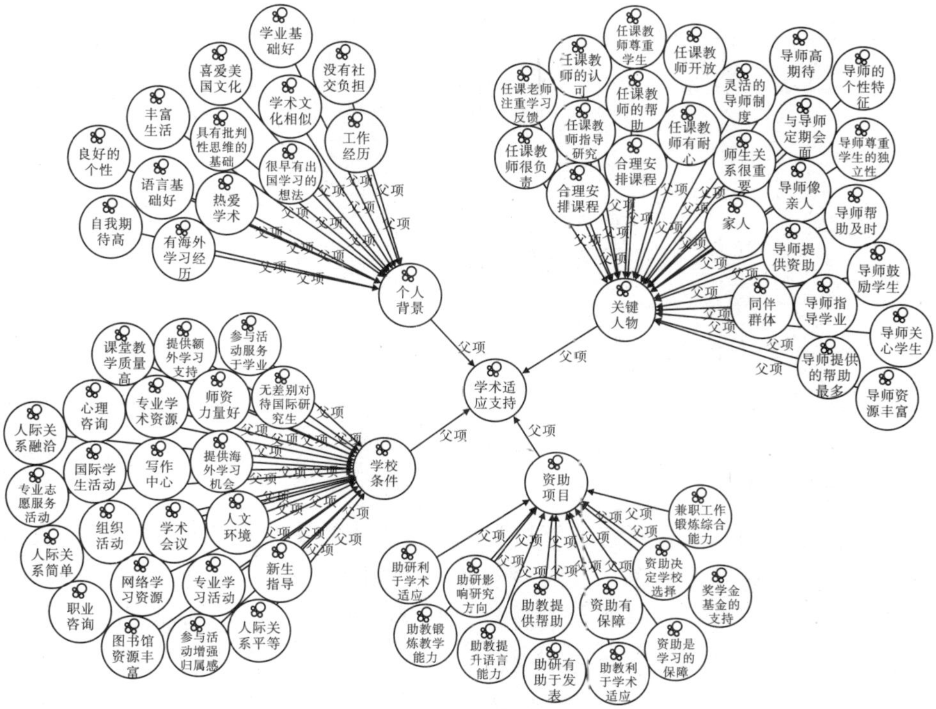


**图 2－7　学术适应支持的原始模型**

## 二、学术适应支持条件的修复模型

### （一）个人背景

个人背景编码的修复模型为：良好的个性、自我期待高、热爱学术这 3 个节点构成性格特点；学业基础好、很早有出国想法、具有批判性思维的基础、有海外学习经历、语言基础好 5 个节点构成教育资本；具有工作经历有利于学术适应。

**表 2－9　个人背景的编码及修复模型**

| 类属 | 节点 | 来源 | 参考点 | 平均覆盖率 |
| --- | --- | --- | --- | --- |
| 性格特点 | 自我期待高 | 13 | 22 | 1.61% |
| | 良好的个性 | 35 | 93 | 1.34% |
| | 热爱学术 | 2 | 2 | 1.04% |

续上表

| 类属 | 节点 | 来源 | 参考点 | 平均覆盖率 |
|---|---|---|---|---|
| 教育资本 | 具有批判性思维的基础 | 2 | 2 | 1.89% |
| | 学业基础好 | 20 | 31 | 1.53% |
| | 有海外学习经历 | 15 | 17 | 1.42% |
| | 很早有出国想法 | 6 | 6 | 1.21% |
| | 语言基础好 | 16 | 16 | 1.13% |
| 工作经历 | 工作经历 | 18 | 37 | 1.86% |

## （二）外部条件

外部条件包括学校气氛、学校资源和资金支持3个类属。学校气氛包括人文环境、人际关系简单、人际关系平等、人际关系融洽、无差别对待国际研究生。学校资源包括专业学术资源、提供海外学习机会、师资力量好、个性化教育、课堂教学质量、提供额外学习辅导、图书馆资源丰富、写作中心、心理咨询、新生指导、职业咨询、学术会议、专业学习活动、参与活动服务学习。资金支持的子维度包括资助是学习的保障、资助决定学校选择、奖学金基金的支持、助教锻炼综合能力、助研锻炼利于研究。

表2－10　外部条件的编码及修复模型

| 类属 | 节点 | 来源 | 参考点 | 平均覆盖率 |
|---|---|---|---|---|
| 学校气氛 | 无差别对待国际研究生 | 5 | 5 | 1.89% |
| | 人文环境 | 8 | 13 | 1.75% |
| | 人际关系融洽 | 26 | 35 | 1.42% |
| | 人际关系简单 | 6 | 6 | 1.37% |
| | 人际关系平等 | 13 | 19 | 1.34% |
| 学校资源 | 专业学习活动 | 18 | 20 | 2.11% |
| | 图书馆资源丰富 | 10 | 14 | 2.01% |
| | 专业学术资源 | 19 | 41 | 1.76% |
| | 写作中心 | 9 | 13 | 1.64% |

续上表

| 类属 | 节点 | 来源 | 参考点 | 平均覆盖率 |
|---|---|---|---|---|
| 学校资源 | 个性化教育 | 12 | 12 | 1.59% |
| | 学术会议 | 10 | 13 | 1.32% |
| | 课堂教学质量 | 4 | 5 | 1.29% |
| | 职业咨询 | 3 | 4 | 1.27% |
| | 师资力量好 | 4 | 4 | 1.21% |
| | 参与活动服务学习 | 15 | 16 | 1.16% |
| | 心理咨询 | 1 | 1 | 0.99% |
| | 提供海外学习机会 | 2 | 2 | 0.97% |
| | 提供额外学习辅导 | 1 | 1 | 0.82% |
| | 新生指导 | 1 | 1 | 0.70% |
| 资金支持 | 资助是学习的保障 | 14 | 15 | 1.98% |
| | 奖学金基金的支持 | 9 | 17 | 1.75% |
| | 助研锻炼利于研究 | 16 | 25 | 1.52% |
| | 助教锻炼综合能力 | 11 | 16 | 1.33% |
| | 资助决定学校选择 | 10 | 12 | 1.28% |

## （三）关键人物

导师以及导师的特征是指导教师的关键维度，包括导师帮助及时、导师的个性特征、导师高期待、导师鼓励学生、导师提供帮助、导师提供资助、导师像亲人、导师指导学业、导师资源丰富、导师尊重学生、灵活的导师制度、师生关系良好、与导师定期会面。任课教师的子概念包括任课教师的帮助、任课教师的认可、任课教师很负责、任课教师开放、任课教师认真、任课教师要求严格、任课教师有耐心、任课教师指导研究、任课教师尊重学生、任课教师注重学习反馈。此外，高年级同学与美国同学提供帮助、国际研究生互相帮助构成了同伴群体。室友、同事、同学等构成同伴，并被命名为“同辈群体”。此外，关键人物还包括家人，修复模型中不再单独列入，在文中补充说明，见表2-11。

表 2－11　关键人物的编码及修复模型

| 类属 | 节点 | 来源 | 参考点 | 平均覆盖率 |
|---|---|---|---|---|
| 指导教师 | 导师帮助及时 | 13 | 17 | 2.13% |
| | 导师的个性特征 | 28 | 80 | 1.97% |
| | 导师指导学业 | 28 | 67 | 1.96% |
| | 导师提供的帮助 | 33 | 75 | 1.88% |
| | 师生关系良好 | 9 | 13 | 1.73% |
| | 与导师定期会面 | 21 | 31 | 1.67% |
| | 灵活的导师制度 | 11 | 16 | 1.48% |
| | 导师鼓励学生 | 12 | 17 | 1.46% |
| | 导师资源丰富 | 9 | 16 | 1.34% |
| | 导师像亲人 | 3 | 3 | 1.25% |
| | 导师尊重学生 | 7 | 10 | 1.18% |
| | 导师高期待 | 6 | 9 | 1.17% |
| | 导师提供资助 | 9 | 12 | 1.13% |
| 任课教师 | 任课教师的帮助 | 28 | 37 | 1.98% |
| | 任课教师指导研究 | 5 | 7 | 1.84% |
| | 任课教师很负责 | 11 | 20 | 1.63% |
| | 任课教师有耐心 | 3 | 5 | 1.60% |
| | 任课教师注重学习反馈 | 5 | 7 | 1.56% |
| | 任课教师要求高 | 2 | 2 | 1.47% |
| | 任课教师尊重国际学生 | 4 | 5 | 1.39% |
| | 任课教师很开放 | 4 | 5 | 1.37% |
| | 任课教师认真 | 1 | 1 | 1.31% |
| | 任课教师的认可 | 5 | 5 | 1.26% |
| 同辈群体 | 同伴 | 29 | 52 | 1.47% |

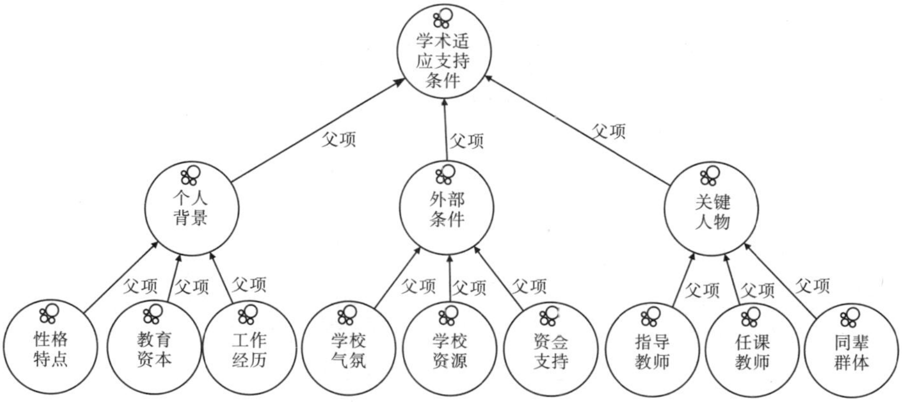


图 2－8　学术适应支持条件的修复模型

# 第五节　学术适应效果的原始模型与修复模型

## 一、学术适应效果的原始模型

### （一）学术适应的积极效果

学术适应的积极效果包括不断进步、成功申请博士项目、促进个人发展、获得新视角、没有消极影响、适应结果乐观、提升就业竞争力、提升研究能力、提升专业技能、拓展就业选择、完成学业、完善性格、学术态度涵养、学习科研方法、学习前沿知识、学业成绩优异、研究逐渐完善、已有论文发表、获得国际研究生奖学金、知识增长。

### （二）学术适应的消极效果

融入困难、怀疑留学的意义、机会成本高、开始艰难、没有克服学术困难、没有学术成就、去留的两难抉择、始终是局外人、学术再适应、与母体文化脱节是学术适应的消极效果。

### （三）学术适应没有明显效果

学术适应没有明显效果由不需要完全适应、适应没有止境、适应过程艰辛三个子节点构成。

学术适应效果的原始模型如图 2－9 所示。

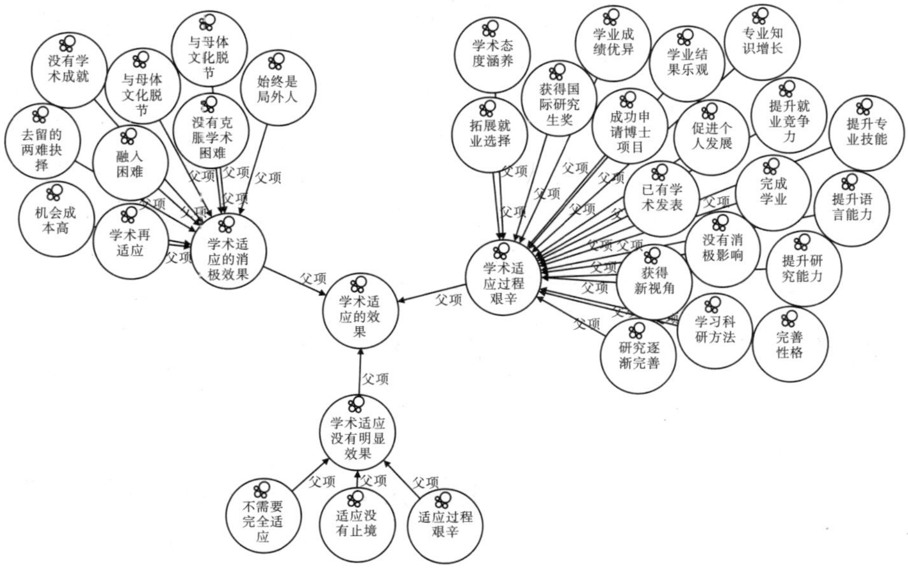


图 2－9　学术适应效果的原始模型

## 二、学术适应效果的修复模型

### （一）学术适应的积极效果

专业学术成长包括专业知识增长、研究逐渐完善、提升研究能力、提升语言能力、提升专业技能、学术态度涵养、学习科研方法、学习前沿知识。获得学术成就包括学业成绩优异、学业结果乐观、已有论文发表、获得国际研究生奖学金、完成学业、成功申请博士项目。促进个人发展包括促进个人发展、获得新视角、没有消极影响、提升就业竞争力、拓展就业选择、完善性格，如表 2－12 所示。

表 2－12　学术适应的积极效果的编码及修复模型

| 类属 | 节点 | 来源 | 参考点 | 平均覆盖率 |
| --- | --- | --- | --- | --- |
| 专业学术成长 | 专业知识增长 | 31 | 64 | 2.17% |
| | 研究逐渐完善 | 15 | 21 | 1.85% |
| | 提升研究能力 | 5 | 7 | 1.78% |

续上表

| 类属 | 节点 | 来源 | 参考点 | 平均覆盖率 |
|---|---|---|---|---|
| 专业学术成长 | 学习科研方法 | 28 | 53 | 1.76% |
| | 提升专业技能 | 2 | 4 | 1.37% |
| | 学术态度涵养 | 13 | 19 | 1.25% |
| | 提升语言能力 | 3 | 3 | 1.24% |
| 获得学术成就 | 学业成绩优异 | 13 | 19 | 1.86% |
| | 已有论文发表 | 4 | 4 | 1.17% |
| | 学业结果乐观 | 2 | 2 | 1.12% |
| | 成功申请博士 | 2 | 3 | 0.98% |
| | 完成学业 | 2 | 3 | 0.93% |
| | 获得国际研究生奖学金 | 1 | 1 | 0.74% |
| 促进个人发展 | 促进个人发展 | 13 | 19 | 1.98% |
| | 获得新视角 | 13 | 18 | 1.87% |
| | 没有消极影响 | 17 | 17 | 1.71% |
| | 完善性格 | 13 | 20 | 1.69% |
| | 提升就业竞争力 | 6 | 8 | 1.42% |
| | 拓展就业选择 | 5 | 5 | 1.27% |

## （二）学术适应的消极效果

机会成本包括机会成本高、没有学术成就、没有克服学术困难。去留的两难抉择还包括始终是局外人、融入困难、怀疑留学的意义。学术再适应包括与母体文化脱节。如表 2－13 所示。

表 2－13　学术适应的消极效果的编码及修复模型

| 类属 | 节点 | 来源 | 参考点 | 平均覆盖率 |
|---|---|---|---|---|
| 机会成本 | 没有学术成就 | 5 | 5 | 1.98% |
| | 机会成本高 | 3 | 3 | 1.34% |
| | 没有克服学术困难 | 3 | 3 | 1.03% |

续上表

| 类属 | 节点 | 来源 | 参考点 | 平均覆盖率 |
|---|---|---|---|---|
| 去留的两难抉择 | 融入困难 | 6 | 7 | 1.89% |
| | 去留的两难抉择 | 5 | 5 | 1.77% |
| | 始终是局外人 | 1 | 1 | 1.32% |
| | 怀疑留学的意义 | 1 | 1 | 0.38% |
| 学术再适应 | 学术再适应 | 1 | 1 | 1.41% |
| | 与母体文化脱节 | 2 | 3 | 1.24% |

## （三）学术适应没有明显效果

学术适应没有明显效果表现为适应过程艰辛、适应没有止境、不需要完全适应，见表2－14。

表2－14　学术适应没有明显效果的编码及修复模型

| 类属 | 节点 | 来源 | 参考点 | 平均覆盖率 |
|---|---|---|---|---|
| 学术适应没有明显效果 | 适应过程艰辛 | 14 | 26 | 1.97% |
| | 适应没有止境 | 2 | 2 | 0.89% |
| | 不需要完全适应 | 2 | 2 | 0.74% |

学术适应效果的修复模型如图2－10所示。

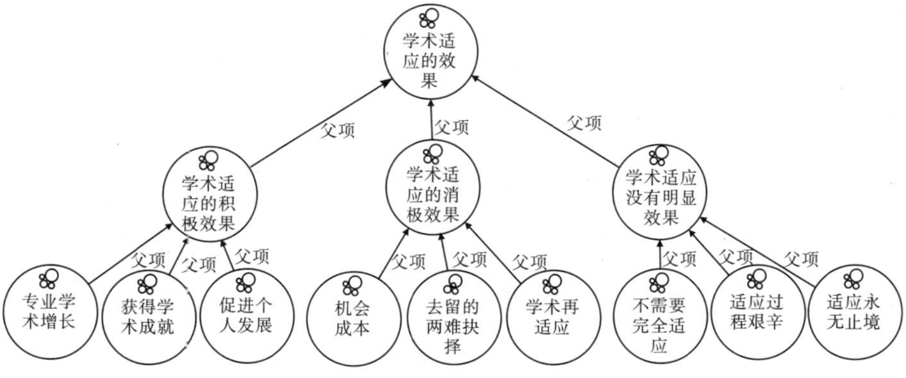


图2－10　学术适应效果的修复模型

# 第三章　国际研究生学术适应的基本维度

*假如没有来美国，也许我会留在过去的掌声里，沉迷在自己建立的城堡里，然后就一直这样下去。来到麦迪逊，一切重新开始。*

*——研究参与者的网络日志*

国际研究生学术适应的维度指国际研究生需要在哪些方面开展学术适应以及适应什么。硕士研究生和博士研究生两个不同学段的培养目标各不相同，硕士研究生要学习某一学科的高深知识，并培养创造力；博士研究生需要精通某一学科领域的知识，具有独立开展原创性研究、创新、语言表达、获取文献等学术能力。① 课程学习、考试和论文是研究生学术的基本组成部分。② 本研究通过数据分析发现，国际研究生学术适应的维度由课程学习、科学研究和学术文化三个方面组成。

## 第一节　课程学习

课程学习是研究生奠定专业基础知识、学习研究方法和前沿知识的主要途径，课程主要包括学习领域内的基础知识和高阶知识。通过课程学习，研究生可以掌握本专业的核心知识体系，接受专业教育和训练。美国高校对研究生的课程学习要求较高，虽然麦大不同的研究生项目对研究生的学业要求有所差异，但研究生院对研究生的基本要求中，对课程学习的要求比重最大。麦大研究生院规定，研究生的课程要组织合理、提供大量学科知识，研究生课程学习的比例至少占学习任务的50%，博士生的课程要服务于科研。其中，硕士研究生的课程学习不得低于30个学分，艺术专业和一些专业学

---

① Graduate guild 2017－2018［EB/OL］.［2017－08－09］. http://guide.wisc.edu/graduate/#degreesmajorstext.

② FOREST J J F, ALTBACH P G. International handbook of higher education［M］. New York: Springer Science Business, 2006: 67－69.

位硕士项目要求学生至少修满42 个学分①；博士研究生的最低学分要求为51个学分（学业基础良好或已经获得相应学分的研究生相应地降低学分要求，但减免学分不得多于7 分）。为保证研究生课程学习的质量，研究生院规定所有的研究生项目每个学期的学分上限为15 个学分，课程绩点（GPA）不得低于3.0。②

国际研究生多以自身的文化视角反观麦大的课程文化。以国际研究生的视角管窥麦大课程学习的特色可以发现，课程学习要求严格、学习内容实践性较强、授课方式灵活、课程服务于科研是麦大课程的基本特点。了解麦大课程学习的特色有助于国际研究生“反思自我”，并在此基础上“学习他人”。

## 一、课程设置：实践导向和过程导向

### （一）课程的实践导向

美国研究生教育先后经历了师法英、德而后自主发展的道路。传统的美国大学是效仿英国大学而设立的小型文理学院，实行以修道院教育模式为主的古典教育，主要培养牧师和公职人员。第二次世界大战之后，美国研究生教育向实用主义转型。随着美国经济发展和社会结构的变化，尤其是城市化和工业化对实用人才以及应用型研究的需求，高等教育培养目标逐渐以培养适应社会发展的高级技能人才为主，研究生教育也发生了相应的变革，具有强烈的实践导向。

美国公立研究型大学多为州立大学，立足培养宽口径、厚基础、有一技之长的应用型人才。州立大学的专业设置、课程设置、师资管理多以学生为中心、以社会需求为目的，③ 体现了美国以“赠地学院”为基础的公立研究型大学服务社会的“务实”精神。实践导向是麦大国际研究生课程学习的特色。本研究的研究参与者中，部分国际研究生认为，麦大研究生阶段学习期间修的课程注重培养实践操作能力，理工科有大量实验，课程学习指向专业实践，培养学生的实践技能。麦大人文社会科学专业的课程学习具有较强的

---

① 麦大硕士项目学习年限1～3 年不等，其中一部分硕士项目以学习课程知识为主，学生只需通过考试即可毕业，不要求研究生完成学位论文。

② Graduate school minimum degreee requirments and satisafactory progress [EB/OL]. [2017-08-09]. https://pubs.wisc.edu/home/archives/grad16/degreqcriteria.htm.

③ 王亚卓，徐同文. 美国高等教育国际化与应用型人才培养 [J]. 高校教育管理，2012 (6)：54-57.

实践导向，始终围绕培养就业技能，能够关照现实。“课程为我们提供了很多专业实践训练，让我们走访社区学院，通过与社区学院管理者之间的交流获得更多的实践知识。”（6CHLAFM）多名人文社会科学的国际研究生表示，课程学习内容的实践导向明显，利于提升就业能力。理工科的课程学习侧重于具体实践技能的培养，生物工程专业的一名国际研究生分享了对实践型课程的看法：“教师安排很多实验在课程中，学习污水处理过程的课程就会教学生如何去凝、沉淀，或者去掉重金属。采用课程学习与实践紧密结合的方式也会使学生对学习的知识掌握得更加牢固。”（31CHSFD）机械工程系的一名中国访问博士生通过与中国高校博士生课程的对比发现，麦大的博士生课程注重培养博士生的实践技能：“国内的课程偏理论，有部分老师照着课本讲，作业主要以习题为主。但是在这里，除了习题还需要完成一定量的课程项目，通过自己写代码完成课程任务，就会对概念和理论有更深刻的印象，更容易掌握知识，能够理解公式。”（40CHSMV）

### （二）课程的过程导向

学术文化氛围受到社会文化的影响，马克斯·韦伯在《新教伦理与资本主义精神》中曾指出，欧美资本主义精神重视工作中的“过程价值”，而不仅仅局限于对效率的追逐或对结果的竞争。麦大的研究生教育注重培养过程，采取过程导向的课程设置和授课方式。过程导向指相对于片面强调课程学习的结果而更重视学生的学习过程，主要表现为任课教师跟进每一次课程作业的进展，并根据学生平时的学业表现判定最终的学习成绩。高质量的研究生课程要跟进学习者的学习情况平均分配学习任务和作业，及时调整课程进度和内容安排，并持续开展学习效果评价。为最大限度地满足学生的学习需求，麦大研究生的课程在内容安排上兼具结构性和灵活性。①

研究生课程不拘泥于单项的知识传授，而是强调对新知识的探索、发现和研究，研究生的课程学习方式多样化，不仅包括任课教师以讲授为主的基

① 麦大根据课程的难易程度将课程编码，课程编码范围从 100～999，数字越小，表明课程内容越简单。其中，编号在 100～299 之间的课程为本科生的基础课程，研究生不能选修此类课程，编号在 100 以下的课程不提供学分。课程编号在 300～699 之间的课程为高年级本科生和研究生共选的课程，300～499 之间的课程为中等难度的课程，编号在 500～699 之间的课程为高阶课程。研究生选修编号在 300～499 之间的课程符合学校对研究生选课的要求。课程编号在 700～999 之间的课程只为研究生和某些专业性比较强的学生开设。此外，麦大还有一些对课程编号的特殊规定，例如，编号为 680 和 690 的课程专门为一个学期论文写作开设的课程，指导高年级本科生和研究生完成论文；编号为 990 的课程也是指导学位论文写作的专门课程。参见：Courses and academic programs policies and guildline［EB/OL］.（2012－06－01）［2017－08－09］. https://kb.wisc.edu/vesta/page.php?id=24556.

础课程，还包括高级研讨课、讨论课等课程形式。任课教师的自主权是课程灵活的基础，研究生课程授课的进度具有弹性。研究生教育是一个动态的过程，研究生课程具有较大的自主性和独立性，课程内容由任课教师自行编排。任课教师采用灵活的授课方式，根据学生的反馈和班级的整体学习情况调整课程学习的内容、上课的方式和讲课的进度。过程导向的课程采取个性化的培养方式。个性化学习是以学生为中心的学习，基于个体的学习特点确保学习效果。教师采取多种学习方式，基于学生的学习进展和学习需求区别对待处于不同学习阶段的学生，能够增强学生的学习动力、自信心、学习热情和学习效果。在学习过程中，任课教师采取过程导向的授课和评价模式。心理学专业的一名国际博士研究生表示，所修的一门课程在一个学期安排了三次月考，课程的考核标准是每次月考成绩占 30%，课程参与占 10%，不再设置期末考试，以保证课程学习的整体质量。过程导向的学习模式保障了研究生的课程参与度，“这种课程评价方式督促我不停地学习，保证不断进步才能跟得上课程学习的进度”。

为了满足学生暑期学习的需求，麦大专门开设了为期 3 ~ 8 周不等的暑期课程。暑期课程具有学时短、学时集中、学费低，并可以获得与学期内课程相同学分的特点，国际研究生通过暑期课程学习专业知识、研究方法等课程。暑期课程帮助来自土耳其的一名硕士生提升了学术能力：“参加了学习专业研究方法的暑期课程，增强了综合研究能力，帮助我在秋季学期顺利申请到了助研岗位。”（9TKLAMM）暑期课程有利于节约学习成本，缩短学习年限。计划在四年内完成学业的国际博士生表示，暑期课程学费相对较低，通过暑期课程的学习能够节约学习时间，保证学业进展。国际研究生是暑期课程的主要参与者，主要是由于国际研究生在学业中遇到很多困难需要解决，暑期课程既提供集中训练的专业基础课，也提供专业写作和论文研讨课，能够满足处于不同学习阶段研究生的学习需求。

研究生课程网络交流平台是国际研究生在课程学习过程中需要适应的学习方式。一些受访的国际研究生提及，麦大的研究生课程管理充分利用网络平台的优势，任课教师通过个人学习账户建立课程学习互动交流平台，通过网络学习平台，任课教师可以分享课程学习资料，布置作业，引导学生通过互动平台讨论课程问题，收集学生的学习反馈并提供在线指导，不同的学生之间也可以通过网络互动平台相互交流。国际研究生在麦大学习之前，缺乏使用网络课程平台的经历，但网络课程平台与课程学习的每一个环节息息相关，在研究生学习的初始阶段，需要学习课程网络平台的使用方法，以充分享受网络平台为课程学习带来的便利。

## 二、授课方式："记忆考试模式"与"预习讨论模式"

本研究中，包括来自法国、比利时等西方国家的国际研究生以及来自亚洲、非洲等非西方国家的国际研究生都一致表示，生源国的学习方式以记忆和考试为主，麦大研究生阶段的学习方式更加注重预习、阅读和课堂讨论。尤其是人文社会科学专业课程，学生在课前需要阅读大量学习材料，并在课堂学习的小组讨论以及任课教师主导的专题讨论中发表观点。不同于国际研究生生源国课程学习的"记忆考试模式"，麦大的课程学习以"预习讨论模式"为主。

"记忆考试模式"侧重教师通过讲解为学生提供专业知识以及新信息，在授课过程中，教师与学生之间的互动较少，学生学习以被动记忆为主，对学习材料的讨论、思考和批判较少。课程学习依赖任课教师对课程学习材料的解释和讲解，教师占据绝对主导地位，不适用于培养研究生的学术能力。研究生教育应当培养研究生的语言表达能力，以讲授为主的"记忆考试模式"却很少提供学术对话的机会，从而导致学生被动地接受大量的课程信息，缺乏深度思考。麦大的研究生课程大多介于任课教师讲授为主以及学生自学为主之间的课程类型，以"预习讨论模式"为主。相比于"记忆考试模式"，"预习讨论模式"更有助于深化知识学习并培养思维能力。

首先，麦大研究生的课程设置以探究性学习为核心，教师通过提问的方式引导学生学习，在学习过程中激发学生的好奇心，培养学生的自主探究学习能力，学生多为探究驱动型学习者（inquiry-driven learner）。一名国际研究生表达了课程学习的感受："来到这里之后会发现有很多人督促我去提问题，人们不满足于对问题的一个解释，而是从多重视角看待同一个问题，这对我的研究产生了非常巨大的影响，让我学会怎样看待研究，如何分析不同的现象、不同的问题。"（29CLAFD）研究生课堂以学生为中心，教师采取个性化的教学方法，注重学生的反馈，甚至会为学生设置个性化的考核方式，心理学专业的一名国际研究生指出该个学期的期末评估是任课老师结合每个学生的学习进展为学生量身定做的考核。"预习讨论模式"利于培养研究生的探究精神，研究生只有在课程中体验、领悟，获得研究的意识、素养和精神，才能焕发课程自身的研究性价值。①

其次，针对特定问题的深度讨论和知识建构的研讨会（seminar）是美国

---

① 于忠海，赵玮芳. 研究生课程"研究性"弱化归因及其改进理念和策略［J］. 学位与研究生教育，2011（4）：34－38.

高校研究生授课的主要方式。研讨会的教学方式源自19世纪德国的洪堡大学，这种教学方法标志着大学教学方式的变革，即从中世纪注重口头表达和辩论的方式转变为注重培养学生独立学习和研究能力的写作表达的转变。授课方式围绕任课教师提出的问题开展讨论，高效的课程教学不仅要引起学生的思考，教师还要主动与学生进行互动，及时为学生提供学习指导。来自中国的一名文科硕士研究生描述了讨论式学习的学习体验："课堂学习中的交互体验比较好，任课教师非常注重学生上课时的感受。讲课过程中有什么问题都可以打断老师，提出问题来讨论，学生随时随地与老师和同学互动。"(2CHLAFM)

课堂讨论能够帮助国际研究生获得大量新知识，激发学习者成为课程的主动参与者，更加深刻地理解学习的内容。研究生教育的目标是将受教育者培养成为掌握广博知识、具有一定科研能力并能够胜任专业教职的专业技能人才。按照学生的参与程度，研究生研讨会分为讲授型、教授主导的讨论、学生主导的讨论、阅读讨论模式四种类型，[①] 学生的角色和作用有较大差异。在学生主导的讨论课中，教师指派学生组织讨论。学生在教师的指导下陈述阅读内容，或者教师对讨论内容做简单的铺陈再交由学生主导讨论。这种学习模式的不足之处在于由于学生未能达到对所讨论问题融会贯通的水平，讨论的深度和广度会深受影响。教师主导的研讨会是教师针对讨论的主题和学习内容提出一系列问题引导学生讨论的学习模式，学生表达自己对讨论问题的思考和见解，并通过互动加深对学习内容的理解。教师事先设计好研讨会的讨论提纲，把握讨论进度，激发学生开展深入讨论，并确保讨论的内容不会偏离学习任务要求。教师具有明确的目标，并根据目标把握讨论进度。这种教学模式要求教师提出的讨论问题不能过于宽泛，以免学生不知如何回答问题；讨论问题也不能过于狭窄，以免对问题的解答变为某个特定的答案，挤压可讨论的空间而不能引起学生的讨论，会引发讨论无组织、讨论内容碎片化等问题。

教师为学生提供备选的阅读书目，学生根据阅读兴趣自己选择书目的阅读讨论模式有一定的局限性。学生通过提前阅读，在课堂上陈述阅读材料的主要思想，简短评述之后由下一位学生继续陈述阅读的书目。这种教学方法无法将课程学习的内容串联起来，通常情况下会造成对课程时间分配不均的问题：刚开始陈述的学生会花费很长的时间，最后一位陈述的学生较为简短。这种方法不适合研究生教学，一名博士研究生表达了任课教师主导的课

① STEEN S, BADER C, KUBRIN C. Rethinking the graduate seminar [J]. Teaching sociology, 1999 (4): 167 - 173.

程学习方式带来的问题以及任课教师的处理办法：

我们有一门课程刚开始是任课教师提出问题，同学自愿参与讨论，回答问题。后来任课教师发现每次参与讨论的同学总是经常发言的那几名同学，而且学生参与讨论的积极性越来越低，讨论经常会冷场，课堂气氛比较死板。于是任课教师就调整了课堂讨论方式，将学生分成小组，把一部分全体讨论的问题放到小组中讨论，并通过小组汇报的方式让每个同学都表达出自己的观点，积极调动起每个人的参与热情，而不是主要靠学生自愿回答问题。(27CTLAMD)

麦大研究生课程以研讨会为主要授课方式，通过课程学习，研究生从消费信息的被动学习者转变为探究知识的主动学习者，利于提升研究生的领导力、研究能力、写作能力、批判性思维能力、教学能力，有助于研究生明确课程学习与科研之间的关系。① 长久以来，人们认为自主独立学习是博士生学习的主要特征，对于国际博士生而言更为如此。然而，独立学习无形中削弱了学习需要合作的本质。国际研究生学业成功与否不能归结于是否采用了独立自主的学习方式，而主要在于国际研究生是否开展了大量练习，是否按照教师指导的科学的方法学习课程、开展研究，以及国际研究生与教师之间的互动是否有效。

## 三、跨学科学习：主修和辅修

受笛卡尔哲学的影响，大学在创立之初奉行注重分析技能，将认识领域划分为细化的认知单元的理念，以期深入理解客观世界，达到认识整体的目的。在高校中，细化学科的行为延续到20世纪末。伴随着知识的大量增长，人们逐渐认识到单一学科领域的知识不足以全面解决社会中或自然界出现的复杂问题，因此，跨学科学习逐渐受到重视。1965年，威斯康星州立法委员会赋予威斯康星大学绿湾分校（University of Wisconsin-Green Bay）设置未来导向创新课程的权利，② 受这一时期生态运动的影响，绿湾分校开设了首门关注人类与环境之间关系的跨学科课程。此后，绿湾分校开辟了学生选择一个主修专业和一个辅修专业的跨学科学习的先河。该种做法被美国高校纷纷效仿，并在20世纪80—90年代之间演化为以问题为导向的跨学科课程。

---

① TRAUTNER M N. Teaching-infused graduate seminars：incorporating pedagogy into substantive courses. [J]. Teaching sociology，2014 (1)：61－68.

② LATTUCA L R. Creating interdisciplinarity：interdisciplinary research and teaching among college and university faculty [M]. Nashville：Vanderbilt University Press，2001：2－11.

麦大要求研究生跨学科选课，并选修辅修专业的课程，即选定一个主要学科领域作为主修专业（major），并从主要专业相关的学科中选定一个辅修专业（minor）。主修专业一般为同一个学院不同院系的课程。博士研究生需要具备跨学科研究的能力，在主修专业学院之外的学院选择辅修专业的课程，成为博士研究生学业必不可少的组成部分。① 不同学院对博士生辅修课程的要求不同。以经济学院为例，经济学院要求博士研究生选择四门辅修课程，其中两门课程为经济学院或者数学与统计学院编号700以上的高级课程，其余两门课程为数学学院编号500以上的课程或经济学院、统计学院除硕士课程之外编号700以上的课程。麦大对研究生辅修课程的成绩有硬性规定，研究生院规定，博士研究生辅修课程的成绩绩点达到3.0以上才能申请学位论文答辩。②

以主修和辅修为主要形式的跨学科学习一方面能够满足研究生多学科学习的需求，另一方面也能够拓展研究生的学科基础，研究生可以根据自身的学习兴趣开展交叉学科研究。生物工程专业一名来自智利的国际研究生通过跨学科学习获得很多新思想，并强调了学习人文学科知识的重要性："我选的课程中有很多不是生物学领域的，很多是哲学的、历史的、社会的知识，（这些知识）比自己的专业更重要。我时常阅读研究领域之外的书籍，并不断变换阅读书籍，将阅读到的知识与自己的研究联系起来。"（21CISMD）跨学科学习的核心是对多学科领域知识的融合，对知识的融合需要学习者不断拓展自己的学习能力，培养学习者对复杂问题的理解力。跨学科学习需要学习者多与不同学科的人接触，学习多种学科的知识，以及新的解决问题的办法和知识生产方式。跨学科学习还能够促进研究生反思研究问题，拓展研究思路，促使国际研究生从不同视角回答问题。

跨学科选课影响国际研究生的科研选题。一名教育学院的博士生表示，博士的第二年开始跨院系选课，选择了地理系的一门课程，学习和研究方向发生了很大变化，从单纯的教育转向了城市教育。"现在回想起来，最有收获的课程是地理系的课程，因为教育类的课程同质性很强，学习到一定程度就很难学到新鲜的知识了。但是地理系的课程为自己提供了完全不同的学习方向，通过选修地理系的课程，研究兴趣转向了教育与城市之间的关系，而不再局限于教育一个领域。"（30SPLAFD）

---

① UW-Madison graduate school [EB/OL]. [2017-08-08]. http://guide.wisc.edu/graduate/#degreesmajorstext.

② Minor requirements for economics doctoral students [EB/OL]. [2017-08-09]. https://www.econ.wisc.edu/minor-requirements.html.

跨学科研究是通过对两个及两个以上学科知识的综合解决研究问题并产生新知识的研究方法，意味着多个视角的综合，[①] 具体包括不同学科的思想、数据、信息、方法、工具、概念、理论的连接和综合。20 世纪后半期，面对日益复杂的研究问题，跨学科研究应运而生。国际研究生为了提高自身的研究能力而主动选择跨学科课程。受访的国际研究生表示有在三个院系学习的经历，在上课过程中，会接触到大量跨学科选课的、来自其他院系的学生，不同专业的学生通过跨学科交流拓宽学习思路。社会学专业的一名国际研究生通过学习经济学专业的课程，拓宽了研究视角，弥补了单一学科研究方法的不足："经济学的研究方法比社会学好很多，基本上挑不出什么毛病，各种漏洞都会找一些软件分析来说明结论是可靠的。社会学就不太关心这些。"（14CHLAFD）不同领域的课程对科学研究有积极影响，跨学科学习"可以用新的方法做自己领域的东西，交叉学科的研究做出来的科研成果可信性比较强，有说服力，质量不会差"。（7CHSFM）

## 四、课程服务科研：课程与科研的有机结合

研究生既是受教育者，又是研究者，是在学习中研究，在研究中学习的学生。[②] 不同于本科阶段学习专业基础知识的课程学习，研究生阶段注重知识生产，课程学习的知识具有专业性、实用性和前沿性等特点。

研究生的课程分为内容课和方法课，内容课以学习专业学科知识为主，方法课指开展研究方法基本训练的课程。学习领域内的专业知识是课程学习的首要任务。专业知识不仅包括学科领域内的经典理论知识，还包括操作技能、前沿学科知识等。人文社会学科的研究生通过课程学习阅读大量专业领域内的经典书目，理工科研究生则通过专业经典教材学习专业知识。麦大研究生课程的任课教师在课程设计中安排专业学科知识，例如，理工科的研究生需要通过数学建模开展研究，一名理工科的国际研究生表示，通过课程学习到了数学计算知识。护理学专业的国际研究生则表示，通过课程学习了大量医疗仪器设备的使用方法以及临床实践技能："在这里上课，老师总会给我们提供一个场景，问我们如果遇到这种情况应该怎么做，然后再组织大家互相讨论最佳的解决办法。这样的上课方式能够聚集集体智慧，解决实践中的问题，学习效果更好，记忆更深刻。通过深入的讨论，能够涉及很多相关

① REPKO A F. Interdisciplinary research: process and theory [M]. Los Angeles: SAGE, 2012: 3－5.

② 李昌新. 研究生课程教学的研究性及其强化策略 [J]. 中国高教研究, 2009 (4): 24－25.

的情景或者话题，在临床实习中就能触类旁通，灵活运用书本中讲到的那些知识。”（17ZMSFD）

课程学习对国际研究生的重要作用还表现为能够锻炼思考能力，帮助学习者形成科学的研究视角，更加深入地思考感兴趣的研究问题。来自土耳其的一名理工科硕士生谈到了课程学习对培养科研思维发挥的作用：“课程围绕问题开展，上课的过程中有很多思考，而不仅仅是记忆知识，以及如何运用这些知识，怎样理解这些知识，促使我不断地思考，获得以前从来没有的经验，并能够从专业的视角深入地理解很多现象。”（8TKSFM）对于大多数有科研需求的国际研究生而言，课程学习不仅是奠定新的学科知识的必要途径，也是学习并提升研究能力的主要方式。通过课程学习研究方法，熟悉全新的研究语境，学习研究范式，培养科研兴趣，课程学习还培养了国际研究生的学术身份认同。

研究生只有在学科知识积累达到一定程度的时候才能提炼出好的研究选题，课程学习奠定了国际研究生的选题基础。通过课程学习，国际研究生在专业领域内寻找感兴趣的研究主题和可供研究的问题。课程学习能够为国际研究生提供参与科研项目或者开展研究的机会，通过课程作业锻炼研究能力。“第一次写研究计划、设计研究、收集研究数据、开展实验都是通过课程学习获得的经验。”（2CHLAFM）国际研究生通过课程学习，弥补在专业知识和研究方法方面的不足，并找到擅长的研究领域，为科研做准备。巴基斯坦的一名理工科博士生指出：“这学期修了一门大气的课程，由于我研究地表水，乍看起来与大气水相差很远，但是修大气的课程能够帮助我用二维视角开展研究。这是一个动力系统，了解大气运动对地表水的影响，有助于我更加完整、全面地思考我的研究问题。”（25BSFD）

课程学习利于国际研究生结识有相似研究兴趣的同学，并在研究的过程中运用课程学习到的知识。因此，国际研究生倾向于选择对研究帮助大的课程，或根据科研进展，选择与科研进度密切相关的课程，理工科的博士研究生指出，不以课程为基础的研究像是闭门造车。人文社会科学专业的博士研究生也表示：“课程学习的过程也是不断积累专业知识的过程，建立了知识基础之后才可以应用知识。学习是非常漫长的过程，尤其是文科类的研究需要建立在大量的文献阅读的基础之上，尽最大的可能将阅读到的材料和文章运用到研究中去。”（38BRLAFV）课程学习能够帮助国际研究生解决科研过程中遇到的问题。国际研究生将课程学习的新知识与在科研项目中所遇到的研究问题结合起来，并将科研过程中遇到的问题带回课堂与教师和同学一同讨论，共同解决科研难题。

然而，受访的国际研究生中有两名博士生表示，过多的学术输入对形成研究问题产生了困扰，接触大量新知识改变了研究兴趣。个人兴趣不是与生俱来的，也不是一成不变的、不可转换的，[①] 个人兴趣是在学习和生活经历中不断形成的。在研究生学习的初始阶段，国际研究生出现以上学习困惑是学习进程中的正常现象，解决以上问题，国际研究生需要“始终围绕学习目标”。

## 第二节　科学研究

美国研究生教育注重科学研究的教育理念是在历史和现实双重力量的综合作用下形成的。首先，在 18 世纪时，受到理性启蒙运动的影响，德国大学率先提出将高等教育的教学和科研相结合，并将科学研究和知识生产作为高等教育的主要任务。在“教学和科研相结合”的办学理念的影响下，德国大学竞相改革，高等教育质量得到显著提升，扩大了德国高校的影响力。“教学和科研相结合”的办学理念迅速扩散到欧洲其他国家，远至美国，引起美国高等教育机构的功能性转型。培养具有独立思考能力、促进知识增长的人才成为这一时期研究生教育的首要目标。其次，第二次世界大战之后，高校的科研功能得到美国社会认可，美国高校承担了全国一半以上的科研任务。国际研究生为促进美国的学术繁荣、科研创新发挥了巨大的作用。国际研究生成为保持美国科技进步的重要力量，美国企业希望在全球化竞争中立于不败之地，招收大量国际研究生有助于保持科技竞争力。数据显示，在信息技术领域，美国已经从印度学生中获取了 3 亿美元的净利润。[②]

科研能力是研究生的必备能力，也是研究生阶段需要着重培养的能力。研究生学习初始阶段的主要任务是奠定学科知识基础，以修课为主，完成主要课程学习之后进入科研阶段。很多理工科博士研究生和硕士研究生在入学之后就开始参与科研项目，协助课题组成员开展科研。不同的学科、院系、课题组的科研模式有所差异。

---

① 瞿林东. 关于如何确定博士学位论文选题的几点认识［J］. 学位与研究生教育，2002（5）：5 –7.

② The brains business［EB/OL］.（2005 –09 –08）［2017 –08 –10］. http://www.economist.com/node/4339960.

## 一、科研条件：最好的科研设备是科研人员

科研条件指从事科学研究可以获得的设施设备、环境和人力资源。参与本研究的国际研究生普遍认为麦大的科研条件优越，科研基础良好、设施设备完善、科研人员的科研能力较强、科研氛围宽松，并能够获得较多的外部科研支持。

来自韩国的一名心理学专业博士生指出，麦大的科研条件优于在韩国就读硕士研究生时所在高校的科研条件。主要表现为，在麦大有条件开展学科领域内最前沿的研究，能够获得专业的实验仪器、学术资源和学术资料；指导教师学识渊博，能够较好地指导研究，国际研究生有条件去做感兴趣的研究。“在这里能够获得研究所需要的所有条件，包括设施设备、课程、研究准备、团队成员和导师的指导等。所在的实验室有良好的科研基础，科研进展很顺利。关于脑认知的实验比在韩国更加简单，麦迪逊有很多专业的实验（扫描）设备，很少有学校有这么专业的实验设备。导师的科研基础非常好，不像在韩国读硕士的时候，导师是一名新晋的老师，很多情况下无法为我提供我实验所需要的指导。”（18SKSFD）

除了学校内部所提供的科研条件外，科研过程中所接触到的外部资源也是良好科研基础的重要组成部分。药学院的一名博士生指出，合作医院的医生是重要的科研资源：“麦迪逊开展病人行为研究的资源很多，无论是实验设备、文献资料还是科研人员，以及研究方法的严谨度，或者问题思考的广度和深度等方面，美国的研究环境对国际研究者而言相对来说更加友好。相比而言，台湾做这方面研究的人比较少，在研究设计和问题探讨方面比较浅显、狭窄。”（26CTSMD）

学科齐全，有扎实的学科基础是接受高质量科研训练并开展科学研究的有利条件。包括书籍在内的丰富的学术资源是开展科研的硬件设施。麦大丰富的学术资源主要表现为麦大是学科领域内学术思想的发源地和领域内著名学者的聚集地，其学科领域内的前沿知识大多源自麦大学者的研究，这也是国际研究生选择到麦大开展研究生阶段学习最主要的原因之一。来自西班牙的一名人文社会科学专业的博士生提及，在其所学习和研究的领域中，大部分科研成果源自麦大：“我看的很多专业书籍、所研究领域内的文章，很多作者都是麦大的校友，大概占90%，剩下10%的作者是英国的学者。”（30SPLAFD）一名自然环境科学和生物系统工程专业的博士生指出：“威斯康星大学的农学专业有很多分支，所学领域的微生物工程研究历史悠久，有很多前沿的研究成果。”（21CISMD）

高深的研究内容需要顶尖的设备，理工科的学生表示麦大的设施设备有些比较老旧，甚至没有生源国的实验设备先进："我们做研究之前要测试实验设备的性能好不好。在测试中就会发现，一会儿这个地方跑气了，要重新把它密封一下，一会儿这边东西冒出来了，设备常常不能达到采集设备的理想状态。我常常说我的实验设备就是我的小宠物，必须好好照顾它。"（31CHSFD）虽然实验室的设施和设备相对老旧，但并不会影响科研结果，因为"最好的科研设备是科研人员，是人的因素，而非物的因素"。麦大丰富的科研资源中最为重要的就是优秀的科研人员。一名来自中国的博士研究生通过自身经历阐释了"最好的设备是科研人员"的内涵：

"在国内的时候，我发现现有软件中的部分计算模型及功能针对一些情况并不适用，一直想改进软件。但是由于软件是商业软件，比较封闭。另外，对物理模型的一些认识不深刻，部分细节不知如何处理。因此存在两个问题：一、改进计算模型需要与具有该方面背景的教授或者博士生交流；二、软件虽然支持用户自定义扩展功能，但是需要与相关开发者或技术支持者进一步交流。但在国内苦于没有专业人员交流，还有一些条件限制，一直没有改进成功。到麦迪逊之后，与教授和具有相关经验的博士生对模型具体细节进行了深入交流，对于模型改善扫除了障碍。另外，与软件开发人员及技术支持进行了有效的沟通，解决了程序实现的问题，为后面的科研工作打下了基础。"（40CHSMV）

虽然麦大科研基础良好，但本研究的研究参与者表示研究会受到科研条件的限制。例如，一名来自中国的理工科博士生指出，由于受到科研经费的限制，只能选择科研成本在可承受能力之内的科研项目。人文社会科学专业的国际研究生则认为，缺乏固定的学习空间为科研带来了不便。历史学专业的交换博士生指出，在麦大交换学习期间"没有固定的办公室，在以色列，博士生有办公室。在麦大只能用图书馆的公共研究生间，条件不算太糟糕。但如果有一个办公室就可以很方便，不用来回搬书和电脑，东西也有地方存放，这样能够使研究生更加专注研究"。（36ILAME）

## 二、科研合作：团队中的一个成员

学术研究中的合作意指两个或两个以上科研人员在同一个研究项目中建立起合作关系。参与合作的学术人员既可以来自同一个学科，也可以来自多个不同的交叉学科，或者是由不同的科研机构、大学、企业或政府部门的科研人员组成的科研团队。学术合作（academic collaboration）有多种形式，科研合作（research collaboration）能够提高科研生产力和科研效率，是学术合作的重要形式，近半个世纪以来成为主要的知识生产方式。科研合作适用于有资助的大型科研项目，由项目负责人召集科研团队成员开展研究，在研究开始之前，科研团队成员就科研项目的目标、对象、路径和方法达成一致，并建立起互信、问责、指导以及科研成果分配协议，维护良好的科研合作关系，保证科研项目顺利进行。科研团队是一种能够发挥不同团队成员的科研特长以实现科研目标，并能够互相问责的科研组织形式，技能互补并服务于同一个目标的科研人员组成科研团体，科研团体内成员的合作能够拓展研究范围并充分发挥团队成员的创造性。

在大型科研团队中，研究者个体需要与团体成员协作才能完成研究任务。个体研究者要明确自身在科研团队中所发挥的功能，明晰个人角色，响应科研团队所承担的使命，并始终坚持以研究目标为中心，指导团队中的个体各司其职，开展科研合作。① 作为一名科研工作者，研究生的独立性与导师的影响密切相关。在理工科领域，研究生作为导师研究团队的一部分与指导教师一起开展研究，在此情况下，大多数研究生会选择与导师研究主题相关的研究题目，很多理工科国际研究生表示他们是研究团队中的一个成员，所在课题组的研究生论文选题方向均根据导师的科研项目展开，参与导师的科研项目，并与课题组老师和同学开展科研合作是较为理想的科研方式。“刚开始学习的时候，导师给了自己一些想法，并鼓励我加入他的研究团队，我觉得导师在这个领域已经有 10 年的研究经验了，前期科研积累丰富，并且能够指导我开展研究。我的研究是导师研究项目的一部分，这样也能够帮助我开展科研训练。导师依托该项目为我提供助研经费，我觉得应该为大课题的研究做出贡献。”（25BSFD）为达成与导师的科研合作，一些国际研究生选择与导师科研兴趣一致的研究选题。来自土耳其的一名理工科硕士生为与导师保持一致的科研方向更换了研究旨趣：“我本来想要学习地震波（seismic），这是土耳其政府奖学金支持的学习领域。我导师的研究与地震波的研究相关，是很前沿的研究，研究方法还是地理工程学常用的研究方法。但是我来之前导师申请下了噪音处理的研究项目，我就加入了导师的研究团队，一起开展汽车噪音处理的研究。”（8TKSFM）

不同学科、不同国家以及不同的文化背景，科研合作的传统有所不同。总体而言，受学科性质的影响，理工科的科研依托大型的研究项目，合作科研较为普遍。本研究中有 15 名国际研究生提及科研合作，其中 14 名国际研究生的专业为理工科，另外一名人文社会科学专业的国际研究生表示，由于

---

① SCHREURS H. Creating a multidisciplinary curriculum in practice oriented education and research [J]. European journal of social education, 2015 (26/27): 91 - 102.

担任了导师的研究助理，并对导师的科研项目十分感兴趣，根据导师的研究方向选定研究主题。近年来，受到学术资本主义的影响，美国高校与企业、政府和第三方机构的科研合作项目越来越多，应发挥大学科研工作者的科研优势，解决企业生产和社会生活中的问题。来自机械工程系的一名印度硕士生指出："我是导师科研团队的一个成员，所在的研究中心与美国很多公司合作，导师甚至还通过课题研究为自己争取到了推荐到知名企业实习的机会。"（1INSMM）

合作意味着学习和工作方式的改变。美国高校大多为分权式的管理模式，合作研究主要发生在理工科的研究项目中。国际研究生在科研合作中也会出现一些问题，与导师的期望之间存在差距是最为突出的一个问题，其他问题还包括合作文化差异、对学术成果的划分不清晰、实验设备与数据共享等。[①] 参与科研项目，进行科研合作是国际研究生获得学术指导的重要途径，通过实践以及导师的指导学习科研方法，解决科研难题。此外，学术自由受限、同一个研究团队的研究生互相竞争资助、美国社会极度奉行的个人主义等都是合作科研的障碍。依据美国高校的职业晋升机制，评选终身教职时对科研人员学术成果的评定中非常重视科研人员的独立科研成果。麦大的国际研究生也指出，并不是所有的机构都鼓励合作研究："有些机构鼓励合作研究，有些不鼓励合作研究。找工作的时候不能算作学术成果积分，主要还是看发表，如果是和同事发表，会怀疑研究的主体性，因为往往一个机构、一个领域只有一名研究人员。有些工作单位只看第一作者和独立作者，是不鼓励合作的风气。"（15KZLAFD）

近年来，出于提升科技竞争力和维系全球领导力的目的，美国高校通过国际研究生教育开展国际合作研究。美国大学和世界事务委员会（Committee on the University and World Affair）指出，高等教育应当在处理世界事务中发挥积极作用，要确保与不同国家之间开展有效合作。美国所有高校的研究生教育都应当重视国际合作的价值和国际研究生教育的重要性，通过国际科研合作，解决国际社会共同面临的难题。随着高等教育国际化进程日益加快，不同国家和地区科研工作者的科研合作越来越多。因此，国际研究生需要妥善处理学术合作的文化差异。博士研究生教育根植于国际化的科学文化和传统中，是国际学术交流的前沿阵地。通过跨学科研究开辟全新的研究领域，尤其是对国际问题的研究，例如生态环境、教育及教育技术、消除贫困等方面的研究为国际研究生提供了较好的科研机会。科研合作的结构图（见

① SACCO T, SMITH-DOERR L, CROISSANT J. Breaking up is hard to do: processes and contexts of failed scientific collaboration [C]. American sociological association, 2016: 1-26.

图3－1）为博士研究生在美国高校开展合作科研提供了参考。在科研合作中，个体是最基本的单元，个体需要始终秉持以研究目标为方向引领，积极发挥个人的功能，扮演好在合作团体中的身份角色，践行自身使命，为达成研究目标做出积极贡献。

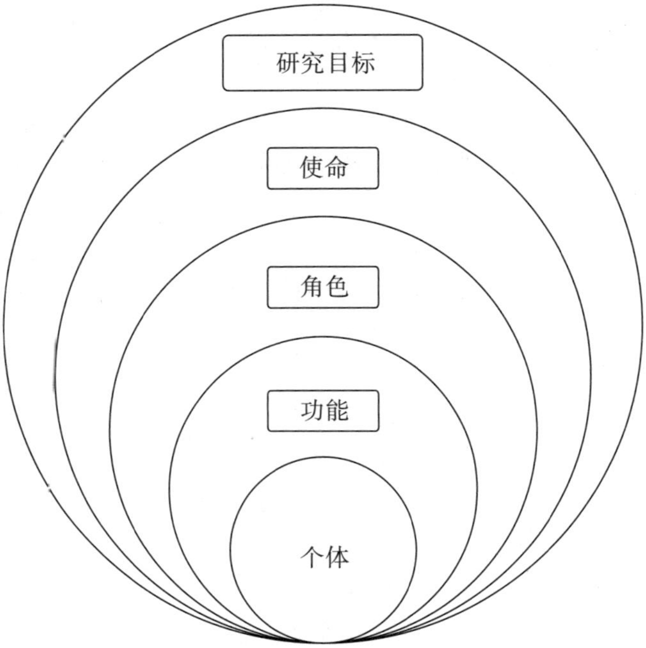


图3－1　科研合作结构图

## 三、科研自主性：做自己的领导

享有研究自主性是国际研究生感知到的麦大学术文化的一部分，国际研究生享有科研自主性是由多个原因共同作用的结果。首先，研究生教育的目标是培养独立的科研工作者，麦大在研究生培养过程中注重培养研究生独立开展研究的能力。其次，在管理机制中，由于部分研究生，尤其是大量文科类的国际研究生的培养经费由研究生个人承担，并不与导师的项目直接相关，因此，国际研究生在科研过程中可以自主选择研究项目，不受导师研究项目的影响。再次，国际研究生所接触到的外界资源较少，在科研中遇到问题倾向于依靠自己的力量解决。最后，国际研究生为成人学习者，是“自己的领导”，学习目标更为明确，学习的内在动力较大，自主性较强。在多种力量的共同作用下，国际研究生“自己确定研究选题，自己选思路，自己学新知识，自己想办法解决遇到的科研问题"，而不是"靠外界的督促"。

研究生承担着知识生产的任务，研究生学习具有一定的自主权，并从规范化的课程学习中不断进步，通过参与专业的研讨会和工作坊学习专业知识，成为独立的研究者。博士阶段的学习不同于以课程学习为主的硕士阶段的学习，博士论文写作是博士研究生重要的科研任务。对国际学生而言，博士论文选题的范围比较广泛，导师尊重学生的研究兴趣，并给予国际研究生较大的科研自主权。一名博士生指出在选题过程中具有较大的自主性："从选定主题到开展研究以至于最后完成研究，导师给了自己很大的自由度，我的想法是自己想的，会与导师有一些讨论。这边的老师鼓励学生自己想计划，自己执行，最后的决定权还是在学生自己。"（25BSFD）

科研自主性要求国际研究生具有较强的科研独立能力，科研独立能力是在科研中慢慢培养的，独立性研究利于增强国际研究生的科研能力和作为一名科研工作者的自我认同感。一名来自中国的理工科高年级博士生提到自己是研究项目的主导人员，研究是一个很独立的过程，从搜集数据、处理数据到汇报结果的整个研究过程克服了很多困难，同时也锻炼了独立思考能力，获得了更强的独立性。通过自己设计实验方案，摒弃一些比较陈旧的观念，现在更容易接受新事物。在个人综合研究能力得到大幅提升的同时，所做的研究得到了别人的认可，也促使国际研究生强化了对自身价值的认可。

美国高校的学术传统尊重学术工作者的研究兴趣以及研究自主性。科学的进步来自于自由的知识分子的自由研究，研究者研究自己选择的课题，并受认识未知事物的好奇心驱使。① 美国研究生教育具有尊重研究生科研自主性的传统。卡耐基基金会对研究生导师的一项调查显示，研究生导师希望研究生自己选择研究题目，导师与研究生一起讨论，理清研究思路，帮助研究生顺利开展研究。很多情况下，研究生的想法很模糊，为了找到切实可行的研究题目，研究生导师为研究生提供建议，帮研究生选择切实可行的研究题目。② 正如国际研究生的切身体会，导师鼓励说任何事情都有可能发生，做你感兴趣的事情，想做就放手去做。来自巴西的访问博士生表示虽然有两位指导教师，但是依然充分享有科研自主性："我觉得非常自由，我并不想让别人主导我的研究。国内的导师和这边的导师都充分地给我自由。"（38BRLAFV）

---

① 杜德斯达，沃马克．美国公立大学的未来［M］．刘济良，译．北京：北京大学出版社，2006：33．

② The Carnegie Foundation for the Advancement of Teaching. Studies in American graduate education［M］. Boston：the Merrymount Press，1944：34．

## 四、科研为重：毕竟是为做研究来的

国际研究生，尤其是博士研究生普遍认为，研究生阶段的学习不仅仅是学习、考试的循环，还要开展很多科研项目的研究。科研是研究生阶段的主要任务，科研比课程学习更重要。理工科的硕士和博士研究生非常关注科研，刚入学就开始做研究，并指出“做科研是我的工作和责任”，学习状态是“半修课半研究”，随着学习年限增加，研究的比重越来越大。

心理学专业一名韩国博士生同样表达了对科研的重视程度，指出学好课程必须要花大量的时间，但是博士期间的课程没有研究重要，读博士需要面临毕业压力和找工作的压力，到麦大学习的重点是研究。“入学培训的时候老师就说课程不重要，课程拿 A 说明学生没有把时间花在科研上。导师会告诉我在我们领域找工作至少需要三篇一作的文章，在 5 年内发三篇文章并不是一件容易的事，所以要注重科研。”（18SKSFD）人文社会科学专业的一些博士研究生也表达了科研是最重要的学业任务的看法。社会学系的一名国际研究生指出：“修课不是最重要的，学分修够，不是 B 以下就可以，这样不影响资助，最重要的是要做研究，因为自己毕竟是为做研究来的。”（14CHLAFD）

高年级的硕士研究生和博士研究生普遍认为要多在科研中投入一些时间。“博士一年级阶段除了课程学习和助教，每天至少花三个小时做科研”，“每周的科研时间为 15 ~ 20 个小时”，“导师要求每周的周一到周五下午 5 点之前都要在实验室，暑假也需要留在实验室继续做项目”，以上是科研在不同国际研究生学习和工作中所占据的比重以及不同国际研究生的科研时间分配状态。随着年级不断升高，研究在国际研究生学习中的比重会慢慢增加。

麦大研究生院规定，除学习项目有特殊的学习要求，对访问和交换身份的国际学生的学分要求为 4 个课程学分和 3 个学分的论文。来自以色列希伯来大学的交换博士生虽然需要完成修学分的任务，仍然表示，来麦大的主要任务是做研究，虽然旁听一些课程，但是更加关注科研，交换一年的主要目的是写论文并投稿。另一位来自比利时根特大学的访问博士生也表达了同样的观点，指出刚到麦迪逊的第一个月就开始为实验做准备，准备工作完成之后就投入了实验，平时的时间几乎都用来做科研。

很多博士生希望毕业之后能够继续从事科研工作，应聘学术岗位或者高校教职，学术类的工作注重研究生的论文发表。但是美国对高校科研经费的支出越来越少，导致越来越多的博士生到学术领域之外寻找工作，很多只关注教学的工作岗位，例如高校管理岗位和非科研工作岗位对从业者没有论文发表的要求。对研究生而言，论文发表不是硬性要求，国际研究生需要根据职业定位合理安排科研进程。

## 第三节　学术文化

文化具有较高的区分度，兼具包容性和排他性。在学术机构内部，学术文化与学术研究的边界、内部成员之间的关系、学术人员之间的差别、互惠利益等问题息息相关。① 不同学术机构学术文化有所差异，作为年轻的科研人员，国际研究生在新的学术环境里学习的过程中，受到所在高校、院系甚至课题组学术文化的影响。国际研究生需要学习所在机构的文化，采用特定的研究范式开展研究，解释未知的研究问题。对学术文化的学习建构国际研究生的学术认同。通过对国际研究生学术适应的研究发现，国际研究生都表达了麦大学术文化的特殊性构成了学术适应的基本维度之一。

### 一、学术严谨：研究像雕刻，需要精雕细琢

本研究中的“学术严谨”包括在开放编码阶段获得的学术研究关注细节、研究过程的科学性以及研究结论的可靠性三个主要内容。从国际研究生的就读体验可以发现，国际研究生普遍能够感知到的科研的特点之一是麦大的学术研究非常严谨。这很大程度上是由于与先前研究经验的对比而得出的结论。

基于与先前研究经历的对比，国际研究生表示，麦大的学术规范非常严谨，巴基斯坦的理工科博士生提及，在巴基斯坦，甚至都没有实验设备采集数据，开展基于研究数据的严谨的科学研究几乎不太可能发生。严谨是开展科学研究的基本素养，导师严谨的科研态度为国际研究生带来积极影响。获得博士研究生导师资格的教授积累了丰富的学术研究经验和研究成果，导师研究的都是领域内非常重要的问题，“导师是一个科学家，非常严谨”。一名来自中国的博士研究生指出，相比于国内的研究考虑问题很粗略，麦大的研究则不太关注结果，特别注重细节。“国内的研究碰到一个问题，很容易就想当然。这边会认为只要细节做到了，结果好是自然而然的。比如我在实验

① BARNETT R. The very idea of academic culture：What academy? What culture? [J]. Human affairs，2014 (24)：7－19.

中想这个不重要，理所当然地把它删除，美国老师和同学就会问这个为什么不重要，是不是要把结果研究一下，看看到底是不是不重要才决定删除。有时候我觉得这样做就好了，但是这边的老师说这个不行，不够精细，可能会存在一些问题。”（39CHSFV）

国际研究生对麦大严谨的学术氛围有直观而又强烈的感受，“有时候甚至觉得这种认真达到了挑剔的地步”。严谨的学术氛围对国际研究生的学术成长产生了重要影响。国际研究生感受到“美国同学特别认真，不得不承认美国同学工作很努力”。一名理工科硕士生通过身边的例子阐释了美国同学的认真程度：“上个月听了一个工作坊，汇报的博士生做的研究需要读100篇文章，把数据抽取出来，运用R语言分析数据并建构模型。100篇文章，即使是美国人读得快也需要半年，还需要把数据抽出来，鉴别哪些数据能用，哪些不能用，录入电脑，并反复斟酌，需要很多功夫。”（7CHSFM）因此，这位国际研究生留下了“美国学生很认真，学习比国际学生更拼”的印象。

学术研究的严谨性还表现在研究者用细节呈现研究过程，确保研究每个步骤都具有科学性。例如，“一般文科的学术研究是讲故事。故事的起因，整个来龙去脉，怎么一步一步证明自己的假设，每一个环节都要设计好，有逻辑性并环环相扣”。受到麦大严谨的学术氛围的熏陶，国际研究生对研究有了更为深刻的认识：“之前写的论文经常有很多总结性的话语，现在就不能接受，任何事情不想轻易地下结论，因为总有自己考虑不到的地方。”

## 二、批判性思维：我学会了质疑

批判性思维指通过科学合理的推理或论证做出明智的决定或得出正确的结论，在行动或论证过程中不受感情、性情等个人情感因素、无关的干扰因素或个人偏见的影响。[①] 批判性思维是对思考的反思，强调合理的论证以及结论的科学性，是开展研究生阶段学习以及从事学术研究工作的关键能力。在本研究的研究过程中，国际研究生表达了课程学习和科研训练能够培养批判性思维能力，以及具有批判性思维能力是适应美国高校研究生阶段学习的关键步骤的观点。训练批判性思维对研究生阶段的学习具有建构性意义，多名国际研究生阐释了批判性思维的重要性以及对批判性思维的理解。

---

① MOORE B N，PARKER R. Critical thinking［M］. 10th ed. New York：The McGraw-Hill Company，2012：2.

## （一）通过课程培养批判性思维

美国教育政策以及雇主要求学校培养各类学科、每个学习阶段的学生的批判性思维能力，让学生变得更加聪明。随着全球化进程的不断加快，教育处于更加广阔、复杂以及充满社会变革和技术变革的环境中，客观上要求教育，尤其是高等教育培养学生深度思考的能力，批判性思维注重论证、推理、反思、聚焦、探究的能力，即用“好的思考方式”（good thinking），获得“好思想”（think well）的过程。

北美高校将培养学生的批判性思维作为高等教育的重要任务，20 世纪 90 年代，美国很多学历认证机构，如美国护理联盟（National League for Nursing）、中北部大学联盟（North Central Association of Colleges and Schools）和西部大学联盟（Western Association of Schools and Colleges）明确提出将高校学生通过课程学习而获得的批判性思维能力作为考核学生学习质量的指标。1990 年，时任总统布什（Bush）提出美国教育的五大目标，第五项目标是具有全球经济竞争的能力以及成长为负责任的公民，为达成这个目标，大学必须培养学生批判性思维、有效交流和解决问题的能力，通过这些高级技能的培养促进可持续发展。该目标通过国会批准，写入《2000 目标：美国教育法案》（Goals 2000：Educate America Act）中，成为美国国家教育政策的指南。

在课程学习过程中，教师通过提问引发学生开展深度思考的教学方式利于培养学生的批判性思维和元认知能力。麦大研究生课程十分注重培养研究生的批判性思维能力，教育学院一名教师指出，在研究生课程的教学过程中，为培养学生的批判性思维，课程设计中采取了特殊的教学技巧，并针对硕士课程中的国际学生的学术适应，强调国际学生最需要适应的美国的学术环境就是培养批判性思维。

“美国从本科甚至高中开始培养学生的批判性思维能力。国际学生，尤其是中国学生在进入研究生阶段需要大量训练，我有时候故意训练学生的批判性思维能力。举一个例子，课堂上，我布置一篇写得很差的发表的论文，让学生阅读，并在下一节课讨论。很多学生就会认为都是发表的论文，肯定是特别好的，数据很全，方法站得住脚，立论、结论都没有问题。我上课的时候通过提问，一步一步地把问题剥离给学生看，发现文章有很多弱点和很多不完善的地方，有一些谬误。当我指出来的时候，有时候学生就会惊讶地说，老师，这篇文章这么差，为什么还要让我们读？我回答，希望有一天学生能够自己读出来这篇文章有哪些长处、哪些弱点，希望他们更有辨别力。”（5LATM）

## （二）批判性思维是有效质疑

批判性思维指在确定相信什么或者做什么时开展的合理而成熟的思考。质疑是批判性思维的基础，包括习惯性质疑，善于反思，具有创造性，善于联想，评价观点客观、公正等思维习惯。[①] 研究生学习不能迷信权威，要标新立异地提出自己的观点，需要培养批判性思维，“几乎要对所有的事情保持批判的态度”，老师鼓励学生思考作者的观点是否正确，为什么是这样，怎么支持这个观点，有哪些论据，等等。所以，国际研究生每遇到一个问题都要“追问是什么，怎么样，为什么，并思考社会背景对作者产生了什么样的影响”。外语系的一名硕士研究生表达了对质疑与批判性思维的看法，将批判性思维分为完全批判和不完全批判两种类型，并指出需要多向美国同学学习批判性思维。

“从字面上理解有一些与作者的观点截然相反的看法，比如作者阐述了A的观点，你觉得是非A，结合自己的阅读和身边朋友的亲身经历觉得非A的看法其实也是正确的，这就是完全批判，与作者的观点不同。第二个层面是在某个层面上认同作者的观点，但作者的观点并不适用所有的场合，需要考虑其他因素，这个就是不完全反驳，但是作者的观点的适用性有一定的局限性。第二个层面的批判性思维比较明显。通过亲身经历的一些事情发现作者观点并不适用，其实还可以考虑其他因素。美国同学往往结合身边的事件，更加让人信服，这点美国同学做得很好，需要向他们学习。”（10CHLAFM）

批判性思维不仅注重研究结果，还注重研究过程。批判性思维鼓励冒险和创新，养成批判性思维能够对研究产生更多的想法，并提供更详细的解释。运用批判性思维能够帮助国际研究生解决科研问题，并不断完善科研项目。一名访问国际研究生表示，培养批判性思维是访学期间最大的收获，学会了从不同的角度思考同一个问题，并反思更好的解决问题的方式，进而发现问题并找到可行的方法解决问题。同时指出，批判性思维能力主要是通过课程学习获得的。因为老师在上课的过程中不是只告诉学生答案，更多的是给予学生启发性思考，让学生自己寻找答案。这样一来，学生在遇到学习困难的时候，能够通过不断自我否定的方法寻求新的问题解决办法，而不是仅仅局限于答案。

---

① American Philosophy Association. Critical thinking: a statement of expert consensus for purposes of educational assessment and instruction [R]. The Delphi Report executive summary: research findings and recommendations prepared for the committee on pre-college philosophy. California: The California Academic Press, 1990.

### （三）批判性思维是从多个角度看待问题

批判性思维有助于研究生突破思维定式，为创新奠定基础，突破“非对即错，非此即彼”的思维习惯。① 批判性思维比较注重发散思维，从多个点切入，而不是局限于一个确定的答案。国际研究生表示：“在研究中会提醒自己，哪怕别人已经做出研究结果了，自己还要云验证。不要迷信别人的结果。”

来自智利的一名理工科博士生指出：“来到这里之后会发现有很多人督促我去提问题，不满足于对问题的一个解释，而是从多重视角看待同一个问题，这对我的研究产生了巨大的影响。教会我怎样看待研究，如何分析不同的现象、不同的问题。这里的学习方式更加具有批判性，学习和研究的每个环节都要具有批判性思维。例如，采用的研究方法，选取的研究工具，方法、数据、收集数据的方法等。批判性思维就是经常反思，思考现在的处境是这样，以及为什么会是这样，自己学习和做研究的每一个步骤都非常具有批判性。”（21CISMD）批判性思维注重论据和对思想的深度反思，首先是对研究问题提出疑问，强调从不同的角度看待问题。来自台湾地区的一名博士研究生通过批判性思维开展深度反思，指出，遇到问题要有不同的视角，也有不同的解决问题的方法，思考不同的方法对研究有哪些益处。例如，一个研究在方向上论述得很好，这样论述很有说服力，他就会想有没有更好的方式去接近这个问题的答案。为什么会有这个理论，学了之后想要达到什么目的，就会多反思一些。

### （四）批判性思维是实证研究的基础

批判性思维的首要特征是要具备辨别信息的能力，批判性思维的基本维度还包括：区分理性结论与感性结论、事实与观点；解决证据有限或论证不足的问题；指出别人论证中的缺点和漏洞，找出逻辑不自洽的地方；重组离散的论据和信息；辨别意义相反、不足或模糊的信息；基于数据得出有说服力的结论，而非注重观点的陈述；选择最有说服力的数据；避免夸大研究结论；不拘泥于单一的问题解决办法；考虑到不同的影响因素；准确、逻辑严密、连贯地论述研究过程；避免多余重复的信息。② 批判性思维的以上特征奠定了美国高校学术强调数据、论证准确、科研严谨的学术基调。

---

① 张梅，印勇．批判性思维：研究生开启科学创新之门的钥匙［J］．学位与研究生教育，2011（9）：29－32.

② MOORE B N，PARKER R. Critical thinking［M］. 10th ed. New York：The McGraw-Hill Company，2012：3.

“科学领域有很多问题，解决这些问题要有确实的证据，并得出科学的结论。批判性思考始于获得可靠的证据，证据帮助解释现象背后的肌理，有时候对一个想象持有怀疑态度，或者不会因为有人说过而盲目地接受，而需要证据来证明结论。验证证据需要依靠可靠的试验，不是一些不具有说服力的证据的有深度的解释，需要科学合理的结论或者一系列可靠信息。”（21CISMD）

批判性思维是构成良好学术文化的基本维度，处于不同学习阶段的国际研究生对批判性思维具有不同的理解，但无一例外都提及批判性思维是适应美国高校学术环境所必须掌握的能力。批判性思维能力的训练是一个漫长的过程，在训练过程中会出现一些过犹不及的情况，国际研究生在培养批判性思维能力的时候要注重批判性思维的核心维度，并正确运用批判性思维能力。人文社会科学专业一名国际研究生导师指出：“一般过几个月之后，一些国际学生就会走上另外一个极端，学会了批判性思维，从此就变得特别批判，看什么都批判。这也是一个好事情，因为事情总是矫枉过正，只有这样才能找到一个中间点。”（5LATM）来自亚洲国家、南美洲国家和非洲国家的国际研究生都指出，批判性思维能力是在美国接受研究生阶段学术训练学习到的最核心的技能。近年来，一些亚洲国家开设批判性思维的课程，学生通过课程学习获得批判性思维的技巧，其中包括推理、逻辑、演绎、归纳等技巧，但这并不是真正意义上的批判性思维。因此，很多来自非西方国家文化的国际研究生认为，学习批判性思维并将批判性思维运用到学习、科研甚至生活中是开展研究生阶段训练非常重要的收获。批判性思维的形成蕴藏于课程训练之中，并贯穿科研的整个过程。作为实证研究的基础，批判性思维强调有效质疑和多角度看问题，基于此，本研究提炼出批判性思维及其要素的框架，具体如图 3 – 2 所示。

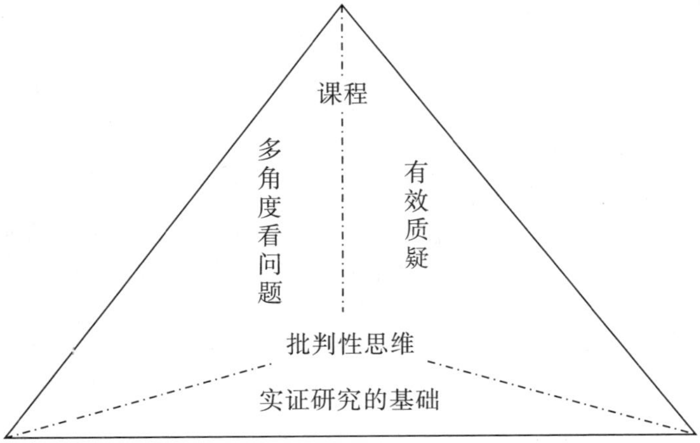


**图 3 – 2　批判性思维及其要素图**

## 三、实践导向的研究：这里的研究脚踏实地

美国公立研究型大学创建伊始定位于服务区域经济发展和社会改革，具有强烈的社区服务意识。20 世纪 50 年代以后，美国研究生教育经历了注重培养研究生专业实践技能的专业化变革风潮，专业学位研究生在研究生总数中所占的比例不断扩大，注重培养研究生的实践技能，奠定了研究生科研实践导向的基础。

在麦大学习的过程中，理工科研究生一般会承担科研项目的研究任务，开展科研项目也是将学到的知识运用到实践中的做法。而理工科学生普遍表示麦大比较重视培养研究生的动手能力，在坚实的理论基础上更注重科研工作者实践的训练，弥补了“动手能力不强”的弱点。由于很多工程学科需要研究者自己搭设备，国际研究生的学习和科研“从学习使用改锥、电钻这些工具开始”，包括园艺学、生物学、工程学等专业在内的理工科的国际研究生纷纷表示，麦大研究生阶段的科研有强烈的实践导向，科研工作的重心是解决行业领域内的实践困难，服务地方、国家乃至全球生产和经济发展。一些国际研究生开展实践性强的研究是个人研究兴趣使然，不想研究那些与实际生活相脱离的无趣的研究课题。“我非常关心城市废弃物处理的问题，想要为城市的发展做贡献，通过废弃物处理产生能源，处理城市废弃物需要很高的技术水平。现在研究木质素（lignin），是一个与原来想法差别很大的研究问题，我更加注重实践研究而非基础科学研究。”（21CISMD）此外，还有一些国际研究生的研究项目是受到地方环境影响而开展的研究，具有较强的地域性。来自巴基斯坦的理工科博士生的研究方向是水资源，由于巴基斯坦的水资源不够丰富，没有出国以前的研究以地下水为主要研究对象，但来到麦大以后，发现“这里的学者比较关心湖泊、溪流等这些方面的研究，因为麦迪逊有很多湖泊和溪流，这些研究比较贴近麦迪逊的实际需求，甚至对这里湖泊的每一条小溪都展开了研究”。

美国的研究生教育，尤其是博士生研究生项目注重培养研究生的“可雇佣能力”，近年来，人文学科的国际研究生的学习目标从理想化向实用性转变，其目的是获得更好的工作机会，受此影响，国际研究生将个人的职业发展需求作为研究生教育的首要目标。例如，美国医疗服务领域的研究十分重视科研的实践性，鼓励医疗行业科研人员、医生、患者、医疗管理人员参与科研项目，从医疗管理方面着手为医疗工作人员和医疗服务人员提供科研的便利，以改善医疗水平，降低医疗成本。

生物学专业的一名国际研究生指出，所开展的科研项目为实践导向的研

究，实践导向的研究激发研究生的研究兴趣，增强研究生开展科研工作的动力。“我们这个专业做的研究就是为当地农民服务，特别因地制宜。最近的科研项目是我们如何处理奶牛的排泄物。威斯康星州是美国牛奶产量最高的州，牛的排泄物中含有硫化氢，当农民要拿来施肥的时候，硫化氢浓度过高，植物会死掉，我们就想用什么样的方法降低硫化氢含量，这是很现实的问题。”（31CHSFD）这名国际研究生也由于研究所具备的实用价值而“喜欢这种研究”。

学术界一直存在着实证研究与理论研究差距的争论，指出人文社会科学领域的科研不够开放，缺乏创造性，研究结论充满了想象。而实践性的研究是结合理论基础与实证调查开展的科学研究，一定程度上能够弥补传统人文社会科学研究的局限性，注重知识生产的过程以及结论的多重应用价值。因此，人文社会科学的研究应当提升理论素养，开阔研究视野。[①] 与理工科直接服务当地产业和工农业生产不同，人文社会科学类的研究服务社会变革，也具备较强的实践性。人文社会科学学科的研究参与者表示其研究项目多为复杂的社会问题，需要研究者具有较强的理论知识。来自韩国的一名博士研究生发现，基于区域和国别的差异，国际研究生的选题指向当地的社会实践，在研究方法课堂讨论中，同学们提出自己的研究问题与老师和同学一起讨论，课程中呈现出的论文主题包括墨西哥移民的问题、美国社区学院经济困难的学生、双语教学、巴勒斯坦公民教育等。

国际研究生选择实践导向的研究受到研究生自身研究兴趣以及学科知识基础的影响，也与当下的社会现实紧密相关。一名国际研究生将自己定义为“实践型的研究者”，在他看来，研究就是采用什么样的方法收集数据。结合在麦大一年半的学习，其得到最大的启迪就是“所有的理论都来自实践”。作为成人学习者，国际研究生的学习多以问题和任务为中心。国际研究生积累了大量实践经验，并将个人经验与学习紧密结合起来，在学习之前往往需要明晰学习这些知识的目的是什么。一名人文社会科学专业的硕士研究生认为，研究项目应当有实践应用的意义，相较于基础理论研究，实践导向的研究更加符合自身的研究能力。“以我现在的心态，做不了脱离现实的理论研究，不能沉醉在理论建构中。实践过程中倡导这个观点的时候有没有考虑到实际情况，在与现实脱节的时候还有多少实践空间都是需要考虑的问题。在各自不同的语境中，受自己认同的理念的指引，研究需要研究者根据实际情况去探索。”（4CHLAFM）

① POHORYLES R J. Back to the future? From pragmatic approaches in the social sciences to the development of the patchwork theory [J]. The European journal of social sciences, 2017 (1): 5-23.

实践导向的研究指向社会实践，要求研究者反复实验，并将研究结论出现错误的可能性降到最低，对研究结论的应用性有较高要求。研究者丰富的实践经验、较强的专业能力是开展实践性研究的基础。[①] 实践导向的研究的生成关系见图 3－3。具体而言，实践性研究以丰富的学科理论知识为基础，研究问题具有较强的现实关照，在二者共同作用的基础上，结合研究者个人研究兴趣激发其研究动力。科研条件不仅指国际研究生所能够使用的科研资源，也包括其所隶属的科研项目所提供的包括科研选题、实验设备、文献资料、智力支持等维度。除此之外，研究者自身的科研能力是决定研究质量的根本因素。

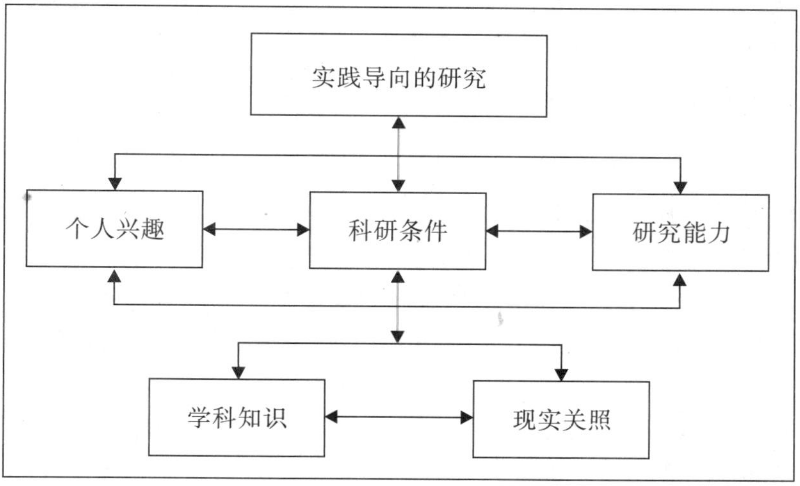


图 3－3 实践导向研究的关系生成图

## 四、评价标准多元：评价这个人多厉害，不是看发多少文章

美国高校对研究生论文发表没有强制的规定性要求，不强调研究生必须在就读期间有论文发表，也未将论文发表与能否毕业相关联。在麦大，论文发表不是研究生阶段教育考核的指挥棒，对研究生的评价不局限于论文发表，而是采取多元化的评价标准。博士研究生的毕业论文只需要由教授组成的学术委员会评议，如果学术委员会同意就表明毕业论文通过考核。

① GORE J. Naturalistic decision making and organizations：reviewing pragmatic science［J］. Organization studies , 2006 (7)：925－942.

在没有学术发表压力的情况下，一名来自中国的博士生在学习过程中感觉到在麦大学习的节奏比较慢，而在中国读硕士的时候，由于巨大的竞争压力，每天的平均学习时间要比在麦大期间的学习时间长：“在北京的时候每天晚上12点才从实验室回来，因为每个人都想要多一些发表，这样才能有竞争优势，别人都这样学习，自己不这样就会落后。”另外一位来自中国的研究生也意识到了同样的问题，但从不同的角度理解了学术发表文化所带来的学术文化的差异：“国内学术氛围不如这里浓厚，国内有点急功近利，好像更重视论文，好像论文发得多了就很厉害；这边不是这样，这里如果发一篇重量级的论文就足以奠定在学科中的地位。”

学术氛围指所在学术机构的人文环境。学术环境以及对学术活动的参与度是影响国际研究生就读满意度最显著的因素。[①] 国际研究生基于在麦大的学习经历，普遍认为麦大的学术氛围宽松、友好。一名交换博士研究生认为，换一个学术环境，尤其是了解领域内处于领先地位的美国的学术环境，对自己的学术成长更为有利。在就读期间，麦大对硕士生和博士生都没有论文发表要求，科研氛围比较宽松。学术氛围受到评价体系和竞争的影响，注重科研合作而非竞争的学术文化也有利于营造良好的科研氛围。理工科的博士生表示，其所在的课题组科研氛围很融洽，主要原因是导师不仅“非常好”，还极具个人魅力。在导师的带领下，每个成员都有各自负责的项目，大家又很乐意互相帮助，没有竞争，整个课题组氛围融洽，课题组成员之间的关系也很和谐。除此之外，具有宽松学术氛围的感受也源于国际研究生选择了自己感兴趣的专业、课程和科研项目。一名来自韩国的博士研究生认为其所在的院系符合自己的学术研究兴趣，没有过多的学习压力和思想束缚，因此感觉在麦大的学习“更加自由”。除不过分强调研究生的科研发表外，麦大对研究生的多元评价标准是构成学术氛围宽松的有利保障。国际学生表示，在麦大，不会简单地以文章去评价一个人，也不会以文章衡量一个人的科研水平和能力，真正衡量一个科研工作者的价值在于“他对一个领域做出了多少贡献”。来自中国的一位理工科博士生也表达了类似的看法：

“评价一个人的学术成就，更看重的是科研成果的质量和实验结果的可靠程度。即使是一名非常著名的教授也会很谦虚地认为目前所取得的这一切成就只是自己的实验结果而已，不要因为个人履历去评价我这个人怎么样。如果一个人的实验结果很有说服力，我们也会很尊敬他，觉得他很了不起。”

---

① LEITNER P S. The effects of demographic and international factore on the stasfication of forengn graduate students at the University of Wisconsin-Madison [D]. Madison: University of Wisconsin-Madison, 1982: 125.

（19CHSFD）

多元化的评价模式建立在学生学习兴趣的基础上，为学生提供多样化的学习空间。也有国际研究生表达了不喜欢单一评价方式的看法，指出多元评价方式有利于研究生阶段的学习。

“把学到的知识通过考试的方式展现出来，通过分数表现出来，认为谁的分数高谁就学得更好，这不是学习的目的，学习的目的是获得知识。教授可以用多种方式考核学生，而不仅仅局限于考试这种方式。考试评分的标准不是结论的正确性，而是如何运用自己所学到的知识、个人经历、推理得出科学合理的结论。”（21CISMD）

## 本章小结

课程学习、科学研究和学术文化构成了国际研究生在麦大学术适应的主要维度，即学术适应的内容和对象。其中，课程学习、学术文化和科学研究三者之间互相联系，课程学习和科学研究是研究生学习的主要任务，学术文化贯穿课程学习和科学研究的整个过程。课程学习、学术文化和科学研究的各要素之间又存在相互联系、相互作用和反作用的关系。例如，课程和科研都具有实践导向的特色，“实践导向”构成学术文化的特色，主要表现为“课程服务科研”，“以科研为重”的科研理念也支持实践导向的研究。课程学习、学术文化和科学研究之间的关系具体见图 3－4。

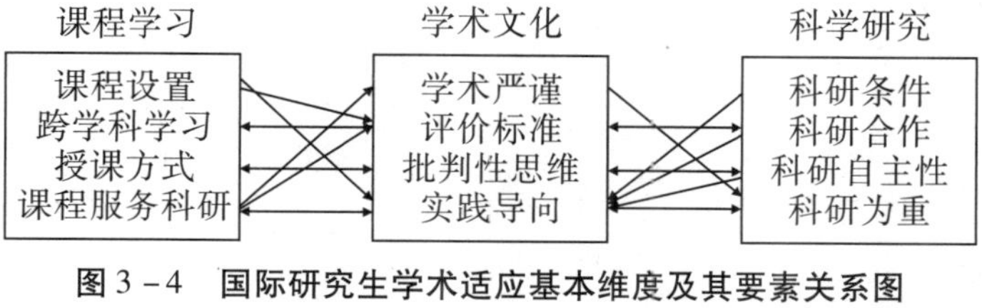


**图 3－4　国际研究生学术适应基本维度及其要素关系图**

在国际学生学术适应维度的各要素中，存在双向互相依存并相互影响的关系。例如，美国教育注重培养学生的批判性思维，国际研究生在以往的受教育经历中缺乏对批判性思维的培养，并表示，在美国高校研究生阶段的学习中要着重培养个人的批判性思维。与此同时，美国高校研究生课堂多采取“预习讨论模式”的学习方式，而非大部分国际研究生的生源国实行“考试记忆模式”的学习方式。“预习讨论模式”的授课方式很大程度上有利于国际研究生形成批判性思维。研究生科研具有较大的自主性，需要研究生独立解决科研问题，客观上要求研究生具有较强的批判性思维能力。具有批判性思维又有利于国际研究生开展自主性科研。因此，“预习讨论模式”“批判性思维”与“科研自主性”三者之间存在直接的双向线性关系。

以上课程学习和学术研究的特点营造了良好的学术氛围，这种学术氛围有利于国际研究生开展学术研究。一名博士生通过对美国同学的观察发现了学术氛围对研究生科研态度的影响，感受到“美国的学生的心很静，可以沉下心做一些事”。这种科研状态不同于自己所持有的“盲目地追求早点毕业”的心态，美国学生是单纯地研究，“做一些有意义的事情，或者说做一些有结果的东西”。

# 第四章　国际研究生学术适应的主要困难

最近回想过去的人生经验时，让我领悟到，所谓的信念，得在真实的人生之中锻炼，大抵而言是：努力—机会—运气—际遇—盼望—挫折—碰壁—接受—转念—调适—重启—寻找—努力，其中最难的就是面对挫折那一关与调适，重新开始，对未来依然充满信心与活力。

——研究参与者的网络日志

国际研究生学术适应的主要困难指国际研究生在适应美国高校课程学习、科学研究以及学术环境过程中所遇到的障碍。由于国际研究生具有不同的学术背景，承担不同的学习和科研任务，国际研究生自身可以获得的资源不尽相同，国际研究生在麦大学习期间所遇到的学术障碍也有所差异。

克服学术困难不仅能够使国际研究生取得学业进步，还能够提升国际研究生的综合能力，增强自信心，从而引导学术适应过程成为良性循环的开端。现有的相关研究多从宏观的角度开展，分析国际研究生在美国高校期间所遇到的障碍，指出国际研究生在美国高校就读期间常见的障碍包括语言障碍、文化障碍、歧视、跨文化交流不足、学业困难，以及孤独、思乡、经济困难、焦虑等。① 个人经济状况、与导师的关系均和研究生的心理健康密切相关，是造成国际研究生学业压力的两个首要因素。本研究聚焦国际研究生的学业障碍，力图全面呈现学业障碍的图景，并深入剖析学术适应困难的具体要素。

## 第一节　课程学习的层层考验

从本科阶段向研究生阶段转换的过程中，学习者遇到的最主要的障碍包

① PARK H, LEE M J, CHOI G Y, et al. Challenges and coping strategies of East Asian graduate students in the United States [J]. International social work, 2017 (3): 733 - 749.

括非结构化的学习环境以及时间管理方面的障碍。国际研究生的学术适应包括对新的学习环境和高强度学业要求的适应。缺乏对美国教育体系的了解是国际研究生常见的学术困难，具体包括课程教学方法、考试方法、随堂测试、阅读任务以及美国学生在课堂上对教师做出的大胆质疑。以科研为主要学习任务的博士研究生容易忽略教学方法差异带来的学术困难，在课程学习中遇到了多重障碍，承受了较大的学习压力，正如一名国际博士生指出："美国高校研究生项目课程的广度和深度都是我所不能想象的。"

## 一、课业要求：都是"来真的"

麦大对研究生课程学习的学分数量有较高的要求，本研究中，一半以上研究参与者明确指出在学习过程中承受着不同程度的学业压力。很多国际研究生表示，麦大的课程学习对学生的要求较高。由于文化和语言等因素，国际研究生的课堂讨论参与度相对较低。为完成学业任务、提高学业成绩，国际研究生在课程学习中花费了大量时间。

美国研究生课程重视基础理论学习、强调课程的灵活性、拓宽学生的视野、创造自由的学术环境和注重课程的国际化，以上课程特点对研究生学习提出了较高要求。对国际研究生而言，这样的课程学习非常困难，主要表现在课程学习的内容难、阅读量大、任课教师的要求高。因此，国际研究生认为对待课程"必须认真学"，因为"这里的课程都是'来真的'"。

由于相应的学业基础薄弱，国际研究生普遍认为课程学习"十分困难"，在学术适应阶段，只能"小步往前走"。课程学习内容难表现在学习的知识高深，学习的内容为高阶课程，或对课程内容缺乏了解。研究生阶段的学习是探究高深的知识和学问，国际研究生指出"来到这里之后发现所有的知识都是新的"，加之课程学习要求很严格，"每周都有课程作业，中间穿插项目"，以及"作业很难"，时常做不完，在承受了巨大的学业压力的同时也承受了较大的精神压力。在专业课学习过程中，有一些专业性强的课程学习起来非常吃力，来自智利的博士研究生指出："大概有15年没有学习过数学了，来到麦大重新学习非常抽象的数学课，训练自己的思维，理解非常抽象的概念。"（21CISMD）所以学习起来非常吃力。由于语言差异、学习知识难等问题，上课听不懂，不理解阅读材料的情况常常发生在国际研究生身上，导致国际研究生的课程成绩不理想。"有一门课程一个学期有五次作业，由于我刚开始不能完全理解学习的内容，前两次作业没有抓住重点，导致得分很低。"（16CHSFD）国际研究生回顾先前的学习经历，发现："刚来的时候觉得阅读读不懂，第一学期结束时，把第一节课程的阅读全部拿出来读一遍，发现第一遍根本没有读懂，很多关键的概念直到现在都不了解到底是什么意思。”（6CHLAFM）在阅读中，“即使每一个词都懂，但是不知道整句话的意思。需要做更多研究才可以明白。”（38BRLAFV）研究生课程学习要求学习者具备一定的理解力。“是否理解作者想要表达的思想，是否深入地体会阅读内容，与作者进行有效的交流都很重要。”（18SKSFD）

美国研究生课程具有以学生为中心的特点，但研究生教学中“以学生为中心”的教学理念并不意味着放松对学生的要求，甚至使学生“放任自流”，相反，教师对学生要求非常严格，学生的学习强度很高。国际研究生普遍表示，在麦大研究生阶段的学习课业负担很重，任课教师对学生要求严格，包括作业和考试在内的学习要求，对国际研究生来说很困难。“有一门课老师要求两周之内完成讲解理论、做实验、出数据、分析数据、写报告、做汇报整个实验过程。整个学期下来有很多这样的项目，强度非常大。”（31CHSFD）很多国际研究生由于英语能力不足，在完成课程作业方面有一定的困扰，在用英语完成学习任务时，与母语相比，“无论是语言还是行文风格方面差异都很大”。麦大的研究生课程学习中的阅读量很大，很大一部分原因是语言差异带来的困难，国际研究生认为“用母语阅读不觉得阅读量很大”。虽然课程学习困难重重，“时时刻刻都要准备完成课程学习任务”，但是国际研究生普遍表示这是学习的一部分，是作为一名学生的“分内之事”，即使很有压力也不能放松。

学业要求严格导致国际研究生学习时间紧张。在学习过程中，国际研究生每天都要克服困难完成课程作业，包括课程论文、报告、课程项目、测试、作业等多种课业要求，为了跟上课程学习节奏，每天只有学习，没有生活，周末都在家里或者图书馆学习，因为“别人 3 个小时，我需要 6 个小时”。国际研究生在麦大学习的时间越长，年级越高，对学术环境了解越多，就会越容易在较短的时间内克服困难完成学习任务，随着学术适应的程度不断加深，学业压力随之相应减少，在这种情况下，国际研究生依旧始终保持高节奏的学习状态。来自韩国的一名三年级博士研究生指出：“与一年级相比，我的学习时间并没有减少，仍然保持刚开始的学习节奏。虽然课程越来越难了，但是我感觉好多了。第一个学期非常困难，但是后来即使学业任务多了，甚至开始参与研究项目，但花费的时间和精力与第一个学期没有太大差别。”（28SKLAMD）

## 二、课程阅读：阅读像一棵树

国际研究生认为课程学习的阅读量大不仅是通过与生源国课程学习阅读

量要求的比较得出的结论，也源于对麦大课程学习中任课教师布置的阅读量的客观认知。来自智利的博士生用“一棵树”比喻大量的阅读材料，并说：“课堂上的阅读材料延伸出来很多非常有意思的书需要阅读。阅读的时候发现了一个有意思的参考文献，会继续读另一个参考文献，围绕一个有趣的话题会有很多阅读。这就像一棵树，从一个树枝跳到另一个树枝。”（21CISMD）阅读可以培养研究生的研究兴趣，对于兴趣宽泛的研究生，需强调集中主要精力和注意力于专业阅读，特别是应当将注意力集中到阅读本学科的经典理论著作上来，为专业研究打下坚实的基础。“我会常阅读大量理论提出者的原著，这类文章一般篇幅较长，而且会呈现整个实验和推理过程。”（7CHSFM）然而，阅读经典文献对国际研究生而言是一种较大的学习挑战。语言差异增加了国际研究生阅读经典文献所带来的困难，因为经典文献的英语跟现代英语是有差别的，对于一个国际研究生而言更加难以理解，因此，国际研究生常常会感觉到这类文献“晦涩难懂”。

麦大研究生课程的阅读量具体有多大？国际研究生用数字对阅读量做了量化描述。一名博士研究生指出：“一门课的阅读量为平均每周 200 页，每个学生每学期选择 3 门课，每周就要读 600 页。”硕士研究生也表示课程要求大量阅读：“文科大概一周看一本书，这里每周每一节课的课堂讨论都需要至少 30 页的阅读。”阅读量大不是国际研究生单方面的群体性认知，美国学生也感觉到阅读量很大。但是美国学生由于有更好的学业基础、阅读理解力，减少了阅读量大带来的主观压力。面对大量的阅读任务，美国学生“有时候也会展示一些焦虑和不安，就会发现原来大家担心的事情都差不多，自己在完不成作业的时候，发现原来美国学生也完不成”。

语言能力不足是主观上造成国际研究生感受到阅读量大的重要原因。阅读中的语言障碍表现为不熟悉专业术语的英语表达方式：“很多数学语言，比如开根号用英语怎么讲，符号用英语怎么表达，等等，很多专业的术语和单词我都不知道是什么意思。”（7CHSFM）受访的一名研究生导师指出，在指导国际研究生的过程中，会特别注重国际研究生对专业英语术语的学习和积累，并鼓励国际研究生找出专业工具书、经典著作、词典来熟悉并积累专业词汇。通过研究生阶段的学习，国际研究生在学术语言方面“学习了更多的专业术语，积累了大量专业词汇”。

阅读量大的现象多存在于人文社会学科，因为人文社会科学以基于大量的文献的学习方式为主，理工科的国际研究生较少表达阅读量大是一种学术困难。两名参与本研究的理工科国际研究生提及了课堂学习的阅读材料的问题，与人文社会科学专业国际研究生阅读任务不同，理工科研究生的课程中，“一节课大概一篇论文”或“专业课的学习就是一本教材”，一门课程一个学期只看一本教材。虽然阅读量小，但阅读材料的多少不是关键，“关键是学到核心知识”。提升阅读能力是促进个人发展的有效方式，有利于增强研究生的学术适应。麦大充分意识到了提高研究生的阅读能力对研究生学业成就的帮助作用，并开设了提升阅读能力的课程。

## 三、课堂讨论：大多数情况下是沉默的

课堂发言是研究生与老师和同学课堂互动的主要形式，尤其是在以阅读讨论以及研讨会模式为主要授课形式的研究生课堂中，参与课堂发言是提出问题、表达观点、开展讨论甚至接受指导的途径。基于对国际研究生的访谈和课堂观察可以发现，在麦大的研究生课堂中，国际研究生在大多数情况下很少参与课堂讨论或课堂发言。很多完成课程学习的国际研究生指出，对课堂参与以及课堂讨论的重要性后知后觉，是学习过程中非常遗憾的一件事。课堂发言少是由多个因素造成的，其中，由于英语听力、口语能力不足而造成的语言障碍是导致国际研究生发言不积极的主要原因。此外，文化背景、个人性格等因素也会对国际研究生的课程参与产生影响。

首先，国际研究生表示，刚开始跟不上上课节奏。囿于语言障碍，“上课只能听懂20%左右，如果遇到口音重的老师，听懂的会更少”。加之学术基础弱以及对学习内容的生疏，上课甚至会“根本听不懂”。心理学专业一名博士生遇到了“听不懂”的困惑：“刚入学第一学期选了一门专业课，上课的两个半小时就用英语阐释比GRE还难的，没见过的生物、化学、脑结构的术语，还会讲实验、脑机制等知识，根本听不懂。”（16CHSFD）听不懂课程内容直接导致国际研究生无法在课堂上发言。不善于表达一开始与语言有关系，“等整理好了要说的内容，想要讲出来的时候他们的主题又变了”，因此，“慢慢说得少了”。语言对课堂发言造成的影响还表现为语义表达不充分：“即使我对一个问题有自己独到的见解，或者有不同的想法，但是我不能表达充分自己的想法。我觉得我的想法很复杂，但是表达的时候就只能用有限的词汇，表达得比较简单，只能说出最基本的思想，很浅显。”因此，国际研究生在课堂中“大多数情况下是沉默的”。即便是有些时候参与课堂讨论，但是“没有真正投入到要讨论的内容中去”，以至于形成害怕小组讨论的畏惧心理，有种“上课讨论的时候真的很沮丧”的主观感受，甚至“在每次讨论课的时候都恨不得做一个隐形人”。课堂讨论参与少或不参与课堂讨论也会给国际研究生带来心理负担：“刚开始课堂没有怎么发言，也没有参与讨论，有一种强烈的疏离感，感觉课堂中的学生虽然表面上对人很友好、客气，但实质上对一个沉默寡言，不参与其中却还占用课程资源的我或

许有些看法，或者轻视。因此，当有了想法的时候要适时地表达出来，要不别人会说怎么不发表意见。”（2CHLAFM）

其次，由于学习内容语境的差异，一些国际研究生表示因为有与美国价值观不同的见解，不愿意参与课堂讨论。“课堂讨论有时候不想开口说话，因为他们讨论问题的观点和视角我不是很赞同”，遇到这样的情况，国际研究生不想表达自己的观点或参与讨论。“由于背景不同，很多时候自己所理解的东西和别人理解的东西不一样，虽然阅读的材料一样，但是思考的东西都不同。我习惯把看到的内容与生活现实相结合，这些内容曾经被运用到哪些地方，在成长环境中有没有出现过。往往我说出来的东西需要很长一段时间才能跟别人解释得很清楚，才能达到对话的效果。但是，除自己之外其他美国学生就讨论的问题很快就能达成一致意见，我总觉得融不进去，因此不想主动参与研究，说了他们也不能懂。”（2CHLAFM）麦大的研究生课堂注重实践导向，缺乏工作经历也是导致国际研究生课堂发言参与少的原因。“硕士项目的很多同学都是有工作经验的人，讲起来当然滔滔不绝。我没有任何工作经验，但是社会学科需要一定的经验积累才会对某一种社会现象做思考，因为缺乏经验，上课和研究中对某一个现象的认识非常浅。”（6CHLAFM）

再次，受到性格、生源国教育传统、社会制度以及保守型文化理念的影响，国际研究生不愿意参与课堂讨论。例如，一位国际研究生指出课堂发言少主要是个人性格原因：“我不是那种愿意参与讨论的人，几乎不说话。”与此同时，受访的一位研究生导师基于指导国际研究生的经历说道：“国际研究生不愿意表现自己，有可能是个人性格问题，有些学生即便在以母语为上课语言的课堂上可能也不发言。”（5LATM）文化因素在个人性格的养成过程中打下了深刻的烙印，来自泰国的国际研究生表示：“在泰国，课堂上打断教授讲话并向教授提出疑问是不礼貌的行为。”（3THLAFM）来自法国的国际研究生也表达了相同的观点，称：“人们只想表示同意别人的观点，不想冒犯别人，不会为自己的观点辩护。”（12FLAFE）这些原因都导致国际研究生课堂讨论发言比较少。还有一些国际研究生认为，其国家保守型的文化传统影响了其对课堂发言的态度。例如，中国文化比较谦逊，哈萨克斯坦人比较内敛，他们都不太愿意主动表达自己的想法，反而认为课堂讨论是在“自我表现”，而自己“不愿意锋芒毕露”。保守型文化传统为国际研究生适应美国以讨论为主的课堂学习带来了困难，一项研究表明，多米尼亚共和国的学生从小被教育要服从权威，与导师讨论问题，没有争辩，也没有提问，导师认为这样的研究生缺乏想法，或者没有掌握足够的知识。导师就采取不断提问的方法促使学生思考，学生会觉得这是一件很羞耻的事，跟其他人交往的时候，认为自己很愚笨。①

麦大研究生课程多奉行过程化学业评价方式，课堂表现是评判课程成绩的一项重要依据，国际研究生坦言，偶尔参与课堂发言主要是为了得到较高的成绩，或者“刷一下存在感”。这种情况下，国际研究生课堂讨论的参与度不高，更不会像美国同学一样“主导”课堂讨论，更多的时候是扮演课堂讨论的顺应者和参与者的角色。虽然国际研究生课堂讨论参与少，但是他们也在努力改变这种状况，这是一个耗时较长的适应过程，国际研究生“得慢慢地表达自己的想法”。国际研究生的课堂发言“期待被理解”，得到老师或同学的肯定的时候会增强国际研究生的自信心，“一旦被理解，被老师肯定就会有一种满足感”。课堂参与增强了国际研究生学习的自我效能感，由于“每次上课发言老师都会给我积极的肯定和正面的评价”，国际研究生因此增强了自我认同感。

## 四、学业考试：全方位考察学习效果

美国研究生教育制度创立和发展初期，学院成为最基本的学术单位，建立了研究生录取程序、博士资格考试等教育形式，拓展了研究生教育的学科领域，高校具有授予研究生学位的权利。研究生学习阶段的重要考试包括硕士项目毕业考试、毕业论文答辩；博士研究生的阶段性考试有博士项目资格考试、博士项目中期考核以及博士项目毕业答辩。本研究的编码结果显示，严格的学业考试成为国际研究生学术适应的困难。外语系的硕士生分享了结业考试的经历：

“我的硕士项目是授课型的硕士项目，不要求我们写毕业论文，在硕士第二年完成所有的课程学习之后，为即将毕业的学生安排了一场专业考试。这个考试非常难，侧重全方位考察两年来的学习结果，考查学生对专业知识的广度和深度。不仅考查学生对基本理论知识的掌握程度，还考查学生对知识的应用能力。我们从第四个学期开始需要用一个学期的时间准备这个考试。”（10CHLAFM）

学术型的硕士项目没有毕业考试，要求学生完成硕士论文。通过对硕士研究生毕业论文答辩的观察发现，硕士毕业论文是对研究生基本学术研究能力的训练和考核，由三名学科专家组成的答辩委员会开展口头答辩考核。在答辩过程中，答辩委员会成员会针对研究的基本理论知识、研究方法和研究

① ALTBACH P G. Contemporary higher education international issues for the twenty-first century [M]. New York: Garland Publishing, 1997: 60.

结论等方面的内容提出疑问，研究生要运用专业知识为自己的研究项目辩护，答辩委员会成员都同意答辩通过即可获得学位。

与硕士研究生的考核要求不同，博士研究生的考核更加系统、要求更为严格。博士研究生完成课程学习之后需要通过博士研究生资格考试，确保博士研究生深度掌握了学习领域内的知识。不同高校、不同院系甚至不同学科的博士研究生资格考试形式和内容都各不相同，一般而言，主要分为口试和笔试相结合或者单独笔试两种考核方式，考核流程图如图 4－1 所示。

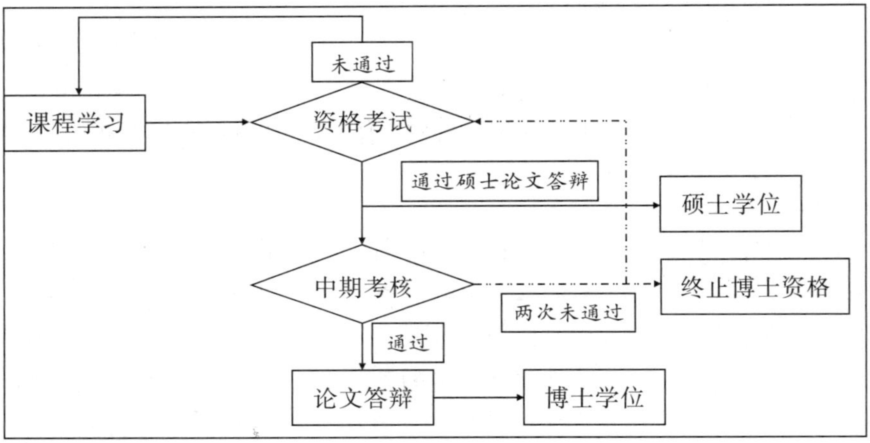


**图 4－1　博士学习项目考核流程图**

博士研究生完成课程学习任务以后申请资格考试，资格考试有两次申请机会，如果不能通过资格考试，在完成硕士论文的情况下，可以授予博士生研究生硕士学位，但失去博士研究生项目的学习机会。完成资格考试后的 5 年之内，博士论文答辩 9 个月之前，博士生需要申请中期考核，考核委员会综合考察博士生提交的论文写作计划，通过考核之后继续撰写博士论文。未能通过中期考核，且资格考试之后 5 年内没有参加中期考核或通过中期考核未能通过论文答辩的博士生需要重新申请中期考核。每名博士生只有两次中期考核的机会，如果第一次考核不合格的科目多于一门，第二次需要重新考试所有科目。通过资格考试之后，博士研究生提交研究计划，并开展博士论文的研究和写作。博士论文是所有博士生项目考核的核心，要求论文具有原创性，并对研究领域内的知识生产做出贡献。很多博士研究生因无法完成博士论文，成为 ABD（all but dissertation）博士，在美国高校，该类博士数量在不断增多。

博士生项目的中期考核（preliminary exam）是检验博士研究生课程学习以及未来研究规划的口头测试，决定博士研究生是否可以成为博士候选人

（candidate）。博士研究生完成规定的学分要求、博士论文研究计划以及通过博士资格考试（qualifying exam）才能申请中期考核。中期考核难度很大，一名理工科的博士生在访谈前不久刚刚通过中期考核，表达了中期考核的重要性及中期考核带来的学习压力："我们专业博士资格考试非常难，有一半的人考不过。这个考试要考两天，第一天是四个方向的题目，共八道题目，每个方向选一道题目，八道题目任选四道来做，题目都是开放的，要根据题目来推理和回答。评审委员会（committee）评判答案是否说得通，如果答案得到委员会的认可，表明有潜力作为博士生。"（10CHLAFM）

## 第二节　科学研究的艰难挑战

科学研究既是研究生教育过程中的学习手段，也是研究生教育培养目标之一，培养研究生的科研能力是研究生教育的核心要义，学术水准是衡量研究生教育的重要标尺。硕士研究生和博士研究生学习的侧重点有所差异，硕士研究生以课程学习为主，博士研究生的学习重心是训练科研技能，研究生阶段的科研训练促使研究生实现"从学生到研究者的转变"。麦大对研究生的科研要求包括开展跨学科研究、注重研究的实践性、开展原创性研究、注重研究伦理、撰写学术论文等。国际研究生基于在麦大的科研经历，指出科研困难是学术适应的过程中最难克服的障碍，具体表现为：科研基础薄弱、研究语境差异大、科研标准高、收集研究数据困难、学术写作困难等。

### 一、科研基础：从来没有做过研究

美国高校很多硕士研究生项目以修课为主，并不要求学生成为独立的科研工作者，被认为是"本科学习的延伸"，如果想要接受专业的学术训练并成为科研工作者，需要直接就读4～6年制的博士生项目。很多完成硕士阶段学习的学生并不具备独立开展科研工作的能力，博士生招生时，对报考者最重要的要求是具有独立开展科研的能力或潜力。① 大部分国际研究生在来到麦大求学之前，没有相关学术研究经历，缺乏学术研究的基本知识和技能训练。由于不同国家的学术传统不同，相对于美国高校较为严谨的科研传

① CHAKRABARTY P. A guide to academia：getting into and surviving grad school，postdocs and a research job［M］. Singapore：Willy-Blackwell，2012：11.

统，一些国际研究生表示即使在生源国已经完成硕士阶段的学习，但远远达不到美国高校对研究生学术能力的要求。

本研究中科研基础薄弱指国际研究生接受的科研训练不足。来自巴基斯坦的一名博士研究生由于在巴基斯坦高校就读本科时没有做过研究，来到美国之后，刚开始文献综述都无从下手，并认为做文献综述是一个“很大的挑战”。论文写作能力是研究生学术研究的必备技能，然而，来自土耳其的一名国际研究生因为从来没有参与过研究，甚至从来没有用土耳其语写过超过15页的论文，所以，英语写作对他来说特别难。国际研究生不仅面临着科研方法训练匮乏的问题，专业知识基础不足也加剧了科研困难。生物工程学专业的一名博士研究生表达了基础知识薄弱带来的学术困扰：“统计方面对研究者的智商要求很高，我的数学基础很一般，参与博士项目之后需要着重提升数学能力才能够保证科研项目正常开展。”（21CISMD）

## 二、研究语境：“站位”不同

科学研究依赖于一定的语境，研究问题的提炼、研究方法的选择以及研究进展都会受到研究语境的影响。研究语境指研究所依托的社会背景，研究的现象和背景是研究语境的核心维度。由于在全新的科研环境中，面对与在生源国完全不同的社会、文化、政治、经济、产业、信息背景，国际研究生的研究语境发生了巨大的变化。国际研究生的研究问题主要受到在麦大上的课程、阅读的书籍、文章以及学术氛围的影响。无论是理工科还是人文社会学科，研究语境差异是国际研究生遇到的最为显著的科研障碍。访问和交换的研究生不认为有“无缝连接的研究”。

国际研究生按照美国的生活方式生活，并扮演着本国文化诠释者的角色，学习环境、自我定位、身份立场等因素都对国际研究生的学术适应产生重要影响。美国学者研究的问题以及美国学生和老师看待问题的立场与国际研究生不同，由于这种不同的“站位”，国际研究生表示，研究都是从自己国家的利益出发，“刚开始很难理解他们看待问题的方法”。人文社会科学学科作为文化语境依赖性比较强的软学科，在不同的社会背景中，研究的语境差别比理工科更为显著，导致“有时候美国学者讲的问题和领域我们不明白，我们带来的研究问题他们也不关心”的问题。作为“外来者”的国际研究生对这些问题“很无奈”。

以自然现象以及科技、工程等领域问题为主要研究对象的理工科也存在研究语境差异给国际研究生带来科研困扰的问题。园艺学院研究黄瓜育种的中国国际研究生指出，在黄瓜育种领域，中国和美国的研究差别很大：“没有出国前不太注重基因学和育种的问题，国内没有单纯地做一种育种的研究。在黄瓜这种小作物上做抗病，国内做得很少，但是这里很多。做数量性状基因定位（QTL mapping）在国内大部分都是用在小麦、水稻这种大田粮食作物上，用黄瓜则很少。很多人认为黄瓜不是很重要的作物，但是在美国这个研究就很受重视。除此之外，美国十分重视种子资源的保护，国内的情况却有所不同。”（19CHSFD）全球性知识是从某个特定的社会和历史语境中提炼出来的地方化知识。美国学科领域内的知识是建立在本土实践基础之上的，威斯康星州为美国的农业大州，威斯康星大学的农业研究享有较高的国际声誉。以农业学为例，美国高校的农业学的课程及专业知识是建立在美国农业经济发展水平基础上的知识体系。美国高校教师不了解国际学生所在国家的农业生产特点和发展状况，导致国际研究生在课程学习中遇到大量困难，学习到的专业知识缺乏应用到自己国家农业生产中的实践价值。“有人认为我们国家现代农业发展中遇到的问题与一百年前美国农业发展中遇到的问题很相似。然而，事情并没有那么简单，因为我们国家现在的经济发展水平和相应的社会结构与一百年前的美国几乎没有什么共同点，不能简单地对比和移植。”（21CISMD）

研究问题具有较强的地域特色是国际研究生选择研究问题具有差异性的影响因素。国际研究生在麦大学习期间，缘于特定的研究环境而选择具有地域特色的研究问题在国际研究生的科研中较为普遍。一名来自巴基斯坦的博士研究生的主要研究方向是地表水的流失与保护问题，研究关注点为湖泊水，主要是由麦迪逊的地理环境和条件决定的。她表明，由于研究参与者和研究条件的不同导致不同研究者在同一个领域内的研究问题具有差异性。“巴基斯坦以地下水为主，湖泊水只是水资源中很少量的一部分，很少有学者去研究湖泊水的问题。”（25BSFD）

研究语境差异为国际研究生学术研究选题带来了困惑，很多国际研究生远离生源国的研究语境，对生源国的科研进程了解不足，为论文选题带来了困难。一般而言，国际研究生的选题主要有四种类型，分别为：通过收集美国学者对相关研究领域的研究成果撰写综述类学位论文；擅长数学统计的国际研究生尝试开展理论模型研究；基于本身不够熟悉的美国数据开展美国研究；返回自己的国家收集数据研究本国问题。大部分国际研究生选择前两种类型的研究问题作为学位论文选题，也有很多国际研究生倾向于选择最后一种作为学位论文选题。国际研究生指出，这种论文选题对毕业后返回自己国家职业发展有利。但是，很多美国教授表示，建立在二手资料基础上的文献研究很快就会穷尽，相对缺乏研究价值。研究语境差异会导致学术论文指导教师由于不了解具体的研究语境造成指导不足，甚至得出国际研究生的整体学术水平低于美国研究生的论断。

研究语境差异影响国际研究生的身份认同，进而对国际研究生确定研究方向以及未来的就业方向带来了困扰，因为“在夹缝中很难找准可以稳定下来的研究方向”。知识无国界，科学研究和学术本身没有政治意识形态，通过科研和学术交流推动不同意识形态、宗教信仰的国家之间的对话和理解是国际研究生教育的应有之义，因此，很难将高等教育分为本国的或者国际的，二者相互依存，密不可分。虽然研究问题具有地方性，但科研的本质是相通的。来自韩国的一名文科博士生从自身视角阐释了对解决研究语境差异问题的认识：“学位论文选题和对研究问题的敏感性是科研工作者一个非常重要的能力，比较好的学习方式是研究生在国内完成了硕士阶段的学习，在美国接受博士阶段基础知识和研究方法的训练之后，选择在研究领域内自己国家需要解决的科研问题，并回自己国家收集数据，完成博士论文。”(28SKLAMD)

## 三、原创性研究：创新而又有意义的研究

1980 年，美国出台《贝多法案》(Bayh - Dole Act of 1980)，给予美国高校开展商业研究的权利，受此影响，美国高校申请的专利数量猛增，成为科学研究的中心场所。[①] 科学研究的重要价值在于开展创新性的研究，“创新性”指对某一个领域的开拓性研究，突破先前研究的藩篱获得新的研究发现。作为科研人员的重要组成部分，研究生开展的研究对积累学科知识、推动实践改革乃至行业发展做出了巨大贡献。世界银行一项国际研究生和高技术移民对美国科技创新的贡献的研究结果显示，美国每多招收 10% 的国际研究生，其专利申请率会提升 4.7%，其中高校的专利申请率增长 5.3%，非高校的科研机构或企业专利申请率提升 6.7%。[②] 美国高校注重培养学生开展原创性研究的能力，也为美国的科技进步奠定了智力基础。

到麦大接受研究生教育为国际研究生提供了开展原创性科学研究的机会。一名来自土耳其的理工科硕士生指出，其所研究的领域近于全新，可查的参考文献“只有一两篇”，在导师的鼓励下坚持开展原创性研究。在此过

---

① Ethnic complementarities after the opening of China：how Chinese graduate students affected the productivity of their advisors [R]. National Bureau of Economic Research Working Paper No. 21096, 2015 (4)：37 -38.

② CHELLARAJ G, MASKUS K E, MATTOO A. The contribution of skilled immigration and international graduate students to U. S. innovation [R/OL]. (2005 -06 -16) [2017 -10 -15]. http://dx.doi.org/10.1596/1813 -9450 -3588.

程中，导师不断鼓励这名国际研究生寻找新的研究方向，去做一些不同的、有意义的研究，找出创新的想法，并为该领域的研究做出一些贡献。开展原创性研究需要创新意识和创新思维，研究者要发挥想象力和创造力设计可行且创新的研究。创新性研究会遇到大量科研困难，要求研究者在研究过程中不断完善知识："我们领域是新兴领域，这个领域内目前没有太多的研究，几乎没有什么可供参考的文献。现在做的课题是以前没有人做过，需要一些技能把自己的想法实现，目前还比较困难。"（8TKSFM）为了克服原创性研究中遇到的科研难题，国际研究生"学习新的研究方法"，甚至"尝试设计新软件"，不断拓展科研能力。由于在麦大接受的科研训练提升了研究设计的科学性，培养了创新性思维，因此，国际研究生"在这里科研成果产出更多"。

## 四、收集研究数据：由于数据不公开，不得不换题

获取研究数据是开展研究的重要步骤，研究数据的来源、可靠性、全面性决定了科研成果的质量。一名国际研究生表示："如果有数据，很快就能写出文章来。"然而，受到时间、研究环境、研究参与者、研究经费等一系列因素的限制，国际研究生在科研过程中遇到了数据收集困难的科研障碍，阻碍了科研进程。

科学研究需要一定的时间成本，数据收集工作是时间凝练的结果。科研数据难收集导致科研花费时间较长，主要由于科研项目的客观条件和科研者的主观能动性所致。开展古气候研究的一名国际研究生表达了实验过程需要较长时间才能获得实验数据的观点："我的项目进展非常慢，用电脑模拟古气候变化，从两万年前模拟到现在，但是我一天只能模拟二十年，所以在没有任何间断和没有任何错误的情况下，模拟两万年需要一千天。"（23CHSMD）与这名国际研究生的经历相似，很多国际研究生在收集研究数据中遭遇了重重困难，但他们表示，数据收集没有捷径，只能"慢慢等"。

药学院的一名国际研究生开展糖尿病患者的用药研究，由于该研究的研究参与者均为糖尿病患者，很多主观因素影响研究数据的获取，"不像在实验室里的研究，可以控制实验变量"。这名国际研究生要配合患者的时间去医院收集数据，在此过程中要以患者的时间为准，最常遇到的问题是患者正好在上课的时间来，导致在收集数据和上课中只能选择一个，也因此拉长了患者的受案时间。加之美国注重个人隐私保护，这方面的管理比较严格，在收集数据之前需要与医院很多部门联系，跟患者的联系并不顺利，导致实际收集数据的过程非常艰辛。此外，国际研究生的身份也不利于其开展数据收

集工作，甚至在此过程中会受到歧视。国际研究生表示，由于语言、肤色、种族等问题，在与农场、医院等机构联系的时候容易被歧视。例如，在医学研究领域，研究项目需要符合法律法规并通过研究伦理审查、科研经费开支大、医生对研究项目不感兴趣从而不愿意合作、患者的怀疑等因素都会影响国际研究生开展实践导向的科研，加大了获取研究数据的难度。

人文社科专业的国际研究生倾向于选择跨国性的研究，研究时间、获得的经费资助等因素都会影响国际研究生开展跨国研究的数据收集进展。津巴布韦的一名国际研究生选择研究非洲问题，申请到研究资助后前往非洲采集研究数据。“我博士论文研究做田野调查的时候第一次去了南非，在南非待了六个月，但是收集到的数据不够满意。而我知道时间、条件有限，是时候回去了，所以不得不结束数据收集。”（34ZBLAMD）一名访问博士生也遇到了类似的数据收集问题，为开展科研产生了一定的困扰。“我的研究内容是以色列的历史，我没有出国的时候每两天去一趟以色列档案馆查阅资料，来到美国之后不能收集资料了。以后，我知道到美国学习与收集资料不能同时兼顾，遇到一些需要核实的史料，也不能及时核对。做历史研究需要大量第一手资料，我常常奔走于找资料的路途中，需要花费很长时间，所以写论文比较慢一些。”（36ILAME）来自西班牙的一名国际研究生则指出，由于研究题目涉及保密资料，在付出了多种努力之后未能获取研究数据，最后不得不更换研究题目。“我想研究西班牙由专制向民主的改革，暑假的时候申请到了研究资助，回西班牙开展前期调研，去一个档案馆寻找相关材料。我从网上得知我需要的那些材料存放在一个图书馆，但是到了这个图书馆之后，档案馆的工作人员打开存放档案的盒子，却发现是空的，因为很多档案是保密的，并不对外开放，所以我的研究也不能用这些档案。而且现在研究改革是一项非常有风险的事情，我很想分析的很多材料被毁坏了。”（30SPLAFD）

## 五、学术写作：最大的挑战是写

学术写作不仅代表了国际研究生的学术立场，也展现了国际研究生对信息和知识的加工、认知、储存和提取的过程。个人信仰、价值观会对国际研究生的写作产生影响。论文代表着知识，国际研究生需要“通过写作表达学术思想”，思想、身份认同、学习、智力都凝聚于学术写作之中。[①] 学术英语写作具有复杂性，母语不是英语的国际研究生需要适应语言类型、行文风

① VENTOLA E，MAURANEN A. Academic writing：intercultural and textual issues［M］. Amsterdam：John Benjamins Publishing Company，1996：116－117.

格、论述方式、逻辑推理结构、句法、语法等多方面的差异。研究生在就读期间需要完成大量的写作任务，随着年级升高，写作任务不断增多，写作难度也在不断增加。在以学术论文和科研产出为主要评价指标的学术评价机制内，学术写作是衡量国际研究生学业成功的最重要的因素，同时也是国际研究生必须克服的学术障碍。

学术英语写作需要较高的修辞技巧，要符合英语论文写作的表达习惯，并为研究生呈现论文观点提供表达空间。即使语言基础较好的国际研究生也指出，语言中最大的困难是专业术语和论文写作。语言基础较好的国际研究生仍然会遇到学术写作的障碍，一名国际研究生虽然获得了哥伦比亚大学的硕士学位，但表示“英文的写作能力还远远不够”。除语言表达能力外，学术写作要求研究生具有较强的学术能力，学术写作的核心是“对问题的思考和研究的透彻程度”，需要研究者“注意逻辑、论证方法、学术规范和语法”，因此，“对于美国学生而言，学术写作也不是一件容易的事，对于国际学生而言，就更难了”。

思维方式会影响学术写作，国际研究生来自不同的文化背景，在使用英语的过程中会遇到思维上的障碍，尤其在英文写作中表现更为直观。思维是人脑间接和概括地反映客观世界的过程，也是人脑对接收到的信息进行深加工的智力活动，思维也是一个民族或一个区域的人在长期生活实践中形成的稳定的、习惯的认识事物的方式。不同的生活背景、成长经历、语言习惯都会带来思维的差异。国际研究生在“迫使自己更加适应美式写作和语言方式”，但是，“不用英文思维而用英文写作，写出来的内容别人不太能理解”。来自韩国的一名文科博士生表达了在论文写作过程中遇到的困惑：“我习惯用韩语写初稿，再翻译，不了解不同的动词细微差异是较大的写作困惑。比如，表达研究影响了什么，用 affect 和 influence 的意义不一样，influence 强调向外影响，affect 是影响自己。”（28SKLAMD）因此，国际研究生在开展学术写作训练时，不仅注重语言能力的训练，同时需要开展逻辑思维能力的训练。

知识分子是一群有能力并且擅长驾驭“说出来和写出来的语言能力的人”。研究生学习并研究高深知识，也要通过语言或文字的形式分享、传播研究成果。语言是国际研究生亟待克服的科研障碍。“如果在美国从事研究工作，起码在学术方面，口语表达和英文写作是非常有必要的。”为确保英文写作的质量，国际研究生会请专业的编辑帮忙修改英语论文，包括用字遣词、标点符号都会请编辑修改，“虽然是付费的，但是很有帮助”。一名交换国际研究生也指出：“会花钱请专业的编辑修改，帮我看有没有条理。”

写作需要反复修改，不同的写作任务对写作的要求有所差异，提升学术英语写作能力是耗时较长的学习过程。在学术写作中，国际研究生需要以句子的逻辑关系为基础，时刻注意参考文献的引用追踪、按照不同的写作类型开展写作、注重对写作的修饰与校对。通过写作练习，国际研究生能够达到较高的学术写作水平。受访的研究生导师说：“国际学生在写作方面花的时间比美国学生多，但是也有相当多的国际学生写出来论文的总体水平比美国学生高。除去个别遣词造句不够地道，国际研究生的逻辑性，行文的流畅度，对方法和数据的把控都很好。”（5LATM）

## 六、科研发表：一篇论文是2~4年努力工作的结果

科研发表意味着具备良好的学术声誉和就业前景，是评价科研工作者最直接、最显著的指标。与科研发表导向的研究生培养机制不同，美国高校对研究生没有强制性的科研发表要求，但对于那些立志从事科研工作、担任高校教师的国际研究生而言，科研发表是提升就业竞争力最有效的途径，因为如果要留在学术界，就要“笔耕不辍”，要“著作等身”。

迫于找工作的压力，国际研究生，尤其是博士生需要有科研发表，国际研究生坦言，虽然毕业没有论文发表的硬性要求，但是找工作对论文发表有软性要求。面对日益激烈的就业竞争，劳动力市场对人才的要求不断提高，母语发表不能满足国际研究生对未来就业的期待，为找到更为理想的教职，国际研究生希望通过英文发表提升在全球劳动力市场上的竞争能力。例如，“心理学至少要有三篇英文发表才有可能在美国找到理想的工作”，所以国际研究生认识到了“要尽最大的努力多一些英文发表”的重要性。

科研发表凝聚了科研工作者的智慧和辛勤工作，高质量的科研发表需要花费大量时间。生物工程专业的一名国际研究生表达了科研论文所花费的时间长的观点，科研论文建立在实验结果的基础之上，即便已经完成了实验和科研论文，论文从投稿到发表的周期也很长，“一篇科研论文可能是研究者2~4年努力工作的结果”。正如社会学系一名国际研究生指出：“投稿一份期刊的过程非常漫长，我第一篇投稿历时将近两年，来回修改超七次，每一次都满是追踪修订。”科学研究和论文撰写需要较高的时间成本，一名受访的国际硕士生也表达了未能发表论文的遗憾：“如有余力，也会考虑发表英文论文，但是毕竟时间太短了，很难实现。”学术型博士生作为科研人员，科研发表很大程度上是衡量科研工作成效的依据，缺乏科研发表会影响研究生的科研自信。“我目前还没有很多发表，单从科研产出来说，自己不算太成功。对于一个科研人员来说会有些沮丧。”科研论文是呈现科研结果并传播知识的方式，麦大的科研具有实用性强的特点，一定程度上对科研论文发

表产生了消极影响。“由于我们的研究实用性较强，范围比较窄，发文章的时候影响因子比较低，有时候都找不到合适的杂志。可能编辑一看，这个研究太应用化了，没有那么高深，没有那么高级的公式，就不会考虑了。”(31CHSFD)

虽然科研发表是展现研究生科研实力的主要方式，但是很多国际研究生表示并不会“为了发表而发表”。科研发表需要符合美国对科研论文的写作要求，“当研究有新的想法，并对领域内的知识有新贡献的时候再发表”。科研发表是科研工作结果的呈现，关乎研究者未来的职业发展。社会学专业的一名国际研究生对科研发表所持有的态度反映了国际研究生群体对科研发表的基本看法：“发表当然很重要，那是人家认识你的方式，但我觉得更重要的是你想成为一个怎样的学者，你怎么定位自己，假如一个人的研究要有温度，该怎样可以同时兼顾两者。”(14CHLAFD)

综上，科学研究是一个涵盖科研选题、搜集研究数据、发表等多个环节的过程。科学研究是艰难的，尤其是国际研究生在面临科研基础薄弱、研究语境差异大、原创性研究、研究数据难搜集、论文发表困难等各方科研压力的情况下（如图 4－2 所示），困难程度更为显现，国际研究生需要付出更多的努力才能达到新的学术环境以及成为一名“科研工作者”对学术能力的要求。

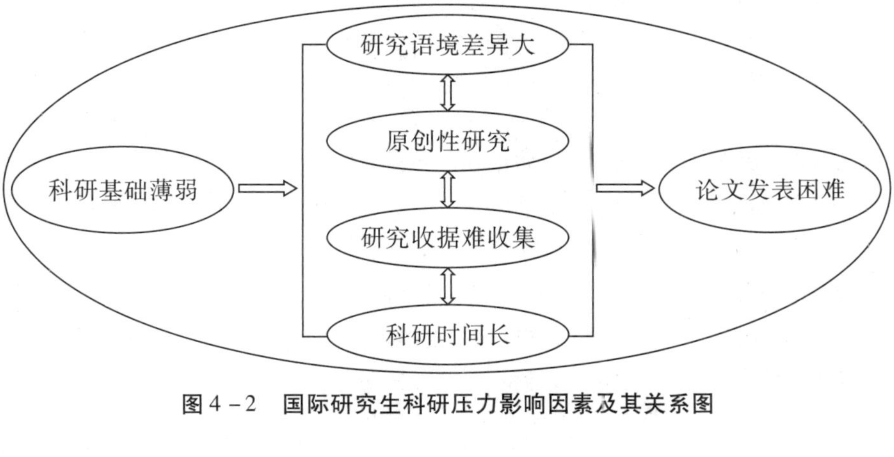


**图 4－2　国际研究生科研压力影响因素及其关系图**

# 第三节 学术环境的全新要求

国际研究生在生源国接受多年的教育，其认知方式、学习习惯深深地打上了生源国教育传统的烙印。在新的学习环境中，旧有的学习方式与麦大的学习方式会有冲突，甚至是对抗，国际研究生的学术适应需要改变原有的习惯或对新的学习环境妥协。

在适应新的学术环境过程中，国际研究生普遍认为学习和工作强度非常大，几乎没有时间休息，每天的学习时间“维持在12个小时左右”。由于学习节奏快以及学习基础薄弱，熬夜学习、周末或节假日学习成为国际研究生日常学习生活的常态，赶上期末还会“连着熬夜到早上四五点钟，7点再爬起来”。为确保学习质量，国际研究生会利用暑期时间学习，弥补课程基础薄弱造成的学习差距。

## 一、学习资助：多渠道申请资助

研究生阶段的学习和研究需要有足够的资金做保障，资助的充裕程度影响研究生的修业年限和学业完成率。资助是国际研究生的重要资金来源，美国高校的研究生资助有多种形式，主要包括奖学金、助学金、助学贷款、兼职工作等。除少量奖学金之外，美国政府一般不会为研究生提供额外的研究资助，其科研经费主要源自课题组的研究经费。不同于本科阶段以家庭资助为主，大部分作为独立个体的研究生的主要经济来源依靠研究生的助研、助教、助管等资助。

国际研究生，尤其是大量来自发展中国家的国际研究生面临潜在的经济困难。数据显示，1956年到1957年，45%的国际学生靠自己和家庭的资助得以在美国高校开展研究生阶段的学习。20世纪末，在美国高校学习的国际学生中，自费的国际研究生占国际学生总数的65%。[①] 美国高校对不同类别的学生采取不同的收费标准，威斯康星大学麦迪逊分校作为公立研究型大学，学费标准低于私立大学，但是国际学生的学费是威斯康星州学生学费的3倍。国际学生需要额外缴纳国际学生管理费、保险等费用，且学费标准随

① Financing graduate school – how to get money for your master's or PhD [M]. Princeton, New Jersey: Peterson's, 1996: 139.

着物价水平上涨在不断提高。学费负担为国际研究生带来了巨大的经济压力。一名印度学生说“每年需要5万美元的学费”，这笔学费是“父亲收入的一半”，其父亲是一名收入比较高的大学教授。来自中国台湾地区的博士生也指出，“如果交4年学费，就得卖掉一座房子”。在面临巨大的经济压力的情况下，国际研究生“无论如何都要争取到资助”。

除了高额的学费以外，日常学习开支是国际研究生经济压力的一部分。“一本教材100多美元”“考教师资格证花费3 000美元的资料费”等诸如此类的开支对国际研究生而言是一笔巨大的花销。对于大多数国际学生而言，最大的困难在于能否获得资助，来自发展中国家的国际学生表示，“如果拿不到资助，或许一个月的费用也支付不起”。本研究发现，申请资助困难成为国际研究生学术适应过程中最重要的障碍，甚至直接决定了国际研究生是否能够继续完成学业。一名来自伊朗的国际研究生“常常陷于经济困难之中”，在她看来，资助是读博士最重要的影响因素，尤其是国际博士生，资助问题造成了巨大的生活压力：“因为如果没有资助，根本支付不起在这里的生活，如果不能确定能否找到下一个学期的资助，不确定下一个学期是否还能在这里学习，如何能够保证全身心地投入到学习当中去呢?”（33IRLAFD）

资助很大程度上影响国际研究生对所就读高校的选择，能否获得资助是国际研究生选择学校、专业乃至学段时最重要的考量因素。国际研究生指出，来麦大学习之前首先会考虑资助的问题，虽然在申请学校时尝试申请了其他学校，因为麦大的导师直接给了助研机会，来麦大学习不用担心奖学金和资助的问题，而“最终决定来这里”。是否能够获得资助是国际研究生选择学习项目的决定性因素，甚至影响专业选择。人文社会科学专业的一名博士研究生提及自己根据奖学金项目而更改了专业，“刚开始我想学习非洲语言专业”，但是后来没有学习非洲语言，主要是因为“那个项目不提供资助”。本研究中，一名研究参与者已经获得了博士学位，本计划申请麦大的博士后项目，但由于博士后项目没有资助，为了降低生活成本，其最后决定就读有资助保障的博士生研究生项目。“本来想做博士后，但是没有资助，自费成本太高，不能保证后来就能找到资助。我们系保证每个博士生都有五年的资助，所以最后决定再读一个博士。”（14CHLAFD）

由于资助机会少，竞争压力大，作为国际学生，尤其是研究生，申请资助一直是困扰国际研究生的主要学术适应困难。为保障学习能够正常开展，国际研究生需要不断寻找资助机会。“我没有得到大笔的资助，每学期都要申请不同的资助，通过多种渠道申请资助，可能其中两种资助能够支付自己的学费，另外一项资助能够保证自己的基本生活。从系里、学校里甚至校外等多种渠道找到资助或带薪工作的机会。几乎每个学期都需要两个及两个以上渠道的资助才能够保证正常生活。”(34ZBLAMD)

资助项目对申请者的能力素质要求较高，有一名博士生说想申请研究助理获得资助，却因为需要良好的写作能力而望而却步。申请兼职资助项目比较困难，很多比较好的兼职项目需要与美国学生竞争，国际学生申请资助会遇到歧视和偏见，很少能竞争过美国同学，“可能与国际学生的知识结构、背景和语言有关”。对此，国际学生服务办公室的工作人员指出，麦大学生资助的分配严格遵照“能力”（merit）和“个人需要的程度”两个标准。“委员会只会选聘那些知识和技能最有竞争力的研究生，而不会考虑是否是国际学生。每个岗位对研究生能力的需求不同，不同的学校也会有差异，但基本原则是任人唯贤。”(6ISS)

受到签证政策的影响，持有学生签证的国际研究生在申请资助机会的时候受到身份限制。持学生签证（F-1）和交流签证（J-1）的国际学生无法申请助学贷款、很多其他类别的资助及兼职工作，国际学生中本科生几乎无法获得任何资助，研究生可以申请助理岗位，得到助理津贴。然而，签证政策要求国际学生每周工作时间不能超过 25 个小时，[①] 这不利于国际学生竞争助理岗位。研究生院或者导师在录取国际研究生时承诺的资助不能保证持续到完成研究生学业，自费的国际研究生面临着每一个学期都要重新申请资助的压力。1994 年，美国国家科学院国家研究中心公布的高等教育资助项目中，334 项资助中有 74 项对申请者的国籍没有限制。[②] 国际研究生在申请资助项目时饱受身份限制的困扰，因此，大多数国际学生，尤其是新生很少能够找到理想的兼职工作获得学习资助。迫于经济压力，很多国际研究生从事对技能要求较低的工作。例如，图书馆入口处的检查岗、教室管理和保洁等；或者在传统节假日很多美国学生不能做兼职工作的时候，国际学生才会多一些兼职工作的机会。公立学校资金少、美国经济发展速度慢等客观因素导致国际研究生可以获得的资助机会少，资金短缺会影响国际研究生的科研进展，加之“美国经济不太景气，导师强调要用有限的资金做更有效的工作，资金的限制很多时候限制了自己的想法”。(23CHSMD)

美国籍的研究生在就读期间几乎都可以申请到资助，国际研究生的资助主要来自所在院系和高校。20 世纪 70 年代，国际研究生的资助占高校研究

---

① MCMASTER C，MURPHY C. Graduate study in the USA：surviving and succeeding [M]. New York：Peter Lang，2016：47.

② A selected list of fellowship and other support opportunities for advanced education for United States citizens and foreign nationals [R]. National Academy of Sciences – National Research Council，Washington，DC. Office of Scientific and Engineering Personnel，1993：4 – 19.

生资助总额的10%。[①] 如果国际研究生占研究生数量中的比例增加，也应当相应地扩大对国际研究生的资助范围。国际学生申请到美国政府资助和贷款的机会相对较少，很多奖学金的评选标准基于学生的学业成就、经济状况、学科背景以及其他相关能力。美国很多高校依靠助教和助研机会吸引国际研究生，但由于财政资助短缺，此类兼职和工作机会在逐渐减少。提供丰厚的资金是吸引优秀博士生最有效的途径，高校教师坦言，之所以招收不到优秀的研究生是因为资金支持不足，优秀研究生倾向于选择资助优厚的高校，越有名望的高校对研究生的资助越多。例如，美国排名前5名的高校中，哈佛大学、耶鲁大学、普林斯顿大学和麻省理工学院在招生时不考虑学生的支付能力（need blind），为包括美国研究生和国际研究生在内的所有的研究生提供充足的资金支持。

## 二、同伴压力：每个人都比我聪明

20世纪中期之后，美国开启了研究生教育扩招的历程，受惠于国际研究生带来的经济、文化、学术、政治等多重利益，在高等教育国际化时代，美国加大国际研究生的招生数量。研究生教育不仅能够满足大量本科生对追求高深知识、提高就业竞争力的需求，同时也是高校增强学校办学实力，吸引优秀学生的现实选择。研究生规模的扩大增加了研究生教育的总体体量，同时也加大了国际研究生的竞争压力。

同伴压力与人们的价值观和情感相联系，通过害怕被同伴排斥的恐惧和对自由与独立的渴望而起作用。[②] 同伴往往是社会认同的主要来源，同伴压力可能会导致国际研究生“不好意思问一些简单的问题，怕被看不起”。相对于美国研究生，国际研究生有较强的竞争意识，更容易与他人相比较，国际研究生感知到的竞争压力大于美国研究生所感知到的竞争压力，从而产生了较强的同伴压力。

国际研究生表示在麦大学习过程中遇到了较大的同伴压力，形成了学术适应的障碍。研究生项目的同学、一起上课的同学以及课题组的同学是同伴压力的主要来源，国际研究生产生了一种“这里的每个人看起来都比我聪明，研究进展都比我的快”的想法。同伴压力给国际研究生的学习带来了困

---

① Colloquium on the foreign graduate student (2nd: 1970: Wingspread). The foreign graduate student: priorities for research and action [R]. New York: College Entrance Examination Board, 1971: 12.

② 阿伦森，威尔逊. 社会心理学：阿伦森眼中的社会性动物 [M]. 侯玉波，朱颖，等译. 8版. 北京：机械工业出版社，2014：62.

扰，并使其认为“身边的同学很厉害”。国际研究生通过了解发现，同学“很厉害”，主要表现在“大部分工作过很多年，或者已经读了两个或三个硕士又读博士”，美国同学“在美国的学术体系中训练了很多年，很擅长汇报和讨论”。因此，国际研究生在亲身参与的很多课堂的小组讨论中，发现美国学生即使什么都不读，仍然可以滔滔不绝地讲。课堂讨论的时候他们的观点很犀利，“感觉自己非常没有见解”。除了日常学习中遇到的同伴压力之外，一些受访的硕士研究生表示，与博士研究生一起上课给自己的学习带来了较大的压力，并影响自信心。“很多课程是硕士生和博士生一起上的课程，作为一名硕士生，与博士生一起学习压力很大，让我觉得学习很艰难，对自己的学术水平没有信心，感觉到有很大的差距。”（4CHLAFM）

同伴压力是研究生选择继续深造的动力，也有国际研究生表示，同伴压力是学术成长的动力，会主动将同伴压力转化为学习动力。“现在感觉同伴压力是一个好事情，能够促进自己向前。以前觉得有优秀的人在我身边，自己非常有压力，现在觉得有优秀的人在身边，是一件非常难得的事，非常想向同行多学习。”（4CHLAFM）同伴良好的学习风格和较高的学业成就对国际研究生起到正向激励作用，比如一名与国际研究生同实验室的同学发了Nature，通过观察同学做科研的过程，这名国际研究生觉得“早晚一天我也能发 Nature”。

高校的排名越高，生源越优质，越能聚集大量优秀人才，因此，学校排名与同伴压力之间存在显著正相关的关系。受访的国际研究生提到，学校排名高增加了同伴压力。“学校名气越大，优秀的学生越多，学业挑战也越大。”较大的同伴压力使得国际研究生在学业和资源的竞争中处于劣势地位。除隐形的心理压力之外，同伴压力也直接影响了国际研究生的资源获得以及对研究生阶段学习的正向感知。一名人文社会科学专业的国际研究生经历了较为消极的同伴压力：“同组的韩国同学很会表现自己，同时特别会保护自己，我向他请教如何做研究的时候，他并没有很慷慨地教我如何使用数据分析软件，以及如何开展数据分析。相比之下，导师更加偏重韩国同学，并主动给韩国同学找了资助。”（24PLLAFD）排名较高的学校聚集了大量优秀的学生，是国际研究生同伴压力的重要来源，有国际研究生指出：“如果选择一个排名不这么靠前的学校，可能自己会有更多的机会。”（24PLLAFD）

## 三、学术规范：与教育理念相关

美国高校的学术研究规范是国际研究生开展学术研究中遇到的学术困难。与生源国的学术规范不同造成了学术规范差异，表现为美国高校的科研注重研究伦理、更为严谨、科学。“规范对我来说是一个非常大的挑战，以前对学术研究中的很多事情自以为是，会自认为事情是什么样子，然而后来发现事实并不是这样。”（6CHLAFM）在访谈过程中，理工科和人文社会科学专业的国际研究生都表达了学术研究中由于没有考虑到研究伦理给研究带来消极影响的经历。心理学专业的一名国际博士生回忆了在研究中由于对研究规范和传统的偏差而造成的研究“困难”。

“这里做实验伦理审查很严格。我们有一次开展脑部活动扫描实验，需要租用脑部扫描仪，但是由于被试的头部有伤，管理仪器的工作人员坚决不让我们做实验。其实按照要求，被试很多年前留下的小伤疤不会有问题，是可以做实验的。之前有一个被试有伤，做过一次这个实验也没有问题，医学上是不会对被试造成伤害的。或许也是语言差异和对词语理解有偏差，会出现一些错误。例如，我们对 surgery 的理解不同，很多人觉得只要有伤口，即使只是缝了几针，也算 surgery，但是这里实验中对 surgery 的定义跟常识是有差别的，例如，开刀做手术才叫 surgery。”（37BESMV）

此项研究中，由于租用脑部扫描仪需要花费大量的租金，对研究伦理理解的差异导致该名研究参与者直接损失了租用脑部扫描仪的科研经费，并耽误了研究进展。还有一名国际研究生在研究过程中没有涉及“人”作为研究参与者的研究，研究参与者为客观物品，但在科研过程中同样遇到了研究伦理的问题。“我们在实验中订药品算一个很严重的问题，以前，我们订药品打个电话就可以了，但是美国对实验药品的管理比较严格，订药品的时候要一层一层申请才可以，审批过程比较复杂。”（19CHSFD）

在美国开展学术研究应当学习并遵循美国的学术规范，学习美国对学术研究伦理的要求是学术适应的必经阶段。来自哈萨克斯坦的一名人文社会科学专业的博士生指出：“以前接受的教育中对于研究方法中研究伦理的交代不够多。通过讨论，美国同学指出了我在这个部分的缺陷，委婉地提出研究设计中应该再加上对数据的存储和获取途径的说明，以保护数据，进而保护被试。我觉得这个说得很有道理，这是我以前从来没有接触过的部分。”（15KZLAFD）由于研究的立足点、研究定位以及研究背后的价值因素不同，美国高校对研究的伦理审查为国际研究生开展研究带来了困难。一名硕士生将感兴趣的课题提交伦理审查会（IRB）审查，未能通过审查导致这名研究生不得不改变研究题目，转而换为一项不需要申请伦理审查的研究。

与此同时，国际学生服务办公室的工作人员基于在国际学生服务办公室工作的经验，阐明国际研究生遇到的比较大的学术问题是学术诚信（academic integrity）。学术诚信的问题受文化背景的影响。“不同国家对学术诚信的理解、学术传统以及衡量学术诚信的标准都不同，从我工作的视角来看，学术诚信的问题是对国际研究生最大的挑战。研究生需要写大量的论文，不仅包括课程论文，还包括课题研究报告、学位论文，甚至要发表的论文等。论文应该是什么样，如何做一个好的研究成果展示都与自己原来接受的教育理念存在差异。”（6ISS）

## 四、学术氛围：我们是隐形的

到美国的求学经历改变了国际研究生对个体身份的认知，在“白人至上”的社会环境中，大部分国际研究生作为有色人种成为美国社会的边缘阶层。国际研究生作为美国高校的弱势群体，在白人为主（white-dominated）的学校会遇到学术偏见和歧视，主要表现为被忽略、美国学生不愿意与国际研究生合作等，导致国际研究生形成“少数族裔群体”的感受。

偏见是对特定群体的习得性态度，偏见的产生基于内外群体的划分，即认为自己属于内群体中的人会对外群体产生偏见，针对外群体的消极态度转化为行为时，会导致歧视。国际研究生有在课堂中遇到歧视的经历，例如“别人不在乎你的观点，不关心国际学生、冷落国际学生等”，或者“很多美国学生不太愿意与国际学生一起合作或进行小组工作”。一名国际研究生描述了学习中不愉快的经历：“美国学生很不友好，有时候看人的眼神让我觉得很受歧视。有一次一个美国学生问我一个问题，我回答得不好，然后他就去问了另一个同学，之后再也没有理过我了，我觉得很不礼貌。”（24PLLAFD）一名国际研究生指出，上课过程中，任课教师不会考虑国际研究生的学习特点，并详细表达了对国际研究生的学习需求被忽略的就读感受：

“教授虽然总是经常强调社会公平、正义、多元文化，但是在实践中，很少有教授会关注国际学生的学习需求和差异。例如有些教授讲课会放慢速度，发音很清晰，但是有些教授不会考虑这些问题，很多教授上课的时候讲话很难懂，常会举一些或许只有美国人才能听得懂的例子，常用一些俚语或俗语，对我来说很晦涩。在课堂中，尤其是跟美国同学一组的小组合作或讨论中，美国学生常常忽略国际学生。对教授和美国学生而言，国际学生是隐形的。我曾经选修过一门国际学生占大多数的课程，课程并不是专门为国际学生设计的。课程很难，美国学生不会花太多的时间照顾国际学生的感受，也不会主动接近国际学生。几乎没有人会主动问你‘遇到了什么困难’‘需要帮助吗’之类的这些问题。这里的老师太忙了，他们没有时间照顾国际学生的感受。教授应该知道国际学生学习有语言和背景知识的障碍，上课的时候可以放慢一点语速，用更加简单的英语，但是教授一般不会刻意减慢语速。他们使用俚语，他们也应该知道，国际学生并不懂得这些俗语的含义。尤其是涉及文化差异的俗语。国际学生对这里的政治、经济、问题体系都不了解，遇到这样的问题时，国际学生难以理解，教授也不会给太多的解释。”（6CHLAFM）

在美国高校中，公然偏见或歧视很少发生，但“隐蔽的态度”（covert attitude），即教师或者学院对学生的隐性或非直接的偏见或歧视常有发生。“隐蔽的态度”这种偏见或歧视程度差异很大，可能是有意识的，也可能是无意识的；可能是真实的，也可能是想象的。国际研究生表示，教师对国际研究生的研究兴趣和选题缺乏同情心和理解，国际研究生不能获得指导，研究过程中会遇到很多挑战，从而导致不得不更换题目或转院系。遇到这种情况后，国际研究生的自我预期开始转变，因为不转变自我预期将无法完成学业。国际研究生有不同的学习需求，但在实践中，国际研究生特殊的学习需求得不到重视，增加了国际研究生学术适应的负担。

研究生院的种族风气（racial climate）对研究生的学术自我认知（academic self-concept）产生重要影响，在信任度低、联系松散的氛围中，研究生的学术自我认知比较低。对国际研究生的刻板印象与国际研究生的跨文化适应呈现显著正相关关系。对国际研究生具有积极的刻板印象，会增强国际研究生学术适应的信心。提升综合能力、增强自信是克服偏见和歧视的有效策略。“如果不认真阅读课程学习材料，课堂讨论提不出好的想法，不能及时完成作业，也难怪老师和同学会看低。”（6CHLAFM）面对面的交流可供参考的信息更加全面，部分改善“前见”和先入为主的偏见。因此，在与有偏见的人交流时，国际研究生可以优先采用面对面的交流方式。

即使受到“白人至上主义”思想的影响，美国高校一直致力于提升校园文化多样性和包容性，使国际研究生处于一个较为友好、开放、多样性明显的学习环境中。消除偏见或歧视是营造良好学习环境的有效措施。为此，麦大一直致力于构建具有多样性的校园文化。综合性大学具有较强的包容性，在重视文化多样性的高校容易获得良好的就读体验。

## 本章小结

研究生阶段的学习本身就是困难的，“不是因为来到了美国才变得困难”。到美国高校学习，加大了完成研究生阶段学业的难度。学习是个人知识增值的过程，也是积累个人乃至家庭文化资本的过程。国际研究生的自身条件、所能够利用的资源、语言能力是影响学术适应的主要因素。教育是一项受到受教育者个人的经济资本、文化资本和社会资本影响较大的社会活动。国际研究生能够获得学习资源的数量影响国际研究生的学术适应过程。然而，本研究发现，麦大的国际研究生在获取学习资源方面处于劣势地位。就国际研究生个体条件而言，年龄偏大、家庭经济状况不佳、教育基础薄弱等因素成为国际研究生学术适应的障碍。

第一，包括年龄大、精力不足、缺乏自信在内的性情（dispositional）障碍是成年学习者遇到的学习障碍中的常见障碍。① 本研究的研究参与者中，有两位已年届四十，还有一位受访的硕士研究生年龄大于同级的硕士生，以上三位被访者都表达了年龄对在麦大就读研究生项目的影响。例如，“记忆力有所下降”“担心身体吃不消”等，年龄影响接受新鲜事物的能力。来自智利的国际研究生指出在信息化的科研环境中，自己显得有点落后，过于年长也对建立亲密的师生关系产生了消极影响。“与二十几岁的新一代年轻人不同，他们是‘数字原住民’，而我不是，要用自己的方式适应现在的科研环境。我比自己的导师更年长，这会给师生关系带来更多的困难，自己应该多向导师学习，导师理应比自己的经验更多，但是当自己年纪长的时候，自己的经验比导师的经验多。对我来说，导师的指导有很多局限性，因为当他跟我说一些想法的时候，我会向他提出疑问，年龄的因素更容易限制我们之间的交流。”（21CISMD）

第二，语言能力是最显著的学术障碍。上课、理解别人、撰写论文、保持前沿的学术理念，完成科研任务、撰写英文文章、参加学术会议等各个环节都需要国际研究生具有较好的英语听、说、读、写能力。语言决定了海外学习和生活的每一个细节和体验，“英语能力不好像是一种残疾，不能保证基本的沟通”。在麦大接受研究生教育的学习过程也有助于训练国际研究生的英语综合能力。在学术适应过程中，国际研究生遇到的听、说、读、写等方面的语言障碍，分别表现为：跟不上讲课节奏、表达不清晰、专业术语缺乏、英语写作困难、英语口音等。随着学习时间增加，语言适应能力得到提升，一般“经历了12～18个月之后，才会有比较舒服的感受”。

英语能力直接影响国际研究生的学术自信，同时，具有学术自信、文化自信也会提升语言表达自信。英语表达不清楚影响国际研究生与导师之间的学术讨论，不利于国际研究生建立学术自信，由于语言障碍，国际研究生在与导师和同学讨论问题的过程中很难深入进去。“每次与导师见面，导师会

① BREITKREUTZ H L. Facitating graduate student progress：a case study of the school of education at the university of Wisconsin-Madison［D］. Madision：University of Wisconsin-Madison，1993.

问我对研究的想法和计划，由于语言的限制，很多时候我不能准确、全面地表达自己的想法。”研究者通过课堂观察发现，在国际研究生比较熟悉的知识领域或者国际研究生较为熟识的文化背景中，其语言表达更为自信、流畅。主讲研究生课程的老师指出：“上课讨论我一般不会点名国际学生，但是有些题目知道国际学生有很多话的时候就会点名。例如，跟他们的经历相关的时候或跟他们国家文化有关的问题，虽然与阅读没有关系，国际学生讲的时候肯定也有语法错误，但是没有关系，在那一瞬间，国际学生会觉得整个教室中自己就是专家。所以，这也涉及一个心理自信的问题，在整个环境的自我定位会促进在课堂上的表现。”（5LATM）

有在英语国家学习和生活的经历（在英语环境中的时间久）以及学习年限长对提升英语能力具有显著影响。语言学习还需要以理解文化为切入点。来自智利的理工科博士生分享了对文化学习的理解：“语言包括文化、环境等多种维度，不仅仅是用不同的词语表达相同的意义这么简单，即使指代同一个事物，不同语言的词语的内涵不同，这就是文化。在这里，不仅要学习专业知识，同时也要学习美国文化，要训练自己理解环境的能力。”（21CISMD）

此外，与教授疏远、缺乏社交和家庭生活、学业负担重、自我怀疑、学业困难、写作能力不足、缺乏学习技巧和语言流畅度等是国际研究生普遍遇到的学术适应障碍。总体而言，低年级的研究生处于向研究生身份转变的过程中，同时面对大量的语言和文化差异，所遇到的学术障碍最多。综上，国际研究生学术适应的主要困难、主要学术困难各因素及相关影响因素的关系如图 4－3 所示。

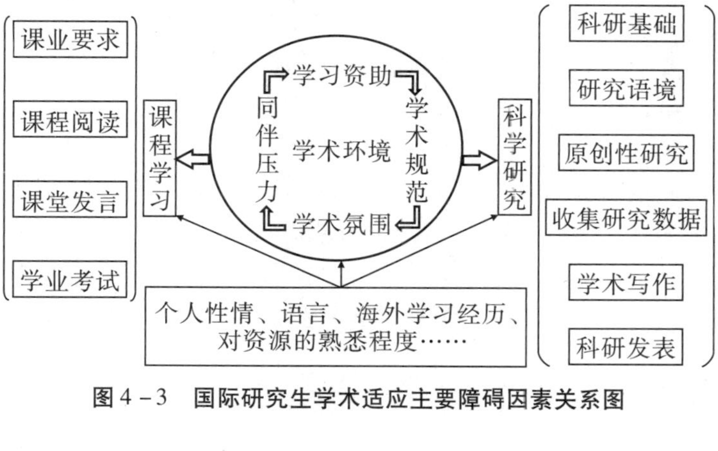


**图 4－3　国际研究生学术适应主要障碍因素关系图**

# 第五章　国际研究生学术适应的实践策略

处于同一场域中的行动者，在同一境遇下选择了不同的实践策略，除了行动者所掌握的资本不同之外，更重要的是他们的惯习不同。

——布迪厄《实践感》

策略指行为主体在实践中采取的行动。在实践中，有效的策略需要充分了解策略制定时的语境、所涉及的行为主体以及策略所扮演的重要角色。[①]策略是一个生态系统，也是一种变革，采取策略时应当考虑事情的背景及其影响因素，任何人都可以成为积极的策略制定者。学习策略是学习者为了实现学习目标，提高学习效率，改善学习效果，依据学习规律和学习情景的特点，有意识、有目的地开展学习活动，设计关于学习过程的复杂方案的行为。学习策略的本质在于学习的规律性和独创性，兼具综合性、灵活性、可操作性等特点。

根据学习任务、学习者、学习情境的特点，学习策略具有不同的分类，其中，影响最大的两种学习策略分类方式为基本策略和支持策略的二分法，以及认知策略、元认知策略和资源管理策略的三分法。其中，基本策略是直接操纵学习材料的策略，包括获取、存储信息等；支持策略指适宜心理状态的辅助策略。认知策略指监控认知过程的技能；元认知策略是对认知的认知，指学习者采取的认知技巧；资源管理策略是辅助学习者管理可用的环境和资源的策略，包括时间管理、学习环境管理、自我努力以及学习支持系统等。[②]

国际研究生的学术适应具有建立在课程学习基础上开展科学研究的特殊性，除常规的学习活动之外，还需要适应新的语言环境和学术环境，完成由“学习者”向“研究者”的转变，因此，国际研究生的学术适应策略具有特殊性。本研究结合教育心理学领域对学习者学习策略的分类，将国际研究生

---

① WHITTINGTON R. Strategy as practice [J]. Long range planning, 1996 (10): 731 - 735.

② 参见以下著作：陈琦，刘儒德. 当代教育心理学 [M]. 2 版. 北京：北京师范大学出版社，2009；顾永安. 教与学的心理学 [M]. 苏州：苏州大学出版社，2003：62；左银舫，洪明，董一英. 教育心理学 [M]. 武汉：华中科技大学出版社，2015：257.

学术适应的策略分为认知策略、学业管理策略和辅助策略三种类型。

## 第一节　认知策略

认知策略在一定程度上影响学习者的学习积极性和学习效果。掌握认知策略是学习者学会学习、学会思考的根本标志。[①] 采取不同方式的认知策略有利于国际研究生获得良好的学业成绩。

### 一、采用阅读技巧：阅读会取巧了

麦大的课程学习具有阅读量大、要求严格的特点。研究生不仅要阅读大量书籍和论文，为专业学习打下坚实的学科基础，还要广泛涉猎领域内相关学科的知识，拓展研究视野。高质量的科研写作建立在对现有文献批判性思考的基础之上。因此，如何高效地完成阅读任务是国际研究生需要克服的学术适应障碍。为克服阅读量大的困难，国际研究生"慢慢地寻找属于自己的学习方法，采取一些阅读策略高效率完成阅读任务"。一名来自韩国的高年级文科博士生积累了丰富的阅读经验，摸索出了多种阅读技巧：

"第一年的时候都会逐字逐句地阅读，后来也学会了很多阅读技巧，比如跳读。后来，因为熟悉了西方学者学术研究的思路和行文传统，对该领域的研究范式、研究热点、专业词汇、对热门问题的讨论、专业词汇的特定含义、研究兴趣都有所了解，不再逐字逐句地阅读了，也能很好地把握阅读材料的思想。此外，由于熟悉了课堂中老师对阅读材料提出问题的套路，所以会猜到老师提出来的讨论问题。提前有重点地做准备，在课堂中顺利地开展讨论。"（22SKLAFD）

随着课程的不断深入，国际研究生掌握了任课教师的教学习惯，根据任课教师个人的教学风格和常规阅读要求阅读是国际研究生常用的阅读策略之一，"根据课程上老师会问的问题有重点地阅读"。除此之外，提高阅读效率的方法有"看大纲、看关键词"，"尽量将理论与自己的经验建立起联系"，"培养新的阅读习惯，把握大意"等。

---

① 张润杰，张亚伶，杨娜，等．研究生学习动机与学习策略研究：基于北京地区研究生的调查分析［J］．学位与研究生教育，2015（7）：57－62．

通过对美国研究生和研究生导师的访谈发现，阅读量大并不是国际研究生的个体感受，也不仅仅是由于英语为第二语言而导致阅读速度慢进而导致的主观感受，即便是一直在英语环境中受教育的美国学生也认为研究生阶段学习的阅读量很大。美国学生也会采用阅读技巧完成阅读任务，国际研究生表示他们经常向美国同学学习阅读技巧。一名人文社会科学专业的博士研究生基于自己的观察感受提到：

“美国学生有很好的阅读技巧，例如快速阅读、泛读等，国际学生也需要时间训练这些阅读技巧，一本书并不用每句话都阅读。对国际学生而言，最大的问题也许不是语言，而是不知道别人采取了什么策略读书。刚开始自己并不太擅长培养阅读技巧，觉得每个人都把阅读材料——论文也好，必读书目也好——都读完了，只有自己没有读完。好几年之后我才发现，其实根本没有人读完，甚至有些同学根本不读。后来听美国同学聊天的时候说，他们会聚集几个同学为一个小组，每个人负责不同的阅读内容，完成阅读后，小组成员互相汇报各自的阅读内容，这样可以节约很多时间。”（33IRLAFD）

## 二、确保课堂参与：做十分充分的准备

由于语言障碍、学习环境差异等原因，国际研究生课堂讨论的参与度不高。然而，国际研究生对学业有较高的期待，“感觉上课不讲话是一件很羞耻的事”。虽然相比于美国学生，国际研究生参与的课堂讨论较少，国际研究生仍会提出积极参与课堂讨论的学习要求，并采取打草稿、做笔记、录音等策略强化知识的输入和输出，确保课堂参与。

麦大的研究生课程授课以“阅读讨论模式”为主，在阅读的基础上开展课堂讨论是国际研究生深入学习专业知识的重要途径。国际研究生在课堂学习中努力寻找课堂发言的机会，“见缝插针”地参与课堂讨论，例如，“刚好说到一个问题，生活中有一些类似经历的话，我还是会说的”，“尽量每节课都要发言，不管自己说得怎么样”。更多的时候，国际研究生会在有参与兴趣的时候加入课堂讨论，“如果有确切的答案，或者有特别想问老师的问题”时积极参与课堂讨论。在参与课堂讨论前，国际研究生需要组织语言表达方式，斟酌字词句法，为此“做十分充分的准备”，主要表现为“反复思考老师提的问题，写下来，先检查语法，然后才说出来”。遇到有需要进一步讨论的问题时，国际研究生会采用追问的策略强化学习效果：“有时候我也不能理解同学在课程网络系统中对我的评论到底是什么意思，我在上课的时候就会就这个问题与同学开展进一步讨论。这是我增强在课堂讨论中参与度的一种方式。”（4CHLAFM）

来自泰国的一名人文社会科学专业的硕士研究生表示："这里的教授希望学生上课的时候做好充分的准备，带着自己的思想进入课堂，老师会督促同学在上课之前阅读课程材料，并对阅读材料保持一种批判的态度。我会在上课之前整理好自己的评论。"（3THLAFM）一名来自中国的硕士研究生说到，"课堂参与其实考查学生对问题的思考和投入到底有多少"，同时表达了学习投入程度："我刚来的时候第一周就几篇阅读，我读了好多遍，读了好多天，当时把所有的单词都拿出来查，标注在旁边。课堂发言阅读很认真，一定要多读，在规定的时间读完，不能在临近截止日期前随便翻。阅读时把重点都标注出来，阅读完一定要做总结，把作者的思路列出来，包括用了什么方法，用了什么数据。表达不清楚的情况下，意译很重要，看完一篇东西的时候自言自语，看了什么文章，并口述文章的主要问题和主要观点。对一个问题思考透彻，简化语言，力图写得清晰。"（6CHLAFM）

由于存在不同程度的语言障碍，国际研究生上课不能完全理解讲课内容，会采取记录学习内容并自学的方式掌握上课的学习内容，国际研究生在学习中乐于采取做笔记的方式强化学习。通过课堂观察，研究者也发现，国际研究生在课程学习中记录笔记的数量、频率远高于美国研究生。在上课过程中，本研究的一名被观察对象（4CHLAFM）一直低头做笔记。通过访谈得知，这位国际研究生表示，"听一遍我不能马上理解老师到底讲了什么，我想让学习的内容更加深刻一些，所以把老师提出的要点都记录下来，再慢慢消化"。这也道出了国际研究生在课程学习中做笔记多于美国学生的原因之一。除此之外，做笔记的学习策略还被应用于课程预习、课堂听课以及复习等环节，国际研究生常用做笔记的方式深化学习。一名理工科中国硕士生指出："虽然考过托福和 GRE，但英语能力还差很远。刚来的时候，老师上课讲的内容有很多听不懂，只能猛抄笔记，回家一个词一个词地查。"（7CHSFM）此外，国际研究生还会采取课程录音的方式强化学习："上课听不懂就录音，每节课都录，后来就不需要录音了，因为基本上能听懂了。"

## 三、学习模式：自主学习与合作学习

自主学习指学习者主动投入到学习中，强调发展学习者的反思和元认知能力，也是学习者学习积极性的表现。合作学习则是通过与他人合作，共同学习的学习方式。本研究发现，自主学习与合作学习都是国际研究生常用的学习策略。在研究生阶段的学习中，自主学习与合作学习各有优劣，相互补充。

## （一）自主学习

自主学习是学习者主动寻求学习资源获得学业进步的学习方式。由于语言的障碍，尤其是出于无人帮助或出于对自己自尊心的保护等原因，国际研究生经常依靠自己的力量解决学术问题，国际研究生遇到学术困难时，往往采取以自学为主的学习方式。护理学院的一名国际研究生指出："刚开始不想打扰同学，向别人请教问题有些胆怯，所以就自己找办法解决问题。"（17ZMSFD）

在学习过程中，与美国研究生相比，国际研究生的独立学习能力高于美国研究生。① 国际研究生自主学习的特点也受到研究生阶段学习独立性的影响，研究生阶段的学习和研究需要研究生自己寻找学习兴趣。导师和任课教师会给予研究生较大的自主学习空间也是自主学习得以发生的客观条件。来自中国的一名硕士研究生指出："现在是研究生阶段了，老师都是把阅读交给学生，有时候不关心学生读没读，全靠自觉。这边的老师教学更像'师傅领进门修行靠个人'，没办法手把手带，因为教授想让学生自己探究。"（4CHLAFM）自主学习过程中，"老师会一直帮助学生"，但是学生对哪个问题感兴趣是老师所不能把握的，需要学生自己去探究。

国际研究生作为成人学习者，遵循成人学习者的学习规律。成年人学习是自我导向的学习过程，成人学习者具有独立的自我概念，成人教育工作者的一个重要使命就是帮助成人学习者从依赖者向自我指导者转变。② 因此，自主学习符合成年学习者的学习心理。国际研究生常通过图书馆、网络等渠道获取学习资源，以期达到预期学习效果。然而，自主学习也会带来"进步慢""必须自己学会克服困难"等问题，但自主学习由于"自由度很高，可以按照自己的步调策划学习"，而受到国际研究生的青睐。

## （二）合作学习

合作学习具有养成合作精神、保持社会互动和人际交往的特征，包括相互依赖、个体责任、面对面交流、合作技巧的恰当使用等维度。③ 合作学习是美国研究生教育的特色。在学习过程中，国际研究生逐渐适应小组合作学

① HUSSEIN M B. Reasons for participation and learning styles of international and of American graduate students in college of agricultural and life sciences and college of engineering [D]. Madison: The University of Wisconsin-Madison, 1987.

② 田山俊，杨桂梅. 成人学习者学习特征及其教育价值：马尔科姆·诺尔斯成人教育思想解析 [J]. 中国职业技术教育，2011（6）：71－74.

③ 林众，冯瑞琴，罗良. 自主学习、合作学习、探究学习的实质及其关系 [J]. 北京师范大学学报（社会科学版），2011（6）：30－36.

习的学习方式，并将小组合作学习作为提高学习效率的一种学习策略。与同学之间的合作帮助国际研究生取得学业进步。“很多课程作业需要与美国学生一起合作。我们一起汇报，一起写论文，美国同学都愿意帮助我，跟他们交往的过程中，我也学习了美国的‘合作文化’。”(9TKLAMM)

社会性是人的本质属性，人的社会活动中包括人的社会互助。社会互助指人与人之间行为、信息和思想的交换、接收、沟通和加工，社会互助不仅可以获得他人的直接知识经验，也可以为其提供认识他人观点、思想的机会。社会互助是一种人际交往过程，也是合作学习的根本特征。通过小组合作，国际研究生可以“解读老师到底想要我们做什么，讨论怎么样能够做得更好。有时候，不同的人的解读不同，经过讨论之后，我们会发现，原来事情还可以这样想，就多了一些解决问题的选择”。(32CHLAFD) 合作学习对国际研究生的意义还表现为共享信息、互通有无，在小组合作学习中，小组同学之间交流经验，分享上课经历、课程信息、学习经历、修课建议等，甚至还会讨论“老师有什么样的特点”。

合作学习利于学习者之间互相增益，提高学习效率，发挥小组成员的优势，取长补短。麦大的研究生课程中，授课教师常采取小组讨论并要求学生共同完成作业的方式鼓励学生之间相互合作。合作学习使国际研究生成为学习共同体中的一员。来自捷克的一名交换硕士生指出：“教师布置任务，大家一起学习，中间有很多提问，主要是大家一起讨论对阅读材料的观点。有时候很多学生遇到相同的问题，通过互相讨论会提高学习效率。我们组成了一个共同学习的学习共同体。”(11CZSME) 除课程学习之外，理工科的科研实践具有注重合作的特点。相比于独立科研，科研合作是理工科较为普遍的科研方式。来自巴基斯坦的一名理工科博士生注意到了科研中的“合作文化”：“所在的实验室特别重视合作学习，考虑到多样性，不同的人合作完成同一个项目，在每周会议上一起讨论进展和遇到的问题。”(25BSFD) 因此，对于缺乏科研基础、不熟悉科研环境的国际研究生而言，合作学习和合作科研“意义更为重大”。

合作学习能够使国际研究生接触到更多有不同研究兴趣的同学，促使同学之间互相激励。合作小组具有多种组成方式，一些合作学习小组是院系、任课教师组建的：“系里有一个地理科学的小组，小组同学来自不同的专业，例如地理、工程、计算机等。我的同事、硕士和博士、本土和国际学生都在这个小组中。”(9TKLAMM) 也有部分国际研究生的合作学习组织是国际研究生主动寻求的。生物工程系一名来自中国的博士生提到了主动寻求与美国同学的小组合作学习为科研带来的帮助，表示自己“逐渐掌握的学习方法”之一是“跟同学一起学”。同学们经常聚在一起讨论学习进展，不仅锻炼了组员之间的合作协调能力和沟通能力，还有利于在今后的科研过程中建立良好的伙伴关系，保持长久合作，通过一起讨论并为小组成员提供实验建议的方式继续合作，“讨论完之后我们都能有所改进”。除了课程要求的小组合作学习，国际研究生还会自发组织学习小组，形成专业学习共同体，分享信息，互通有无，互相帮助。“有时候通过 Facebook 群发一条消息说大家今天一起去自习吧，同学们就会聚在一起共同学习，这样便于互相帮助。”（32CHLAFD）

从信息获取的角度而言，合作学习有其心理学基础。人们对通过交谈与听、说接收到的信息的理解和记忆更为深刻，因此，国际研究生可以积极采取小组合作学习的策略提高其学习效率。一项对国际研究生与美国研究生学习习惯的对比研究发现，美国研究生更倾向于合作学习，并保持良好的人际关系，国际研究生与所在学习组织的联系不够紧密，人际交往密切程度较低。① 伊朗的一名国际研究生提及，“美国人爱分享，可以从美国同学身上学到很多新的观点”。因此，国际研究生可以采取积极的策略，主动参与美国同学的合作学习活动。国际研究生在美国开展研究生阶段的学习面临较多的挑战和困难，尤其是科研困难较难克服，了解美国学术的运行机制利于国际研究生克服学术障碍。麦大的研究生教育注重培养研究生的合作能力，受到学术文化的影响，合作科研与合作学习是国际研究生须重视的“合作型”学习和科研方式。

## 四、英语学习：唯一的方法是大量练习

英语写作和口语交流能力是研究生阶段学习以及国际研究生从事学术职业的必备能力。麦大不同院系及不同的研究生项目对国际研究生的英语能力要求稍有差异，但都保持较高的水平。例如，电子和计算机工程系规定母语非英语的国际研究生需要在入学后以及正式开始上课之前参加英语作为第二语言的语言测试②，并要求英语能力没有达到学校要求③的国际研究生增修

---

① HUSSEIN M B. Reasons for participation and learning styles of international and of American graduate students in college of agricultural and life sciences and college of engineering [D]. Madison: The University of Wisconsin-Madison, 1987.

② 英语作为第二语言测试通过测试，将学生分组，并开设不同等级的英语课程。国际研究生需要在 12 个月内完成英语课程学习，未能完成英语课程学习的国际研究生不能注册第三个学期的学习。编号为 300 以上的英语课程可以算作学习项目的学分，但不能算入专业课的学分中。

③ 麦大规定符合以下情形的国际研究生可以免修英语课程：第一，本科学校中英语为唯一教学语言；第二，5 年之内在美国认证的境外高校获得学位；第三，在美国高校或在英语为唯一教学语言的美国认证的境外高校完成两个学期以上研究生阶段学习。参见：Department of electrical and computer engineering graduate student handbook [EB/R]. [2017 - 08 - 09]. https://www.engr.wisc.edu/.../ECE - Graduate - Student - Handbook - 2016.pdf.

英语课程。

国际研究生增修英语课程主要有两种方式，分别是麦大为国际研究生设置的英语课程和国际研究生助教英语课程。其中，暑期英语课程是国际研究生常选的英语课程学习方式。麦大研究生院规定非应届国际学生在麦大开始正式学习之前需要修暑期英语课程，国际研究生的暑期英语课程为4个学分。[①] 国际研究生为了提升自身的英语水平，十分重视英语学习，一位母语和专业教学语言均为葡萄牙语的国际研究生指出："我强迫自己修英语课程，这是我的第一步，如果只修葡萄牙语，那样可能会更安全，但英语进步不会太大。"（29CLAFD）

英语课程学习提升了国际研究生的语言能力，一名来自哈萨克斯坦的国际研究生表示："我觉得英语作为第二语言[②]的语言课程很有用，看到一个韩国同学博士三年级，仍然没办法精确地表达自己的意思，我下定决心要好好地磨炼，仔细规划自己的英文学习进展。英语作为第二语言的课程可以系统地补足自己在这个生活环境中摸索时所遗漏的东西，如果可以，希望每个学期都能去上课。"（15KZLAFD）英语作为第二语言的课程学习使国际研究生学习了学术写作规范。来自中国的一名博士研究生提及在学术写作规范中有很多问题都不了解，为弥补这方面的差距，特意多选修了英语作为第二语言的语言课。其中有一门课是专门给研究生开设的英文学术写作课，研究生通过该课程学习了基本的学术规范，锻炼了写作技巧。学术写作是语言学习中最难克服的障碍，"制订写作计划""按照计划写作""经常写作""寻找老师或朋友修改学术论文""建立长期学术写作合作伙伴关系"等都有利于国际研究生克服学术写作困难。

除语言基础之外，影响学生在海外学习过程中语言习得的隐形因素是学习者对语言学习持有的态度。[③] 语言学习者还需要具有较强的语言学习意识，

---

① Full time enrollment summer enrollment [EB/OL]. [2017 - 08 - 10]. https://iss. wisc. edu/students/current - students/f1 - information/full - time - enrollment/?_ ga = 2. 211616144. 44849430. 1502827975 - 1272729321. 1489591391.

② 麦大每年有1 000多名国际学生都面临英语语言技能的问题，学校开设了英语作为第二语言（English as a Second Language，ESL）课程，该课程是英语系的一个项目，通过互动学习实验室创造动态的学习空间，让教师基于学生不同的学习目标提供具有弹性的课程指导。教室采用数字化教学设备帮助学生克服学习中遇到的困难和挑战。ESL课程已经有15年的历史，15年间，学生数量增长了3倍，对该课程学习的需求在不断增多。参见：New ESL active learning lab expands learning possibilities for international students [EB/OL]. (2016 - 12 - 06) [2017 - 08 - 10]. http://news. wisc. edu/new - esl - active - learning - lab - expands - learning - possibilities - for - international - students - 2/.

③ FREED B F. Second language acquisition in a study abroad context [M]. Philadephia: John Benjamins Publishing Company, 1995: 39.

包括文化意识、身份建构、词汇摄入等。积极的语言学习态度能够有效促进国际研究生提升语言技能。本研究发现，迫于学业压力以及劳动力市场的竞争压力，具有较强的语言技能有助于国际研究生提高学业成就。因此，国际研究生具有积极的语言学习态度，力所能及地采取策略全方位提升英语的听说读写技能尤为重要。

语言学习是一个“熟能生巧”的过程，除了大量练习，“没有特别的提升办法”。国际研究生大多通过大量练习以及多与美国同学、老师交流的方式加强语言学习，这样不仅可以练习对词汇、语法、句法的应用能力，还能够锻炼沟通与交流能力。大部分国际研究生“通过大量练习和自学改善语言状况”，语言学习的技巧就是“多花一些时间和精力”。虽然这个过程比较艰难，但是国际研究生会“强迫自己一点一点地学习，一步一步前进”。国际研究生由于文化、个性特征以及语言的不自信，往往不愿意主动表达，大量练习语言需要克服以上心理障碍。“刚来的时候比较害羞，也不愿意跟人交往，觉得跟人交往是需要勇气的。上课发言，会想大家怎么看待我呀，实际上这些都没什么用，怎么舒服怎么办就好。”（4CHLAFM）经过一段时间的适应后，国际研究生表示在课堂讨论中，不要在意别人怎么看，要“尽量多发言来锻炼表达能力”。

离开母语环境，多接触英语环境是语言学习的有效方式，来自巴基斯坦的一名国际研究生认为：“到美国的第一年遇到语言障碍，幸运的是，这里并没有很多巴基斯坦的学生，所以语言环境比较好，我平时只能讲英语。”（25BSFD）另一名来自中国的硕士研究生遇到了完全不同的情形，因为来自中国的学生很多，为了创造良好的语言学习环境，这名国际研究生“专门选择一位美国室友”。此外，教堂定期举办交流会话的活动也成了国际研究生学习语言的“好机会”，一名访问国际研究生提及，通过参与教堂的语言练习活动提升英语能力。访问和交换身份的国际研究生与攻读学位的国际研究生面临不同的语言学习处境，一般而言，访问和交换的国际研究生对语言能力的要求低于为获取学位在麦大学习的国际研究生，所采取的语言学习策略更少，语言学习的强度更低。美国高校重视学生的海外学习，并开展了大量关于学生海外学习对语言能力提升所产生的影响的研究，对本研究中访学和交换身份的国际研究生的语言学习具有一定的解释力。一项对学生海外学习过程中语言能力进步的跟踪测量研究结果表明，在海外学习过程中，学习者在前 5 个月语言能力提升最快。对于参与短期海外学习项目的学生而言，随着学习时间增长，外语能力提升越快的假设不成立，参与海外学习一年项目（长期项目）的学生与海外学习 6 个月（短期项目）的学生的外语进步程度并没有显著差异。①

本研究中不少研究参与者有过助教经历，并表示，助教工作有助于国际研究生提高英语能力。国际研究生表示，助教提供了很多珍贵的英语学习和练习机会，通过助教工作提升英语能力是一种“意外的收获”。一名国际研究生庆幸助教的经历对提升语言能力发挥了显著作用：“后来觉得很幸运的是第一年当助教，至少要讲 5 个小时的英文而且不能停。口语英文和阅读英文更不一样，会有很多省略的单词，重音不同的差距，不同地域的差别，虽然每天要去上口语课，但觉得很有趣。”（15KZLAFD）麦大为了确保国际研究生助教的教学质量，国际研究生申请助教之前需要通过学校对非母语者担任助教的英语口语测试（Test of Spoken English，TSE），保证学生能够理解国际研究生助教的授课内容。麦大对于研究生助教英语口语测试的说明中明确表明麦大重视国际研究生助教的贡献，英语口语测试不是惩罚性的（punitive），而是为了确保学生有积极的就读体验。对国际研究生助教口语能力要求相当于托福口语 26/30 或雅思口语 8 分及以上水平。② 来自西班牙的博士生通过担任助教强化了英语训练，并使英语达到了母语的水平。“做助教要不断提高英语，我到语言系专门找一些提高语言的工作坊和培训课程，着重修正发音。做助教之前的一个学期，我花了半年的时间练习发音，尤其注重纠正口音。每周都与美国同学练习口语。学期结束的时候有一个对语言可理解程度的测试（intervbility），在这项测试中，我的得分是 98 分，满分是 100 分。”（30SPLAFD）

一项对国际研究生助教与美国学生课堂互动的研究表明，美国学生会帮助国际研究生纠正发音和解决词汇使用中的问题，但很多时候助教会认为这是一种挑战和不尊重。美国学生表示，助教需要对美国学生的建议保持更加开放、包容的心态。③ 美国学生认为助教对自身学习的帮助非常大，助教普遍敬业，乐于帮助学生、对学生友好。助教表示，担任助教的时间越长，越能够有效应对英语交流的问题。

---

① WILKINSON S. Insights from study abroad for language programs [M]. Boston: Thomson Higher Education, 2006: 45.

② The speak test. English as a second language [EB/OL]. [2017-08-10]. https://english.wisc.edu/esl/speak.htm.

③ WANG M H. Intercultural communication between Asian teaching assistants and American students in the classroom [D]. Milwaukee: University of Wisconsin-Milwaukee, 2011.

# 第二节　学业管理策略

本研究的数据编码结果显示，学业管理策略包括时间管理、学习环境管理、个人努力管理、寻求帮助等。美国奉行以学生为中心的教学理念，过程导向、指导探究（guided-inquiry）的学习模式是研究生的主要学习模式，在此过程中，国际研究生需要综合利用多种资源管理策略服务学术发展。

## 一、制定学业目标：感觉很有方向

研究生阶段的学习是专业社会化的过程，也是形成专业价值观、态度、规范、知识和技能的过程，客观上要求研究生根据自身的发展目标制定学业目标。国际研究生根据学业目标合理安排课程、明确职业规划、开展目标导向的学习以及目标导向的研究。长期目标对研究生具有显著的激励作用，国际研究生大多具有明确的学习目标，“对学习和研究定位非常清楚”，甚至会“固定这一周做什么，一年做什么”，并根据设定的目标评价学习进展，思考“目标有没有达成，未来的一年要达成哪些目标”等。

作为成人学习者，国际研究生对未来的学业和职业有较为清晰的规划，大多数国际研究生表示，出国学习的目的是实现预定的目标，每天都能够按部就班地按照自己的学习计划学习，“在这里学习的国际学生大多是为了找个好工作”。明确学习目标会使国际研究生“感觉很有方向”，引导国际研究生“一步一步前进”。受学制所限，不管学习者的精力多么旺盛，毕竟“生也有涯”，国际研究生须在有限的时间内实现特定的目标，把兴趣集中到所学的专业和研究方向上显得十分重要。

制定学业目标还表现为国际研究生根据自身设定的学业目标和职业定位开展目标导向的研究。一名来自中国的人文社会科学专业的硕士生意识到了职业目标对学术研究所起到的导向作用，并表示，“如果想要在美国找到工作，还是要研究美国学界的研究问题，这样研究才能被‘卖出去’”。在兴趣与就业的选择中，国际研究生倾向选择以就业为导向的研究，这也是制定学业目标的重要钳制因素，理想的状态是力图做到“将个人兴趣、现在的研究和未来的工作预期结合起来”，或者由于“考虑到毕业后的就业意向”而选择“实用性强的研究问题”。

国际研究生在制定学业目标时会设置较高的学习期待，认为“必须以严格的标准要求自己才能取得好的学业成绩”。在取得好成绩的基础上，国际研究生设置了较高的个人期待，“应该成为最好的，不能只做平凡人，这是在学习中对自己暗自做的要求”。国际研究生为自己设置的学习期待往往超过美国同学的学习期待或导师为国际研究生设置的期待。已有研究表明，33%的国际研究生与30%的美国研究生设置了较高的学业期待。① 正在指导一名国际研究生的教师指出：“国际研究生对自己的期待比较高，很努力地学习、工作，达到甚至超过学习项目对研究生的要求。”国际研究生较高的学习目标和自我期待源于对自身学习能力的证明。来自巴基斯坦的博士生说到，“很多时候美国学生会认为国际学生的语言不太好，也许认为国际学生不够聪明，也只有通过努力工作才能达到与美国学生一样好的水平”。（25BSFD）自我要求高是对自身能力的外显，同时也是为了争取到更多的“话语权”并增强个人自信，“自己做好了才有更多的话语权。因为我们是凡人，只有通过努力才能够成功”。

较高的学习期待为国际研究生带来了巨大的压力。一项美国硕士项目中关于学生对学业满意度的调查显示，平均14%的硕士研究生对学业成绩不满意，其中有44%的国际研究生对学业成绩不满意。② 有些国际研究生表示，在学习中，如果没有设置过高的学习期待，会有利于学术适应。来自捷克的交换硕士生指出，“如果课程修的少一些，可能压力少一些，适应得会不那么有压力”。当问及对国际研究生学术适应有何建议时，来自智利的博士生表达了不设置过高期待的观点：

“国际研究生学习的时候可以不带期待，这点很重要，期待过高会限定自己的行为。我们来到一个不同的世界、不同的社会，有太多不确定的因素，这是自己的经历，期待过高，失望也会更多。不要给自己设置太多的限制，不要寄予过高的期待，因为没有期待的时候会学到很多意想不到的东西，不会因为达不到期待而难过。”（21CISMD）

## 二、时间管理：一切都有条不紊地进行

新的生活环境加重了国际研究生的学习和工作负担，为了“让自己变得更好”，国际研究生的学术生活紧张而忙碌，“每天都有很多事情需要做，任

---

① HUSSEIN M B. Reasons for participation and learning styles of international and of American graduate students in college of agricultural and life sciences and college of engineering [D]. Madison: The University of Wisconsin-Madison, 1987.

② HOUNTRAS P T. Academic probation among foreign graduate students [J]. School and society, 1956 (9): 75 – 77.

务表一直都是满的"，这种情况已经成为国际研究生生活的常态。国际研究生身兼多重角色，上课，做科研助理，与导师做单独的研究等，学习和工作的时间长，“总觉得时间不够，每天都很忙”，如果不有效利用时间，很难完成既定的学习和工作任务。国际研究生采取时间管理的办法应对忙碌的学术生活，“经常开展多任务学习，学会怎样同时做多种工作”。

时间具有矢量唯一性、不可存储性和公平均等性，是管理中稀有、珍贵、特殊的资源①，创造时间的最好方式是科学管理时间。时间管理指个体运用时间的方式，与研究生的学习效能感和生活满意度呈显著正相关关系。②个体在运用时间方面呈现出不同的心理和行为特征。本研究发现，国际研究生采取积极的时间管理方式克服学术适应过程中所遇到的障碍。

国际研究生通过时间管理能够高效利用时间，合理安排繁忙的工作和学习任务。“我要具备同时做多项工作的能力。主要是时间太紧张了，同时做很多事情确实很难，但是大部分研究生都是边工作边学习，还有很多研究生需要照顾家庭。”（25BSFD）多重工作任务加大了国际研究生的学业压力，但也使国际研究生获得了成长，“很多时候要同时做多种工作，有时候会有些迷失，但更多的是使自己从多任务学习中受益”。其中，一名受访的国际研究生表示，时间管理是在麦大学习期间的重要收获：

“在这里学习教会我如何管理自己的时间。我在学习中遇到的最大的困难是判断哪些是最重要的事情，并对每天所要做的各种各样的事情排列出优先性。刚开始的时候我会请教导师，导师跟我说哪些事情是最重要的，需要抓紧时间完成，哪些事情可以晚一些做。导师的建议非常有效，我逐渐学会了这种列优先事项计划并按照计划学习的方法。以前觉得学习生活一团糟，现在感觉很有条理，一切都有条不紊地进行。”（17ZMSFD）

在对一名来自哥伦比亚的博士生进行访谈的过程中，研究参与者向笔者展示了本周的工作日历。笔者清晰地看到，她的工作日历按小时划分，用不同颜色的笔密密麻麻将不同类型的工作任务标注出来。研究参与者展示工作日历的时候表现出了乐观的态度，并表示虽然任务很多，但“没有压力感”，主要是因为已经习惯了这种节奏，并强调，“我必须明白哪些事情需要优先做，哪些事情是重要的，哪些事情是比较紧急的，今天必须要完成的。因为时间很珍贵，所以会优先做那些比较重要的事情”。

时间管理需要具备准确的目标鉴别能力，有效的管理者总是把注意力放

① 毕雪阳，刘立明．管理心理学［M］．2版．上海：上海财经大学出版社，2015：237.

② 米豆豆，郑莉君．研究生时间管理倾向、个人奋斗与生活满意度的关系［J］．中国健康心理学杂志，2012（2）：261－263.

在贡献上，不只是看到自己的工作，而是抬头把目光朝向目标。[1] 在信息爆炸时代，筛选有效信息，摒除学习干扰是确保实现学业目标的方式之一。来自西班牙的博士研究生指出："邮箱里每天都有铺天盖地的信息，一定要学会鉴别哪些信息是最有效的，哪些信息是真正有帮助的，以便合理规划时间。"（30SPLAFD）此外，松弛结合的时间管理有助于国际研究生排解学习压力。国际研究生通过合理安排课程来管理时间。"第一个学期不想给自己太大的压力，只上了两门专业课，其中一门是语言课，类似于入门级，学习压力小了很多。"（23CHSMD）合理安排休息时间也是使用时间管理策略的表现形式，国际研究生指出，为确保身心健康，还需要劳逸结合。"完成一周的工作最好留下一段时间休息，例如周五晚上什么都不做，留给自己休息。"（31CHSFD）

## 三、建立学术联系：融入学术圈

研究生学习的学术适应是专业社会化的开端，专业社会化是发展包括价值观、态度、知识和能力在内的过程，也是研究生形成专业自我的过程。研究生教育不仅要培养研究生的专业技能，还须培养胜任专业领域工作的认知能力和情感技能。促进国际研究生专业社会化需要为国际研究生提供多种接触专业领域内优秀人才的机会，使国际研究生能够通过正式或非正式的渠道得到专业领域内优秀人才的指导。

国际研究生在麦大学习期间重视建立学术联系，锻炼人际交往的能力。因为意识到"学术研究不仅仅是做学术成果，还包括展示自己的学术成果"，从这个意义上出发，人际交往的能力很重要，"通过交流锻炼自己的交际能力，对以后的学术有很大的帮助"。并意识到以前不会特别注意社会网络，"在这里学到了社会网络的重要性"。国际研究生通过参与专业学术活动等方式加强学术联系：

"我发现美国很鼓励学生与多个教授、多个学生接触，而非埋头苦读。他们更在意你是不是一个容易相处的合作者，这种文化价值观导致必须要参与许多非正式的活动，以获得间接信息。高年级同学会提供一些间接的信息，所以，日常生活的闲聊很有用，因为有太多的信息并不是通过网络可以收集到的。"（15KZLAFD）

研究生社会交往与学术研究两方面互相融合，相互交织，社会性较强的研究生倾向于与他人交往，利于发展专业同伴关系，有助于完成学业。个人

① 毕雪阳，刘立明．管理心理学［M］．2版．上海：上海财经大学出版社，2015：240．

在学术和社会系统中的融合参与度对完成学业产生直接的影响。① 一位来自中国的文科博士生说到："学术本身的资源没有太多，主要是人际交往资源，了解不同的学生对相同的问题的看法。"（32CHLAFD）来自哈萨克斯坦的一名博士生表达了多开展学术交流的重要性："学术就应该交流，（能够帮助我）拓展思路。听讲座、针对感兴趣的话题多聊，甚至写邮件求教，都是提升学术能力的很好的办法。有很多同学通过这种途径获得了合作研究的机会。"（15KZLAFD）

学术人员的人际关系既是获得社会支持的重要渠道，也是开展学术研究的主要人力资源来源。一项对国际研究生学习动机的研究表明，与美国研究生相比，国际研究生肩负了更多的社会责任，如积极的公民责任，服务国家、社区或人类等。② 建立良好的人际关系有利于增加锻炼英语的机会，与本国同学交往则能够更加轻松地获得社会和学术支持。在麦大学习能够结识优秀的人，这是建立学术联系的基础条件。有国际研究生表示，选择出国学习的动力就是"想要跟有学识的人一起工作"，或"接触到非常优秀的人"。麦迪逊是一个非常好的选择，因为"麦迪逊是一个学历非常高的城市，与这些优秀的人在一起能促进自己成长"。

建立起学术网络对国际研究生而言具有重要的学术意义，被视为"学术上最成功的事"。来自津巴布韦的一名博士生说到："这里的很多同学很有可能是未来他们国家著名公司的主管，也有可能是国家的政客等，建立同学之间的联系非常珍贵。除完成学业之外，国际研究生需要交朋友，可以通过社会联系、宗教联系建立起来不同的关系。"（34ZBLAMD）有国际研究生通过选课来建立学术联系，以色列的一名交换博士生将上课视为建立并保持学术联系的途径，通过上课可以认识同学和系里的老师，能够使他"保持与系里老师和同学之间的联系"。

专业学术活动的参与度是影响研究生的学业完成率的重要因素，作为国际研究生，缺乏社会和经济资本对学术适应产生不利影响，但专业学术活动在一定程度上弥补了这点不足，为学术发展提供了空间。其中，参加专业学术会议为国际研究生提供了全新的学术成长机会。来自津巴布韦的国际研究生表达了学术会议对学术成长的巨大推动作用：

"我研究非洲问题，但是在麦迪逊学习期间并不能接触到很多非洲同行，

---

① 李海生. 美国博士生学业完成的困境及原因分析［J］. 全球教育展望，2014（11）：101－111.

② HUSSEIN M B. Reasons for participation and learning styles of international and of American graduate students in college of agricultural and life sciences and college of engineering［D］. Madison：The University of Wisconsin-Madison，1987.

我就读期间受学校资助去非洲参加了两个非洲研究的会议，通过学术会议，了解了相似研究兴趣的研究者都在关心什么样的问题。我研究非洲，如果不见非洲的人，不可能做真正的研究。回非洲参加会议能够与非洲的学界建立联系。我想拓展我的研究经历，不仅仅是获得学位，学术活动能够为国际研究生提供建立人际关系网络的机会。”（34ZBLAMD）

学术会议最基本的目标是将学者聚集在一起，分享并交流正在开展的学术研究项目。会议组织方会收集并宣传会议论文，参与者通过分享研究成果，获得同行反馈，进一步完善研究。学术会议因此被认为是继续教育的一部分。参与专业学术会议能够及时了解领域内的研究热点，预测研究的未来发展方向，参与学术会议被国际研究生视为社会交往的机会，是国际研究生与世界同行建立学术联系的主要途径。学术会议是展示科研实力和科研成果的平台，通过学术会议，国际研究生可以寻求研究合作者，进而建立起研究联系，“身为一名博士生一定要多表现自己，让大家知道自己的研究”。药学专业的一名博士生表示，参加美国药学会的年会“督促我每年都要有新的研究成果”。参加专业学术会议是国际研究生锻炼学术能力的重要途径，麦大为国际研究生提供会议资助，以促进国际研究生获得学术成长。社会学专业的博士生提及其所在的研究中心和学院每年都会支持学生参加人口学的专业年会。

## 四、主动寻求帮助：不然就被随便打发了

现有研究发现，研究生的主动性人格是影响科研能力的最显著的因素[①]，有意识地主动学习是最有效的学习方式。[②] 国际研究生在学习中的主动性影响学习效果，采取主动策略寻求资源和帮助是国际研究生克服学业困难的常用策略。来自印度的一名国际研究生指出，在麦大学习，“每天都需要主动”，“如果学生不主动，老师就不会对学生有积极的印象”，缺乏主动性会导致“很难很快适应”。一名来自中国的国际研究生提及刚入学时比较被动，与老师和同学的交流太少，后来“又要适应导师，又要做研究，很痛苦”。

美国奉行个人主义和人人平等的理念，“几乎不会有人主动提出要帮助你”。高校的规章制度普遍讲求种族平等，尊崇构建平等的人际关系，反对

---

① 巩亮，张万红，李卿，等．研究生科研能力影响因素实证研究［J］．学位与研究生教育，2014（12）：50－57.

② 石卫林．怎样学习最有效？——全日制专业学位硕士研究生主动学习类型及影响机制的调查研究［J］．国家教育行政学院学报，2017（1）：67－74.

歧视，在教学中不会对国际研究生区别对待，因此，“如果不主动向美国同学提出请求，美国同学不会主动帮助你，因为他们会觉得这是你的事情”。国际研究生在麦大学习要积极主动，遇到困难的时候主动寻求帮助，“要不然就会被随便打发了”。对想要学习的知识、想要获得的帮助等都要积极提出来。“如果自己不积极地去争取，什么也得不到。”而当国际研究生主动寻求帮助的时候，一般能获得积极的回应。“如果我主动向他们求教，他们会很乐意帮助我。”主动表达自己的需求并寻求帮助能够帮助国际研究生解决学业困难。“这边研究比较注重学生的主动积极和创新精神，国际学生适应国外的环境的确有困难，但是要试着确定自己的困难是什么，要说出来，找一个出口，不管是本国的同学，还是学校的资源，还是导师，找一个途径说出来，或许就会多一种解决问题的办法。”（26CTSDM）

擅于把握机会才能争取更多的学习资源和发展空间，发挥主动性是国际研究生争取学术资源最重要的策略。来自菲律宾的一名博士研究生表达了主动争取学术锻炼机会的重要性：“我有一个同学海报都不会做，但还是申请到了项目助理，不仅免了学费，每个月还有 1 700 美元的补助。这件事情让我意识到有时候并不是具备了能力才去申请助研和助教，很多人是边做边学，能力逐步提升的，但是能够把握住机会是最重要的。无论任何时候都要勇敢地说‘我可以’。”（24PLLAFD）来自中国台湾地区的一名文科博士生也分享了相似的经历：“我参加一个教授的研究计划。以前没有想到过会有这样的机会，一起做计划的同学想写，请求我合写。我也认为错过这次机会下次不知道要等到什么时候，虽然与我的研究兴趣不是完全相关，但对我而言是一个很好的机会。”（27CTLAMD）导师是国际研究生学习资源的主要来源，国际研究生应主动建立起与导师之间的关系，“向导师展示自己的优势，表明自己完成工作的能力”。

通过发挥主动性，国际研究生争取到了助研机会。一名来自韩国的博士研究生由于积极主动申请助研岗位而获得了资助的机会，很大程度上减轻了经济压力。“我申请上了一个助研项目，是自己寻找的研究机会。我的导师是一个名誉导师，几乎没有什么研究项目，因此我也没有资助，就不得不想尽办法找到资助，而且迫于生活的压力，我必须找到资助。在找资助的过程中是自己毛遂自荐，得知一个与自己研究背景比较相关的研究之后，就主动提交助研申请，想要获得这份助研的工作，加入这个研究团队。”（28SKLAMD）由于该名国际研究生申请的资助项目是一个长期项目，由此免去了每个学期都得想办法寻找资助的苦恼。

通过主动争取机会，国际研究生获得了“意外的收获”。一名博士生通过发挥主动性寻求资源得到了兼职工作的机会，并达成了换导师的愿望。

“我想要志愿做一些实习或者助理工作，主动找到系里的老师说有什么工作，想帮老师做，我说我不要钱，知道系里也没有钱。老师就欣然答应了，后来系里有一个项目助理的机会，这位老师就推荐我申请了这个岗位。由于之前的导师过于繁忙，不能指导我，博士二年级的时候我希望换导师，很主动地找到一位我很喜欢的老师，并鼓起勇气问指导实习的老师能不能选他做导师，没想到他欣然答应了。”（32CHLAFD）所以，争取学习资源和学习机会的过程并无捷径，在陌生的环境中，国际研究生要学会“包装推销自己”，在激烈的竞争中，“如果想要得到某样东西，需要非常努力地去付出、去争取”。

## 第三节　辅助策略

### 一、基于个人兴趣：兴趣是最好的老师

研究生阶段的学习主要出于对所学内容的兴趣，是为了掌握知识的学习[①]，具有专业特长的高级技能人才是研究生教育的培养目标。国际研究生面临新的学习环境以及学习高深知识的双重挑战，学习压力大，学习时间紧张。这些现实问题督促研究生采用学习策略，达到既定的学习目的。学术研究是个人化的社会实践，发挥个人优势，在学习中趋利避害有利于国际研究生的学术适应。

国际研究生个人的经历、文化背景影响学术研究的立场。将学术研究与个人兴趣相结合能够减轻国际研究生的学习负担。兴趣是在社会实践过程中形成发展起来的，反映人的需要，是人对某种事物认识和获得的倾向性。人的需要发生改变，其兴趣也随之改变。个人兴趣不仅是学习的动力，也是激发国际研究生潜在创造力的因素。国际研究生个人的学习兴趣受到自身成长经历、知识储备、生活环境等因素的影响。爱因斯坦曾说，“兴趣是最好的老师”，国际研究生根据兴趣选择专业、课程，确定研究选题，有利于激发其学习和工作的热情，积极投入到学习和工作中去。

首先，根据兴趣选择专业是确保国际研究生学习投入的基础，根据兴趣选择专业利于国际研究生投入学习，并开展深度的专业学习。兴趣是在个人

---

① 张咏梅，方平，郭春彦．成就目标分类及其动机模式的实验研究［J］．心理科学，1999（5）：463－465.

生活经历和学习经历基础上形成和发展起来的，受到成长环境和所接触到的信息、资源、人物等因素的影响。本研究发现，国际研究生幼时的成长经历奠定了学习兴趣的基础。一名来自智利的生物工程系博士研究生之所以选择生物工程专业就是受到个人成长经历和学习兴趣的驱使："我是农民出身，对生物和微生物很感兴趣。"学习兴趣根据学习经历的变化而产生变化，兴趣形成之后具有较强的稳定性和持久性，甚至与个人的理想、信念价值密切相关。也有国际研究生对目前所学习的专业的兴趣是在本科期间形成的，例如，心理学专业的一名博士研究生在求学过程中曾经有不想学习心理学的想法，但由于在大三的时候接触到实验心理学，又对心理学专业产生了兴趣，因此一直坚持在这个领域学习并做研究。此外，受访的国际研究生提及，偶然参与的志愿服务活动，受到社会环境和老师的影响而形成了新的学习兴趣，都是成为选择研究生阶段学习专业和方向的原因。

其次，国际研究生根据兴趣选课以确保课程学习的效率。研究生学习的特点之一表现为具有较大学习自主空间，加之麦大对研究生课程学习设置的灵活性，学习专业以及导师对研究生选课没有强制性规定。国际研究生表示，选课的主要依据之一是个人兴趣。国际研究生可以根据自身的学习兴趣选课。计算机专业来自捷克的交换硕士在麦大学习的第一个学期选修了与专业课程相关度较低的西班牙语课程，并指出，学习西班牙语没有任何功利性的目的，纯属出于个人的兴趣，"但是在捷克，课程是被安排好的"。另一名来自中国的生物工程系博士研究生表明，专业领域内有很多引发个人学习兴趣的课程，选课程的依据是"感兴趣，与自己的专业相近"，因此，"想学得更深入一些"。她说到："我们专业的学生做的研究比较杂乱，有的上土壤的课，有的上环境的课，有的上机械的课，有的上计算机的课，因为我的研究是为农业工程服务的，我根据自己的兴趣选择了土壤和机械的课程。"（31CHSFD）国际研究生能够在专业领域内或专业领域外自由选择感兴趣的课程学习，使得国际研究生感觉到这种选课方式"特别好"。

第三，科学研究是国际研究生研究生阶段最为重要的任务之一，根据兴趣选择科研项目以及论文选题是国际研究生学习策略的重点。研究生个人的兴趣是影响其学术行为最重要的因素。科学研究是一个艰苦的过程，只有对研究工作产生浓厚的兴趣，才能以良好的精神状态与足够的时间和精力投入到科学研究中。① 正如韩国的一名博士生所说的那样，"对现在的研究很感兴趣是确保我投入到研究中的主要原因"。没有稳定的研究兴趣为国际研究生

① 方润生，郭朋飞，方冬姝．研究生学术行为的自身影响因素模型研究［J］．高校教育管理，2012（4）：84－91．

的科研带来了苦恼，一名理工科的博士研究生经历了博士阶段的选题来来回回换了很多次的过程，主要是由于“对某一件事情没有足够的认识”，因此，“没有好奇心和热情去做某一个论文题目”。

作为高校中的特殊群体，国际研究生，尤其是人文社会科学领域国际研究生的学习和科研兴趣往往具有较强的个人印记，研究问题的选择受到研究者个人经历的影响，国际研究生科研选题的多样性显著，普遍关注区域或国际议题。来自巴西的一名访问博士生指出，她在研究的过程中总是倾向于寻求内心的意愿，比较多地关注欧洲的研究，究其原因，“可能是因为巴西曾经被欧洲殖民过”。研究生的研究兴趣不是本来就有的，很大程度上是通过课程学习不断培养起来的。“一年级刚入学的博士研究生还没有形成稳定的研究兴趣，在课程学习中，要不断培养个人研究兴趣，尝试着寻找感兴趣的研究问题。”（20BRLAFD）

国际研究生按照个人研究兴趣选择研究问题，不会受到外界的干扰也是科研独立性的表现。研究不是为了“讨好别人”，“自己感兴趣”最重要，这样才有内生性动力。来自中国的博士研究生表示：“在确定研究的理论架构的时候，不是为了讨好导师而选择导师喜欢的理论，要从自身出发，选择自己喜欢和自己适用的理论，这样做研究才会快乐。”（32CHLAFD）也有一名国际研究生提及，导师给出的研究选题建议与个人兴趣不符，且“很惧怕做这样的研究”，她说到：“老师觉得这样做对我好，但是我觉得自己的生活兴趣并不适合做那件事，有些抗拒。”（24PLLAFD）国际研究生之所以能够根据研究兴趣选择研究问题，很大程度上是由于麦大为研究生提供了较为宽阔的学术研究空间，个人兴趣被保护，并受到尊重，“在这里没有人会跟你说你的文章很好或者你的想法很愚蠢之类的话”。然而，仅出于个人研究兴趣开展研究不能为国际研究生带来直接利益，国际研究生面临“可能发不了什么大文章”的处境，也有可能得不到科研资助，从而给学业带来一定的经济和就业压力。

在不同的语境下，国际研究生会折中研究选题，充分利用自身的文化背景，发挥双重文化背景的优势。一名来自中国的人文社会科学专业的硕士研究生在学位论文选题中经历了身份认同的困扰，最终意识到双重文化背景是学术研究的优势，并充分发挥该项优势。“刚开始会感觉我来美国学习是不是就应该写与美国有关的东西，后来又想了想，发现自己有一个长处，就是虽然我在美国学习，但是我是一个外国人，我有双重背景，这是优势，而不是可耻，所以就选择一个我自己国家问题的研究题目。从这个意义上而言，作为国际学生，会‘有一种优越感’，因为我们的视野广阔，心胸宽广，能用更清晰的眼光看周围的人和事。”（4CHLAFM）

## 二、培养学术自信：并不是只有天才才能做研究

国际研究生的学术自信直接影响国际研究生的自尊（self-esteem）、压力以及心理健康状况。建立学术自信能够增强国际研究生学术适应阶段克服学业障碍的心理承受能力，对国际研究生的学术成长具有积极的促进作用。“学术适应的自信心最重要，如何给一个国际学生自信心，让他相信自己能够挺过难过的那段时间，对国际研究生而言是非常有效的帮助。”（4LATF）自信心与学业成就相辅相成，二者互为依托。一方面，建立学术自信是国际研究生在适应新的学术环境中采取的策略；另一方面，学术自信是国际研究生学术适应的收获。本研究发现，学业成就、科研进展、语言进步等都是国际研究生学术自信的主要来源。

国际研究生在学习和科研过程中会不可避免地遇到一些困难和挑战，并会质疑自己的能力，在学习中遇到的障碍较多，一定程度上会削弱国际研究生的学习热情和信心。因此，保持积极的心态，不断完善自己是建立学术自信的有效策略，树立“要相信自己的努力，并通过努力克服学习中的障碍”的信心。“作为研究生，难免会遇到很多困难，不能够按照自己的预期开展，有很多纠结的事情，也有灰心丧气的时候，我只是相信只要通过自己的努力都能够达到预期的目标。只要自己努力做了，一定会取得成功。”（25BSFD）克服困难的过程也是自我成长的过程。“如果生活中没有挑战，就不会成长，挑战也是自己克服困难不断成长的过程，这样才能有所成就。”一名高年级博士生也承认，正是一年级遇到的困难和挑战才促使自己不断成长。

一些国际研究生由于学业基础较好，因而具有积极的自我认知和较强的学术自信。一名来自印度的国际研究生指出对学习有较高的信心，认为自己“学术上已经够好了，而且英语也很好”，遇到的问题自己几乎都能克服。建立学术自信需要积极的心理暗示。一名国际研究生表示虽然遇到了语言问题，但会“告诉自己，我的英语还不错，口音也不错”。更多的国际研究生经历了自己建构学术自信的过程，在此过程中经历了自我怀疑、自我肯定和自我激励。找到科研的价值和意义能够帮助国际研究生树立科研自信。一名来自中国的访问博士生通过在麦大的学习完成了建立科研自信的过程：

“这里的研究生很有科研自信，认为做的东西是有用的，这边的博士生对自己的领域特别了解，绝对是最了解自己研究领域的人。通过到这边学习，感觉不是因为自己笨什么的，原来是因为国内的课没上好，所以会认为这个东西特别难。在这里学习期间，我建立起了科研的自信。在国内有些东西始终感觉做得不好，刚来的时候也是觉得什么都不会，始终不自信。到麦

迪逊之后接受了一些科研培训，对科研的理解不一样了，有点科研自信了，做的东西有科研和应用的意义。对于怎么理解科研工作，科研工作在学习过程中扮演的角色，以及对以后的工作生涯的影响有了更深刻的体验和认识。”（40CHSMV）

另一位来自中国的理工科博士生通过多做研究，积累了学术自信：“研究做多了，就会知道以后怎么做。什么事情都是熟能生巧的问题，不是说非要特别天才才能做研究，做得多了就能学会研究。”（23CHSMD）相比于美国研究生，国际研究生，尤其是亚洲国际研究生更容易受到他人评价的影响。当他人给予积极的评价，或者学习得到外部认可时，能够有效激励国际研究生的学习热情，提升自信心。来自亚洲的国际研究生长期生活在保守的文化环境中，具有思想表达比较含蓄，不喜欢自我展现，自信心程度普遍低于美国研究生的群体特点。除科研外，学业上的进步、助研与助教工作带来的成就感、科研进展、外界的支持和肯定都有利于帮助国际研究生建立学术自信。国际研究生是自我导向的主动学习者，学习过程并不依赖外部的肯定，但通过自身的努力获得外部的肯定和支持能够有效促进国际研究生建立学术自信。“学习和工作不是为了得到外界的肯定，但是外界的肯定还是能够给我一些鼓励和激励。”（19CHSFD）

缺乏自信心和激励不利于研究生取得较高的学业成就，设置奖学金是鼓励研究生投入学习最直接的激励途径之一。奖学金可以为研究生带来直接的经济利益，奖学金所蕴含的肯定是对奖学金获得者的鼓励，有利于奖学金获得者树立信心。一名国际研究生表达了在与美国同学共同竞争的情况下获得奖学金对自身的激励作用：“我去年获得了我们系的奖学金。我们系所有的学生一起申请，根据学生的能力和综合实力评选奖学金，同时申请的还包括很多美国学生，我最终成功申请到了奖学金，我对自己有了更加积极的评价。”（35CHLAFD）这名国际研究生也因此获得了较高的个人成就感。

## 三、丰富生活：消解压力的途径

国际研究生承受了巨大的学习和生活压力，常常会“顶着压力学习”。长时间处于压力之中影响个体的身心健康，适当减压有助于保持乐观的心态，提高学习效率。

国际研究生普遍表示，由于远离家人和朋友，生活非常孤独，社交圈小，除了学习外没有别的生活，“比较容易孤立”。除了心理承受的压力外，高强度的学习也会影响国际研究生的身体健康状况。一名来自中国的博士生指出：“国际学生拼命学习，以实验室为家，没有生活，他们特别努力地工作，很多人不太注重锻炼，时间久了，身体健康受到严重的影响。”（31CHSFD）锻炼身体，确保有良好的身体和心理状态是顺利完成学业的保障。本研究中，丰富个人生活是国际研究生学术适应的辅助策略，例如去健身房、参加教会活动和体育运动等。一位经常参加体育运动的访问博士生描述了运动为学习生活带来的改变：“每周都会去打羽毛球，打完球觉得人好像不一样了，身心比较放松，人会变得焕然一新，就会重新投入工作中去，感觉很幸福。”（23CHSMD）教会活动为丰富国际研究生的生活提供了较大帮助。一些有宗教信仰的国际研究生主动参加教会活动，没有宗教信仰的国际研究生也表示，教会活动是了解美国文化的一个有效途径，能够丰富枯燥的学习生活。来自韩国的一名博士研究生表达了参加教会活动给自己及家人的生活带来的改变：

“我参加韩国教会的活动，那里有很多韩国学生，尤其是有家庭的博士生，我们互相帮助，很多韩国学生都参与那个教会活动。当我感觉很孤单的时候，跟他们在一起会让我感觉更好。当遭遇经济困难的时候，教会的朋友会给我一些经济支持。在韩国的时候并没有宗教信仰，来到这里之后才参与韩国教会活动，成为教会的一个成员。参加教会活动主要有两个原因：第一个原因是我只有在那里才能遇到同乡；第二个是因为孩子，我的孩子在教会能够获得韩语和韩国文化的教育，教会提供儿童的课程。美国的小学不教韩语，我想让孩子在教会学习韩语。”（28SKLAMD）

国际研究生认为，在学习中“不用一直紧绷自己”，除以上辅助策略外，国际研究生经常通过对家人、同学等人倾诉以及其他社会活动减轻学习压力。例如，“压力大的时候通过劳动、做家务放空思想”，或者借用外力减轻压力，“精神低落的时候看一些比较励志的电影或者短片”来丰富生活，开展自我激励。

## 四、跨文化交流：了解多重文化

国际研究生群体是高校文化多样性的主要来源，其语言、行为习惯、学习方式等与文化背景密切相关。一个人很难拥有两个母文化，个体可以通过学习获得异文化中外显的知识。跨文化学习是国际研究生学习的障碍，也是国际研究生学习的优势。大量国际研究生重视跨文化交流对促进学术适应所发挥的积极作用。开展跨文化交流不仅能够与身边的老师、同学建立起良好的人际关系，还能够促进国际研究生了解多样文化，促进学术成长。

全新文化现象的庞杂性使国际研究生群体难以被某种单一的文化或身份形象所规约。国际研究生受限于语言、文化等各方面因素，在社会交往中需要克服更多困难。来自巴西的国际博士生指出："来自亚洲、非洲、欧洲等世界各地的人聚集到这里共同学习，国际研究生必须面对文化差异，并建立社会交往网。"（38BRLAFV）学术研究需要与不同领域的学者交流，在国际化的学习环境中，国际研究生可以借助多元文化平台加强学术合作。

"如果国际研究生能够克服文化差异带来的障碍就再好不过了，这样就可以获得新技能。跨文化交流也是我的责任，能够与不同文化背景的人建立起联系，并与他们保持良好的工作关系是国际研究生的个人能力。这个很难，但是很有帮助。个人的研究受到人际交往能力的影响，因为作为研究者，需要与老师、同学、同事一同合作。"（21CISMD）

能够了解多重文化被国际研究生视为在麦大学习的重要任务，同时也是重要的收获。"不同的文化体系，尤其是东方的集体主义文化和西方的个人主义文化需要多交流。很多学生刚来的时候会很沮丧，应该尽量保持与人交往，尤其是与美国同学和国际学生的交往。"（6ISS）跨文化交流能够拓展国际研究生的视野，也是国际研究生选择到美国高校学习的动力和目的。来自中国的一名硕士生指出："最吸引我的是在这里能够接触到不同国家的学生，以及美国学生。参加一些跨文化交往活动，这个过程让我感觉很幸福，能够传播中国文化，并更加深刻地学习美国文化。"（10CHLAFM）麦大具有文化多样性，为增强学生之间的交流，学生会、院系所和学校会组织形式丰富的跨文化交流活动，丰富师生的生活，促进文化交流和传播。麦大国际学生服务中心依据不同的签证类型，为国际学生提供丰富的活动，甚至专门根据不同的活动主题安排特定国家的老师和学生一起参与活动，增强归属感。

跨文化交流是主体与客体、自我与他人或交际者之间的自由渗透，其核心是互相理解、互相尊重和互相包容。为此，在国际学生服务办公室有八年工作经历的工作人员说："外国学生多元化不够，我认识很多不同国家的学生，文化交流要尊重对方的文化，欣赏对方的文化。去国外留学要有很大的文化包容性，既然有这个机会，就要好好融入这里的环境和风俗习惯。"（6ISS）出国留学能够帮助国际研究生学习如何尊重、包容异文化。区分和识别多样性，尊重文化的独特性，能够使国际研究生突破文化信仰所编织的互动之茧，稀释浓厚的文化边际色彩，消弭文化身份之间的壁垒。

跨文化交流有助于国际研究生提高人际交往技能，然而，国际研究生也表示，人际交往中的"美国方式"并不是世界上唯一的人际交往方式，很多国际研究生抵触并排斥文化交往中"美国人的优越感"。例如，在数据分析过程中，本研究发现，国际研究生强调，文化本身存在多样性，"交流是一个双向互动的过程"，可以在不影响交流的情况下保持自身风格。来自津巴布韦的博士生表达了跨文化交流的立场："我不想完全以美国人的方式说英语，如果按照美国人的方式交流，我就必须改变自己原来的方式。我与别人沟通的时候，我按照自己的方式说话，对方也会突破他们的语言习惯，尽量适应我的讲话方式，理解我讲话的内容。交流是一个双向互动的过程，如果交流进行不下去了，是交流主体双方的问题。”（34ZBLAMD）然而，由于文化交流具有滞后性与排斥性，国际研究生在美国高校的跨文化交流大多浮于表面，很难深入下去。一名来自中国的理工科博士生描述了不能深入融入美国文化的经历：“国际学生与美国学生谈论的内容都不一样，这是文化差异。比如忽然聊起一个问题，我根本不知道，就没有办法聊下去，生活上建立联系比较困难，只能聊聊‘天气怎么样’这些比较浅层的问题。”（40CHSMV）

## 本章小结

针对学习和科研中所遇到的主要困难，作为主动和探究式的学习者，国际研究生采取了认知策略、学业管理策略和辅助策略以克服学术困难，力求达到完成学业任务的目的。

国际研究生普遍表示学习时间过于紧张，加之助研、助教会花费大量宝贵的学习和科研时间，因此，明确学习和科研目标，根据目标合理规划时间是有序安排学业进展的有效途径。基于此，大量国际研究生采取了制定学业目标等学业管理策略。针对课程学习中所遇到的课程难、阅读量大、课堂发言少等学习困难，国际研究生分别采用了包括“跳读”在内的阅读技巧，做好课堂准备并积极参与课堂讨论，综合选取适合不同学习任务的学习方式达到学习目标的认知策略。科学研究对国际研究生的基础知识、科研能力甚至个人性格都提出了巨大挑战。国际研究生通过会议、专业学习活动等方式与同行建立起积极的学术联系，并通过多种渠道获取科研资源。科学研究是乏味甚至枯燥的，需要极大的耐心和毅力，为克服科研单调对学术适应带来的障碍，国际研究生基于个人兴趣选择科研问题，通过参与多种活动丰富个人生活。具有科研潜力是国际研究生开展科研的有利条件，然而，对于大多数国际研究生来说，科研能力不是天生就有的，而是通过后天的训练而形成的。因此，建立起学术自信是树立正确的科研观、保持积极的科研态度的基础。

概言之，国际研究生学术适应的策略主要包括认知策略、学业管理策略和辅助策略。以上三种策略互相联系，相辅相成（见图 5－1），国际研究生综合使用不同的策略以克服学术适应过程中的障碍。

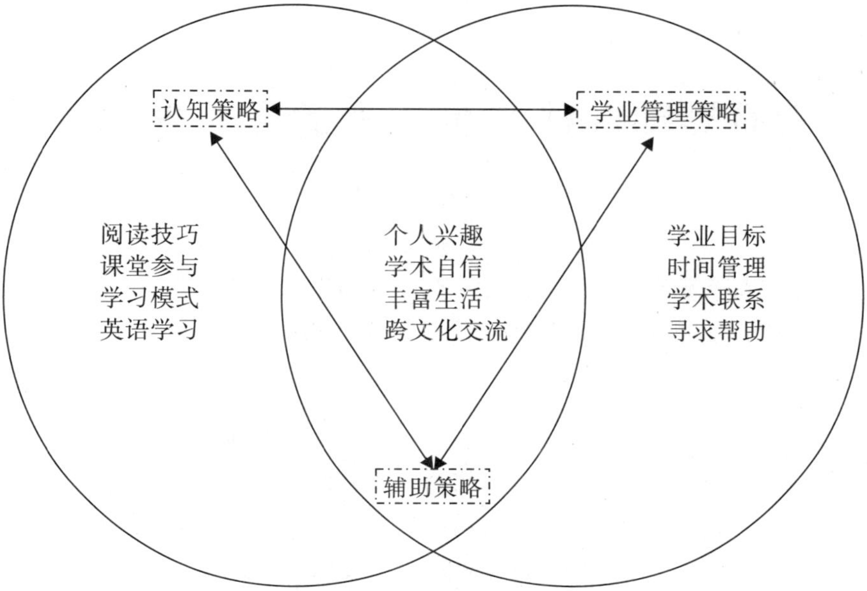


**图 5－1　国际研究生学术适应实践策略因素关系图**

# 第六章 国际研究生学术适应的支持条件

问题不在于教他各种学问，而在于培养他爱好学问的兴趣，而且在这种兴趣充分增长起来的时候，教他以研究学问的方法。

——卢梭《爱弥儿》

研究生学术适应是身份认知、角色获得和专业发展的过程，这一过程要经历不同的互动阶段，每一个阶段都受到了内外部环境不同程度的影响，反映了学生对专业的不同程度的认同感和归属感。国际研究生能够获得的内外部支持为促进学术适应提供了有利条件。学生的个人背景、学科文化、学院和学校的组织文化对专业成长产生了不同程度的影响。①

## 第一节 个人背景

美国高校的研究生招生标准较高，除了本科阶段学习成绩②、先前研究生阶段学习的成绩、年龄③、学历、在专业领域内的学业准备之外，申请者的个人品质及其他影响专业成长的品质也是美国高校招收研究生的重要考察指标。面对激烈的竞争压力，国际研究生需要具有相对竞争优势才能被美国高校研究生院录取。国际研究生给受访的一名导师留下了"一般毕业于所在国家的优质大学，学业基础非常好，表现很优秀"的积极印象。不同的主体具有个性化的学习需求，独特的感知能力和行动能力，拥有较高的知识水平和认知能力能够弥补国际研究生语言能力不足带来的学习困难。本研究发现，国际研究生优秀的个性特征、良好的学业基础和先前的工作经历利于其学术适应。

① 郑觅．博士生专业社会化理论研究概述［J］．学位与研究生教育，2014（2）：62－66．

② 对本科学习成绩绩点的要求根据本科院校的类型不同而有差异。

③ 申请时年龄不超过35岁，或者已经拥有博士毕业后才能胜任的工作岗位。

## 一、性格特点

麦大一名教师指出："国际学生中并不是所有的人都很富裕，也不是都很有才华，但是他们都很聪明，要不然也不会在这里，他们的性格当中都具有比常人更多的优秀品质。"① 已有研究表明，国际研究生呈现出稳定的性格、积极自我、灵活、专注、积极主动的性格韧性特征。②

受访的国际研究生普遍认为，性格特征对选择到麦大开展研究生阶段的学习产生了积极的影响，在研究生阶段的学习中发挥了正向作用。在目标导向行为上的组织、坚持和行动的尽责性（conscientiousness）能够显著提升学业成就。从事学术研究和科研工作需要有执着的性格，"学术的工作永远没有休息。如果没有决心和毅力，很难完成这些学习任务"。本研究中，来自土耳其的理工科硕士生非常坚定地表达了对自己性格的认识以及性格对学术研究的影响："我的性格很执着，一旦选择了，就会坚持下去。"并表示这种性格对于从事科研工作非常重要。药学院的一名来自中国台湾地区的博士生也提及了执着的性格对研究生阶段学习发挥的积极作用：

"只要是下定决心并付诸行动就会有好结果。在这里学习需要毅力、耐力和决心。我一旦下定决心就努力要达成，比如申请出国这件事，是出国前半年才决定，一旦决定，该考的考试就考了，要准备的文件马上去准备，想到就去执行，尽全力去执行。即便学习过程中遇到困难，我也积极解决，克服困难获得珍贵的研究结果。让自己知道没有解决不了的问题，只有不想解决的问题。"（26CTSMD）

研究生在学习和科研中不可避免会遇到一些困难和挑战，克服困难的过程中可能会自我怀疑，保持积极心态有利于克服困难。来自法国的一名硕士生通过积极的心理暗示自我鼓励："相信挑战能够帮助自己克服缺点，经历了挑战之后能够完善自己，就会觉得无论经历什么事情都能正确处理。"（12FLAFE）国际研究生通过个人努力克服困难，会发现"学习没有想象的那么难"。

拥有求知欲和好奇心是学习的动力，能够激发国际研究生的科研兴趣，求知欲并不会随着年龄的增加而减少，求知欲与科研相结合，可以实现良好

---

① New ESL active learning lab expands learning possibilities for international students [EB/OL]. (2016－12－06) [2017－10－10]. http://news.wisc.edu/new－esl－active－learning－lab－expands－learning－possibilities－for－international－students－2/.

② WANG J. A study of resiliency characteristics in the adjustment of international graduate students at American universities [J]. Journal of studies in international education, 2008 (2): 22－45.

的科研效果。来自智利的博士研究生表达了求知欲对科研的重要作用：“我常常有很多问题想要尝试着去回答，训练研究及回答问题能力的最好方式就是回到学校继续学习，尤其是研究生阶段的学习。随着阅历增长，接触到的新鲜事物越来越多，会出现很多新问题。当我有比较成熟的想法的时候，就会去实验室付诸实践，通过实验，发现是可行的，会很惊喜。”（21CISMD）

除此之外，外向乐观的性格、喜欢冒险的精神、喜欢尝试新鲜事物、勇敢等都是利于国际研究生学术适应的性格因素。国际研究生作为成年学习者，其抽象逻辑思维能力、感知复杂关系的能力、短时记忆的能力是学习的优势。外向性（extroversion）对学业成就具有显著的积极影响，而情绪不稳定性（neuroticism）对学业成就具有显著的消极影响。[①] 本研究中，研究者接触到了一位学术适应非常困难的国际研究生，通过与其交往以及朋友对他的评价可以发现，这名国际研究生的一些性格特点和处事方式是造成其学术适应障碍的重要原因。例如，“在导师那里不够积极主动，做事情多数时候瞻前顾后，而且性格太直率，在人际关系方面处理得过于机械”等，以上都是阻碍学术适应的性格因素。

## 二、教育资本

受访的国际研究生指出，选择到美国攻读研究生学位源于对学术的热爱，或“专业学得不够好想要继续深造”。因此，国际研究生十分珍惜学习机会，“感觉学习时间很宝贵，要珍惜时间做好现在要做的事”。意识到学习机会来之不易增强了国际研究生的学习动力。来自中国的一名博士生认为自己出国读书得到了家人的支持，同时也知道“并不是所有人都能想出来就出来”，所以自己“很幸运”。把握珍贵的学习机会促使国际研究生深度思考未来的发展方向，“比起生存，更想停下来思考自己要去哪里”。

个人的社会阶层、受教育水平是影响学习能力的显著因素。语言和课堂学习方式的差异对学业基础好的国际研究生而言并不构成较大的学术适应困难，这印证了一名中国博士生对国际研究生的总体印象——“毕竟能够来这里读硕士或者博士的学生学术能力都不差”。在语言方面，有三名受访的国际研究生提及出国学习前家庭和学校教育的训练帮助其打下了坚实的语言基础，极大地减少了语言方面的障碍。例如，来自泰国的硕士生提及家庭文化对语言学习的影响：“父母早年到美国学习，英语都很好，从小注重培养我

① O'CONNOR M C, PAUNONEN S V. Big five personality predictors of post-secondary academic performance [J]. Personality and individual differences, 2007 (10): 971 -990.

学习英语。”（3THLAFM）来自哈萨克斯坦的一名博士生也说到：“中学就读于国际学校，英语授课奠定了良好的语言基础。”（15KZLAFD）出国留学前的语言学习经历有助于国际研究生减少语言对学术适应带来的障碍。例如，一名人文社会科学专业的博士研究生本科阶段学习对外汉语专业，在学习过程中，英语能力得到很大提升。本研究中两位来自土耳其的国际研究生一致表达了正式开展研究生阶段学习前的语言预科学习对克服语言障碍起到的重要作用。巧合的是，两名来自土耳其的国际研究生都是受到土耳其政府奖学金的资助，在正式攻读学位之前，由政府奖学金资助在美国高校完成一年的语言预科学习，语言预科学习对提升语言能力及对美国高校学习环境的适应力起到了实质性帮助。

语言能力与学术能力是两种不同的能力，除语言基础之外，已有的学术训练是国际研究生学术适应的有力支持。心理学专业的一名韩国博士生在麦大开展博士阶段学习的过程中，由于在韩国已经学习过大部分相关课程，关于研究方法、基础知识的课程学习并没有构成学术适应的困难。本研究中两名来自中国的理工科博士生提及，在麦大攻读博士学位之间，已经发表了英文学术文章，英文学术发表的经历奠定了良好的学术基础，学术适应较为顺利。

很多受访的国际研究生表示，很早就有去不同文化背景的国家开展博士阶段学习的想法，“如果条件允许，早选择出国更有利于学术成长”。很多国际研究生在麦大开展研究生阶段学习之前就已经有出国学习的经历，出国学习的经历有助于国际研究生开阔视野，消除对留学生活的畏惧感，并激发进一步学习的兴趣。例如，来自法国的一名硕士生表示，很多法国大学生会参与多种多样的海外学习项目，由于在本科阶段已经有在英国交流的经历，所以硕士阶段想离开欧洲，感受美国的文化，因此选择来到麦大。出国游学和游历的经历给国际研究生带来的思想上的影响为国际研究生的学术适应提供了心理准备，也使国际研究生萌生或坚定了到美国攻读研究生学位的信念。来自西班牙的一名博士生说到：“我生活在开放的时代，学期期间参与了很多交流项目，也与朋友一起旅行，曾经去过英国、爱尔兰、捷克、葡萄牙等国家。在欧洲国家的旅行增长了我的见识，使我变得更加坚强，并意识到，我能够在外国好好地生活下去。”（20BRLAFD）

## 三、工作经历

注重对知识的理解和与实践的联系是研究生阶段重要的学习策略，国际研究生能够在已有知识、条件间建立相互联系而开展学习活动，学习的目的是为了运用和实践，而非仅仅储备知识。学习的动力大多是原始内生型动力，例如提高工作满意度、提升自我价值等。工作经历能够使国际研究生在研究中突破文献的束缚，“拉近理论与实践的距离”，具有工作经验利于学术适应，“获得一些实践经验让自己有站在地上的感觉，不会太虚”。

具有相关领域工作经历的国际研究生的学习目的更为明确，性格更加稳定，有更加积极的心理健康状况。他们易于在工作中发现理论知识的欠缺以及工作能力上的不足，或者对生活和工作处境不满意，想要通过继续学习改变生活现状，以上因素成为国际研究生继续深造的动力。例如，积累了丰富工作经验的护理学专业博士生指出：“赞比亚是非洲一个非常小的国家，医疗条件非常落后。我在赞比亚本科毕业之后就一直在医院工作，目睹了赞比亚医院中的很多医疗问题，看着很多病人长期受到疾病折磨，甚至死去而无能为力。我想要学习更先进的医疗知识，改善赞比亚的医疗水平。由于我已经有了将近十年的工作经验，学习能够很专注，而且知道自己需要做什么。”（17ZMSFD）另外一位来自非洲国家的文科博士生指出，对先前的工作经历的不满，以及通过求学改变工作和生活状态的信念成为继续学习的动力。“1999—2007 年间，我在津巴布韦农村的一所高中教学。我对当时的生活不够满意，想要不断挑战自己，通过多种可能的途径找到更好的工作。在农村当老师的工资不足以让我给父母提供更好的生活，我不满足当时的工作环境和生活现状，想要逃离那种生活状态，寻求更好的生活。”（34ZBLAMD）

研究生重视所学知识的实践应用价值，国际研究生具有一定的学习或者实践经验，工作经历积累的工作经验增强了国际研究生的学习和工作的动力。药学院的一名博士生表示：“没有来之前，我除了在大学做兼职讲师之外，还在医院药局和社区药局工作，平时的工作是与病人接触，很喜欢跟病人讲话，在与病人接触中和与病人沟通过程中了解了很多不同的故事，这个故事有可能是悲伤的，有可能是快乐的，但是有一个共同点，就是在健康的议题上需要有一个人协助。跟病人沟通的过程能够运用自己所学帮助病人。对我来说研究可以应用到实际应用中，在临床中帮助病人治疗疾病，提升健康状况，是一件很有意义的事情，我乐在其中。”（26CTSMD）

工作经历还使国际研究生明确学习的方向，来自哥伦比亚的文科博士生在麦大读博士之前有近十年的工作经验，他表明工作经历非常有价值，“帮助自己明晰有哪些不足，以及确定研究方向，领域内的研究空间”。在高等教育领域，经验的开放性（openness to experience）对学生学业成就具有显著的积极影响。在以科研为重的研究生阶段学习中，积累前期工作经验是国际研究生开展深度研究的有利因素。

# 第二节　外部条件

作为世界高等教育的佼佼者，美国著名高校大多享有国际声誉，聚集了学科领域内的前沿知识、尖端科技和一流的科研人员。良好的国际声誉对国际研究生具有巨大的吸引力。学习某一个领域内的前沿知识、先进技能，开展科学研究，是大多数国际研究生选择美国高校学习的主要目的。国际研究生集聚至美国研究型大学中。支持服务（support service）的质量对研究生的学业成就具有巨大影响。麦大在学校气氛、学校资源、资金支持等方面为国际研究生的学术适应提供了全方位的学业支持。

## 一、学校气氛

学校气氛是个体对学校整体物理环境和心理环境感知的心理集合。大学学校气氛是一个多维变量，包括人际关系、教学氛围、就业措施和多样性发展四个维度，大学气氛的不同维度与大学生的适应性显著相关。[①] 学生的专业、个性、认知水平的差异都会导致对学校气氛的感知有所不同。从国际研究生的视角管窥学校气氛对学术适应的影响可以发现，平等又互相尊重的人际关系、注重多样性的校园文化对国际研究生的学术文化产生了积极影响。

麦大作为典型的美国公立研究型大学，对国际研究生具有独特的吸引力。在选择学校时，研究生考虑最多的因素分别为学校的综合声誉（95%），对学习项目的了解（82%），教师的论文、科研成果和声望（51%）。[②] 除以上主要因素外，加之留学行为的动机以及对具体学校的选择，本研究中受访的国际研究生表示，选择麦大的主要原因还包括以下因素：学科门类齐全、文凭崇拜、政策鼓励留学、环境安全、白人主导的学校、天气因素、学费相对便宜、与本科院校有合作等。麦大的学校气氛表现为：人际关系平等、尊重多元文化、教育科研质量高。这些因素都有助于国际研究生的学术适应。麦大是一个享有国际声望的大学，学校排名高是国际研究生选择学校时最重要的参考指标。学校排名一定程度上代表了学校的教育质量，较好的国际声

① 翟亚奇．大学学校气氛的结构及其与大学生适应性的关系［D］．开封：河南大学，2008．

② LOVITTS，B E，NELSON C．The hidden crisis in graduate education：attrition from Ph. D. programs［J］．Academe，2000（11）：44－50．

誉带来了较高的社会影响力。受访的国际研究生坦言：“麦迪逊是一个比较高的起点，很欢迎国际学生，如果是麦迪逊的毕业生，雇主会很信任我，觉得我是一个很合格的学者。”（30SPLAFD）

麦大学习环境自由、宽松，学生具有多元化的特点，国际研究生能够有很多机会与不同国家的学生一起学习。一名来自中国的博士生表达了对这种人文环境的喜爱：“美国老师和同学很尊重国际学生，与美国学生交流坦诚就好了”，由于大家都非常坦诚，人际关系变得“非常轻松”。而来自文化开放性程度较高地区（智利）的国际研究生用“合理”（reasonable）一词形容麦大的人文环境，并表示，这种“合理”的人际关系主要表现为“老师和同学的关系都很自由，很放松”。良好的人文环境增强了国际研究生的归属感，使其认为麦大是一个“大家庭”，国际研究生“不是一个人在奋斗”，也并不“孤单”。

受访时，来自巴西的一名博士一年级新生刚入学四个月，她着重分享了自己所感受到的被关心而又友好的人文气氛。“刚开始的时候，身边的人都非常关心我，这是在适应阶段最大的感受。这里的老师和同学认为我来到一个陌生的环境会害怕或者孤独，毕竟天气、语言、文化都是不同的。”（20BRLAFD）另一位来自中国台湾地区的三年级博士生表示，“朋友靠着真心诚意隔着语言的墙勉强可以交心”，就读的三年时间中，并没有感受到作为国际学生而不受欢迎。“到目前为止，一切都很好，我知道这里有很大部分是作为美国多元文化中的鼓励和客套，也许真的是因为我自己不够自信吧。”（27CTLAMD）

人际关系平等表现为无差别对待国际研究生。国际研究生并没有感受到因不平等待遇而带来的歧视感。来自捷克的交换硕士生指出：“美国学生可能因为我是国际学生对我有不同的看法，但是我并没有察觉出来有什么明显的差异。大部分老师对我一视同仁，并不会因为我是国际学生而用不同的方式对待我，很平等。”（13CZSME）中国的一名硕士生也表达了相同的感受，从课程学习的视角，指出平等的人际关系表现在老师在上课的时候不会给国际学生任何特殊的帮助，或者表现出额外的照顾。上课时的课堂气氛也很平等，课堂发言中，“每个人都表达自己的思想，不可能跳过我们两个国际学生”。与此同时，院系的学习资源、老师提供的帮助对所有的学生开放，国际研究生并没有因为是国际学生而被差别对待。“系上的老师为我提供了很多帮助，不仅仅是为我一个人提供帮助，而是面向系里所有学生的。”（8TKSFM）此外，性别平等也是人际关系平等的重要部分，一名来自中国的理工科博士生通过自身经历感受到了性别平等的文化氛围：“装实验设备的时候要与很多工具、器械打交道，这里不会因为我是女生，就会有一些男生说‘帮你吧’。这里的原则就是自己为自己负责。”（31CHSFD）

作为移民国家的美国具有文化多样性的特点，在研究生教育中，不同文化背景的学生被视为研究生教育的有机组成部分。在高等教育领域，避免种族歧视是保持“政治正确性”的根基。长久以来，为世界各国学生提供公平的教育是美国在研究生教育领域引以为傲的事实。然而，国际研究生数量越来越多，一些专业国际研究生的数量甚至超过美国学生，学生具有不同的文化背景、学术训练和学习兴趣，给教师授课带来了困难。在研究生教育中，国际研究生教育具有特殊性，加之研究生教育是根据研究生的个性培养高级技能人才的教育形式，对国际研究生的教育缺乏针对性是美国研究生教育面临的巨大挑战。通过研究发现，为国际研究生专门开设的课程对国际研究生的学术适应起到了显著的促进作用。来自韩国的一名人文社会科学专业的博士生通过所在院系为国际研究生专门开设的课程学习到了大量适应新的学术环境的知识。“我们系一位新加坡教授在博士生的第二个学期专门为国际研究生开设了一门课程，主要帮助国际研究生学习如何适应美国高校的生活，如何写作，如何收集研究数据，如何发表文章。我在博士一年级参与了这门课程的学习，这门课程帮我克服了对博士阶段学习的恐惧和焦虑，在与这位老师讨论的时候，她总能给我提供一些非常实用的建议。”（28SKLAMD）

虽然人际关系平等，但国际研究生认为，与美国同学相比，国际研究生与相同身份和相似文化背景的国际学生交往更为密切，关系更亲近。来自韩国的博士生说到：“我与国际学生关系更好一些，尤其是韩国同学和东亚同学，我的室友就是日本人，与国际学生在一起共同话语会更多一些，因为有相似的文化背景和学习经历，更容易互相理解，有时候在与东亚的学生交谈的时候，没有用语言表达出来的意思都能够被对方感受到。”（22SKLAFD）

此外，“平和”、“安静”、“安全”、“深白”（deep white）是麦大学校气氛的有机组成部分。麦大是地处美国中西部、以白人为主的“深白”州，生活环境安静，地理和人文因素为麦大营造了良好的学术环境。受访的国际研究生指出，麦大周边环境很平和，“不像纽约那些大城市那样喧闹”。安全因素是国际研究生选择学校时着重考虑的因素，不少国际研究生表示麦迪逊是一个非常安全的城市，犯罪率很低，在麦大学习“不用担心自身的安全问题”。麦迪逊的地理位置决定了其具有白人居多的人口特点以及能够感受纯正的美国文化的文化特色。“这里有很多‘真正的’美国人（deep American）。这里的白人比例比加利福尼亚州、纽约州都高，拉丁美洲裔人少很多。在这里能与更多‘真正的’美国人接触。”（38BRLAFV）对于国际研究生而言，“白人”主导的学校是学习美国文化的优先选择，但同时也为学术适应带来了障碍。一名来自中东国家的国际研究生则表示，由于麦迪逊是一个“白人主导”的学校，包容度较低，自己作为一个非白人女性，“如果再来美国求学，不会再选择麦迪逊了”。

## 二、学校资源

学术资源指科研人员进行学术活动所必需的物质、资金、资格和平台等要素的总称。学术研究，无论是自然科学，还是人文社会科学研究都需要一定人力、财力、物力的投入。高校研究生承担了科研任务，国际研究生，尤其是博士生被认为是从事科研工作的工作人员。高校为国际研究生提供的学术支持资源是国际研究生学术适应的有力支持。麦大拥有包括学习空间、实验仪器设备等在内的良好的硬件学习资源，还有包括新生指导、海外学习机会、心理咨询、职业咨询等在内的软件资源。以上资源和服务为国际研究生学术适应提供了外部资源的支持。“随时随地找到可以学习的地方”，以及咖啡店、走廊、图书馆等的学习环境能够为国际研究生学习、研讨提供便利。国际研究生表示，麦大提供的主要的学术支持资源是图书馆和写作中心。此外，专业讲座、工作坊、沙龙等不同形式的学术活动也是国际研究生学术适应的重要资源。

### （一）图书馆资源

早在 19 世纪研究生教育初创时期，美国高校在重视科研的重要作用的同时充分意识到了为教师和研究生提供良好的科研条件、营造科研环境的重要性。美国高校利用捐赠等筹资方式建设了实验室、观测台、博物馆、图书馆等专业实验场地，配置了相应的实验设备，并形成了根据不同的学科建立专业图书馆的传统。美国高校图书馆有丰富的数字学术资源，很多高校建立了图书资源的国际合作体系，图书馆的数字学术资源是国际研究生在学习和科研中的主要学术资源来源。

高校的图书馆是文化资源的集散地：不仅是学科专业知识的信息储存和收藏地，也是以书籍、杂志、网络资源为载体的信息传播地。图书馆因此与师资队伍、实验室被共同称为大学的三大支柱。对于教师和学生而言，图书馆是历史的、现实的百科全书，是有限课堂的延伸和扩展。图书馆是高校师生的主要学习场所，也是拓展知识视野、促进思维能力养成的必备设施。

本研究的数据编码结果显示，麦大的图书馆具有数量多、藏书丰富、借阅量大、借阅时间长、学习空间大、硬件设备齐全、开放时间长、电子学术资源丰富等特点。馆际互借、图书管理员的帮助为国际研究生的学术适应提供了有效帮助，图书馆藏量大以及美国高校图书馆的馆际互借功能使国际研究生收益良多，“如果我有需要的话，在这里能够借阅到几乎全美国任何一个图书馆中的藏书”。美国图书价格昂贵，图书馆资源为国际研究生节省了学习开支，“图书可以借阅一个学期，能够省不少钱”。来自巴西的访问博士生表达了图书馆资源对学术成长的帮助：“这里有很多的专业期刊和杂志，几乎可以接触到我们想要使用的任何资源和数据信息，对我的研究而言产生了巨大的影响。也因此让我的论文变得更加有深度，更加有思想，让我的研究变得更有意义。”（38BRLAFV）来自巴基斯坦的理工科博士生通过与巴基斯坦图书馆的对比表达了麦大图书馆在自己学习和科研过程中所发挥的重要作用：

“在巴基斯坦的时候，上完课自己就回家，待在家学习，巴基斯坦的学校也有图书馆，但是图书馆很不方便。这里的图书馆很多，校园中几乎随处可见，校园中共有41个图书馆，每个图书馆的主要藏书类型都不同。图书馆有大量专业的书籍，不用借阅就可以阅读，能够在图书馆待很长时间。巴基斯坦没有这么多高科技的设施和设备，没有这么多电脑，而这里的图书馆、教学楼等随处可见公用的电脑，研究生有更多的使用权限。学校有一些图书馆24小时开放，利于讨论学习；巴基斯坦没有那么好的学习设施设备，开放时间比较短，没有很多电脑。”（25BSFD）

使用图书馆的主要目的是查询课程、作业以及科研过程中所需要的学习资料，事实上，在获取图书馆服务时，因存在语言困难，国际研究生与图书管理员交流、使用图书馆设备的过程中遇到一些语言和技术等方面的障碍，使得国际研究生并不能充分利用图书馆资源。国际学生使用图书馆资源或者获取图书管理员服务的时候，技术和机械障碍是显性的障碍，情感因素和图书管理员因主观因素造成的障碍是获取图书馆资源和服务时遇到的隐形障碍，例如，国际学生会因为问基础性的问题而感到尴尬，从而影响对图书馆资源的获取。

## （二）写作中心

语言障碍是国际研究生学习和科研中遇到的最大的困难，英语写作是国际研究生在学术语言中遇到的最难克服的语言困难。参加写作培训和写作辅导是国际研究生克服写作困难的首要策略。[①] 美国高校的英文写作中心始于20世纪30年代，通过一对一辅导的形式为有写作困难的学生提供写作指导。写作中心采取以学生为中心、以过程为中心、同伴辅导、以课堂为依托的运作模式。写作中心的辅导方式因其良好的辅导效果在全美高校广泛传播，成

① SINGH M K M. International graduate students' academic writing practices in Malaysia: challenges and solutions [J]. Journal of international students, 2015 (5): 12-22.

为美国高校的重要学术支持资源。国际研究生的课程作业、研究报告、学术论文等多种形式的英语写作任务促使国际研究生采取多项措施克服写作困难。写作中心因能够“为论文写作提出一些中肯的建议”“在结构上帮忙修改”“修改英语表达方式”而成为国际研究生常用的学术资源。来自泰国的一名硕士研究生分享了去写作中心修改论文的经历，并表示，写作中心对提升写作能力乃至学术信心都产生了显著效果。

“我经常申请去写作中心寻求帮助，写作中心给我提供了很多学术帮助，我要交作业之前都会提交给写作中心让他们帮忙修改。写作中心帮我理顺语法和表达。我的写作变得可读性比较强一些。我每次都是申请一个小时，因为我的作业篇幅比较长，每次去写作中心的指导老师就会帮我分析，我写作的目标是什么，结构是什么，要得到什么样的帮助等。在写作中心大声阅读自己的文章能够帮助我挖掘研究问题。阅读之后反而对研究更加有自信了，更加坚定了。”（3THLAFM）

写作中心是国际研究生常用的学习资源，使国际研究生“学会了校对，养成了写完检查的习惯”。然而，由于收到过多的写作求助，写作中心较难预约。相较于高年级国际研究生，写作中心对于刚入学时英语写作能力较低的国际研究生的帮助更大，例如国际研究生表示在刚入学的时候经常去写作中心，通过写作中心的辅导，“英语写作能力进步很快”。另一名来自中国台湾地区的高年级博士生也提及写作中心对学术适应的影响：“刚开始写作中心老师的指导确实帮我改掉了很多不正确的写作习惯，后来，随着我对论文写作的要求越来越高，写作中心对我写作提高的作用就非常有限了。”（26CTSMD）国际研究生的学术适应受益于学校提供的良好的学习资源，就学术适应的支持因素而言，来自西班牙的一名博士生表示，写作中心和馆际互借这两项免费的教育资源在学习中提供的帮助最大。

## （三）前沿知识与经典理论

高等教育生产并传播高深知识，被视为推动社会进步的引擎。第二次世界大战后，虽然大量发展中国家的经济发展取得了长足进步，然而，世界范围内经济和社会的不平等却在不断加剧。相比于20世纪60年代，发达国家与发展中国家的绝对收入差距增加了三倍。[①] 包括非洲、南美洲在内的许多发展中国家对高等教育的投入不足，高等教育科研条件落后，严重影响学生的受教育质量。全球范围内，人口基数大的发展中国家高校的学生数量在全

① FOREST J J F, ALTBACH P G. International handbook of higher education [M]. Netherlands: Springers, 2006: 443–459.

球高校学生总数的比例最大，高校学生集中于亚洲和环太平洋国家、东欧以及南亚国家。近年来，由于科技迅猛发展，全球知识中心从欧洲转移至美国，美国不仅是前沿科技的引领者，还成为高科技人才聚集的科研重镇，成为高等教育科研领域的全球枢纽，科研质量和高等教育的国际声誉大幅提升，吸引了世界各地优秀人才前来开展研究生阶段的学习。

学科门类齐全满足了国际研究生，尤其是来自发展中国家国际研究生学习高深专业知识的需求，弥补了国际研究生生源国教育资源不足对求学带来的障碍。来自中国台湾地区的一名博士生由于专业限制，只能申请美国高校的博士项目，是因为他所就读的专业偏向“社会药学领域，在台湾没有这个博士专业”，因此，他选择到美国继续深造。学科门类齐全增强了麦大对国际研究生的吸引力。社会学系的一名中国的博士生发现：“美国很多老师都在做社会学研究，挺有意思的，有的研究日本，有的研究俄罗斯，还有研究婚姻家庭的，几乎社会学各个方面的研究都有。”（14CHLAFD）美国是众多学科知识的主要产出地，生产出的知识奠定了学科的知识体系基础，“我们的一些理论、人口学的经典研究都是在美国做的”，并在世界范围内广泛传播。

作为知识的前沿阵地，美国的学术研究成果质量处于世界领先地位，是学科知识的前沿重镇，聚集了一流的学术资源。学科知识学习的一致性是国际研究生学术适应的有利条件。心理学专业的一名来自中国的博士生指出：“国内心理学的研究就是遵循西方研究范式和研究方法，因此没有很多学术不适应。”（16CHSFD）博士生教育模式以美国为样例在全球范围内逐渐被形式化和专业化。学习前沿领域的知识、追求学术上的精进是国际研究生选择到美国学习的主要目的。加入优秀的科研团队，从事前沿的科学研究为国际研究生带来了成就感。“我们专业很多前沿的知识和研究都在麦大，我所在的研究团队也是我们专业非常著名的研究团队，能够与我们专业世界上最优秀的科研人员一起工作，我觉得非常有成就感。”（21CISMD）

知识依存理论指出，世界范围内，第三世界国家对第一世界国家存在严重的学术和知识依存现象。第三世界国家向第一世界国家输出知识生产所需要的原始数据，第一世界国家将之提炼为理论，再向第三世界国家输出，并被第三世界国家奉为知识圭臬。第一世界的核心机构控制全球科研基金和学术资源。近年来，在社会科学领域，第三世界的学者开始呼吁研究的“本土化”，修订西方国家社会科学领域内的理论，将其运用到不同的社会情境中。然而，“本土化”并没有采用非西方化思维模式从第三世界国家自身的历史、文化中生产理论、概念和方法，只是变为对西方理论的适用性修正。

## （四）专业学术活动

专业学术活动包括学术沙龙、学术讲座、学术论坛、学术会议等。参加专业学术活动能够有效提升研究生的科研能力，如资料的收集与处理能力、表达能力、科研创新能力、写作能力等。麦大为学生提供讲座、工作坊、研讨会等多种形式的学术活动，大量学术资源能够促进国际研究生开展自主学习，获得学术成长。

国际研究生表示，会经常收到学术活动主办方通过邮件、海报等方式宣传的学术活动信息，这些学术活动“教学生如何写论文，如何做汇报、写报告等”。国际研究生通过筛选感兴趣的、实用性强的学术活动信息，并参加学术活动，“通过参加这些学术讲座，困惑与问题得到了解答”，对学术进步“帮助很大”。除学校和活动主办方主动发送的信息，国际研究生还会主动去图书馆或者相关网站寻找学习活动的信息，“学校不同学院开展工作坊、研讨会，有感兴趣的话题我都会参加”。研究生阶段常规的专业学术组会是促进国际研究生学术适应的有效学术资源。一名理工科的博士生指出：“我导师的课题组每周五都会开组会，我们汇报自己的学习或研究进展，组内成员互相讨论、交流、提意见。组会不仅能够得到导师的指导，还能够将研究中所遇到的问题提出来与组内同行一同讨论，同时也督促自己保持研究进展。”（21CISMD）

麦大为国际研究生提供了丰富而又有特色的学术活动，国际研究生通过参与活动服务于学习。一名来自巴西、专业为葡萄牙语的博士研究生指出：“即使专业是葡萄牙语，来到麦大也有机会学习更多的葡萄牙语，因为有不少国家讲葡萄牙语，而不同国家的葡萄牙语又有很大的差别。不仅系里组织了很多活动，学校为帮助国际学生适应，也提供了丰富多彩的活动。”（20BRLAFD）除讲座、工作坊外，麦大不同院系会定期举办研讨会、沙龙促进研究生之间相互交流，是宝贵的学术资源。巴西的一名访问博士在地理系学习，参与了地理学系组织的形式丰富的学术活动。“地理学院每星期选一个固定的时间，让研究生们聚在一起来讨论自己的学术进展。这里有大量的讲座，上学期地理学院每周二都有讲座，对所有人开放，每周四还有课堂讨论。”（38BRLAFV）

国际研究生，尤其是交换、访问身份的国际研究生认为，在麦大学习期间，科研时间充裕，没有社交负担，不受太多行政事务的牵绊，学习和科研时间有保障，这些是科研得以顺利开展的有利条件。心理学专业的一名韩国博士生指出：“在韩国读硕士期间，经常帮助导师处理一些行政管理事务，占据了很多时间。在这里，研究生不用帮导师处理行政事务，节省了很多时间。”（18SKSFD）国际研究生在麦大学习，远离家人和朋友，减少了社交活动时间，学习时间更为充裕。来自巴西的访问博士和来自以色列的交换博士都向研究者表达了在麦大学习没有社交负担而保证了学习时间的观点。来自以色列的交换博士表明：“我对这里不太熟悉，只能关注自己的研究，熟悉的人只有我的妻子。在以色列的时候，在办公室、图书馆处处都可以碰到熟悉的人，都要聊天。如果不跟同学打招呼、聊天会觉得很没有礼貌，在这里没有这个负担。”（36ILAME）

除以上主要的学术支持资源外，理工科研究生的研究很大程度上依赖于实验设备的优劣程度。一名受访的理工科国际研究生指出，麦大能够提供专业化的实验仪器，她的研究受惠于麦大的实验仪器和设备。“这里经常分享实验设备，实验设备很贵，一个老师申请购置实验设备，不一定能够买下来。麦迪逊的一个好处是可以把样本拿过来，去另外一个实验室用别人的高级仪器，比如高倍显微镜等。我经常用我们专业农业工程师协会的实验仪器，如果别人有需求，我也会帮他们测量。”（31CHSFD）

## 三、资金支持

国际研究生是美国科技和工业领域创新的重要人力资源保障以及美国高校科研人员和学术工作者的后备军，扩大国际研究生招生有利于美国高校留任优秀科研人员，提高高等教育的质量，并保持科学、工程等学科的竞争优势。

美国是世界上研究生教育最发达的国家之一，建立了比较完善的研究生奖助学金资助体系。获得奖学金是国际研究生学术适应的资金支持，很多国际研究生“如果没有获得奖学金，不可能到这里学习”。通过奖学金吸引并留任国际研究生是美国技术移民的重要策略。国际研究生中，得到了政府、高校或第三方的资助的比例达到50%～75%，受个人或家庭资助的国际研究生比例为25%。在获得外部资助的国际研究生中，来自美国政府、高校或第三方资助的比例为50%。[①] 研究生助教、助研和项目助理是美国高校研究生资助的主要形式。学校向受资助者提供部分助研、助教和助管的工作岗位，以支付工作报酬的形式向学生提供资助。

---

① Colloquium on the foreign graduate student（2nd：1970：Wingspread）. The foreign graduate student：priorities for research and action［R］. New York：College Entrance Examination Board，1971：40.

## （一）奖学金

奖学金是对研究生学习能力和效果的证明，不仅是物质奖励，也是一种精神激励。现有研究表明，获得奖学金资助的研究生比没有得到资助的研究生能够更快地完成学业，并在后来成为美国学术、科学和企业创新领域的领军人物。[①] 按照来源，在美国就读的国际研究生获得的奖学金可以分为两种类型，分别为生源国奖学金和美国奖学金。政府奖学金具有资助数额大，资助有保证的特点。国际研究生申请到的政府奖学金以生源国政府奖学金为主。受国际学生身份的限制，国际研究生申请到美国政府奖学金的比例很小。

第一，生源国奖学金。很多发展中国家将派遣优秀学生到世界著名大学学习视为人才培养的手段，选拔优秀学生在研究生阶段留学，并为其提供奖学金资助。除政府奖学金外，企业、集团等第三方机构也设置了形式多样的奖学金项目。数据显示，美国高校中有8%的国际学生由生源国政府提供资助。[②] 受访的国际研究生表示，由于受到生源国政府或者社会第三方机构提供的奖学金，才有了来到麦大学习的机会。一名来自巴西的访问博士生来到麦大学习得益于巴西一个基金会的奖学金资助项目，并表示巴西重视学生到海外学习，通过提供大量奖学金的方式鼓励留学。

“巴西设置了很多特殊的奖学金项目，我们也被鼓励去海外学习。之前很多硕士生和博士生都有机会申请奖学金项目。为我提供奖学金资助的基金会给我提供了很多学术上的帮助。这个基金会是我所在州的一个公立基金。巴西的教育主管机构会为研究生提供层次丰富的奖学金项目帮助学生开展海外学习，我们把它形象地称之为三明治项目，因为是联合培养的项目。我提交了申请，并得到了批准，拿到了奖学金，这是我来美国学习的最重要的一个条件。仅靠这一份奖学金项目还不足以支持我学习的花销。同时我在一本期刊中做助理编辑，还申请了另外一份小额奖学金才能够完全支付得起在这边学习的花销。”（38BRLAFV）

政府奖学金的支持为国际研究生的留学生活提供了坚实的经济基础，很多国家通过设立奖学金的方式支持学生海外深造，并将资助学生留学与国家的人才战略相联系。本研究中两位来自土耳其的研究生都表示受益于土耳其政府奖学金才获得了到美国学习的机会。“土耳其政府奖学金支持学生到海

① 陶梅生，谢红星，冯惠敏．高等教育改革与发展［M］．兰州：兰州大学出版社，2007：47.

② Financing graduate school—how to get monney for your master's or Ph. D［M］. Princeton，New Jersey：Peterson's，1996：139.

外高校开展硕士和博士阶段的学习。在排名较高的学校就读，提供全额奖学金、旅费、保险和生活费。”（8TKSFM）20世纪中期，土耳其高等教育的扩张不能满足大量学生接受高等教育的需求，尤其是对于科研能力要求较高的研究生阶段的学习，土耳其很多高校的教学和科研水平有限，导致大量优秀学生选择到海外著名高校接受研究生阶段的学习。土耳其1416号法案提出在土耳其设立政府奖学金，作为国家能力建设的重要途径，资助学生到海外高校求学，完成学业之后，学生返回土耳其，并在公共部门服务。[①] 20世纪70年代之后，大部分在美国求学的土耳其学生得益于土耳其政府奖学金的资助。

政府奖学金对申请者的要求很高，竞争激烈，一名来自韩国的三年级博士生提及，韩国为到海外学习的学生设置了奖学金，申请者众多。“只有少数非常优秀的学生能够得到奖学金。因为有太多的学生选择留学，政府无法负担这么大的经济支出，只有一些最著名的大学、最优秀的学生才有可能申请上政府奖学金。例如申请上哈佛、麻省理工这样高校的学生才能从政府获得稳定的资助。”（28SKLAMD）来自西班牙的博士生也表示所申请的一项西班牙公益组织奖学金对申请者的要求非常高。“申请这项奖学金需要很高的绩点，做过研究或参与过科研项目的申请者更有竞争优势。西班牙有很强烈的地区认同感和地区意识，奖学金还要求申请者回馈社区，为社区发展带来更多的支持。父母要有一方是当地人，并且英语成绩过关才可以申请。”（30SPLAFD）这位研究参与者由于能力突出，在激烈的竞争中脱颖而出，这项奖学金共资助10人，她是唯一一名得到资助的女性。

其次，美国政府、高校及第三方机构奖学金。出于利他主义及本国利益的双重考量，美国实施了多项高等教育国际援助项目，其中包括大量研究生教育和科研援助项目，这些项目为促进发展中国家经济发展以及维护世界和平与可持续发展发挥了重要作用。美国教育与文化事务局于1946年设立了专门资助学术人员跨国交流的富布赖特项目（Fulbright Program），在资助美国学者海外交流的同时，吸引国外优秀科研人员到美国学习，促进美国与世界各国的双向学术交流。富布莱特项目专门设立了学生项目，资助对象为美国及其他国家的优秀研究生，开创了美国资助国际研究生的先河[②]，成为美

---

① GURUZ K. Higher education and international student mobility in the global knowledge economy [M]. Albany: State University of New York Press, 2008: 221.

② 1948年，富布莱特项目正式启动，派出了美国首位富布莱特学者；到2017年，美国富布莱特外国学生项目已经与世界155个国家建立起了合作伙伴关系，并为近4 000名国际研究生提供资助。参见：Fulbright Foreign Student Program [EB/OL]. [2017-06-13]. https://foreign.fulbrightonline.org/about/foreign-fulbright/.

国对国际研究生资助的主要奖学金来源。2017 年，美国《高等教育重新授权法案》（Higher Education Act Reauthorization）指出，研究生教育要服务于国家的战略利益，为保持美国在经济、科技等领域的全球竞争优势做出贡献。为此，要为硕士生和博士生提供更多的经济支持，减少研究生的经济负担；根据物价涨幅调整研究生资助标准，加大对国际紧缺学科研究生教育的投入。①

高校作为研究生培养的基本学术单位，为研究生提供了种类丰富的奖学金。康奈尔大学为对海外国家农业研究感兴趣的农学专业的研究生提供研究奖学金，获奖的博士研究生中有一半为国际研究生。② 麦大不同的院系也为国际研究生提供了多种类型的经济资助。例如，护理学院“很注重科研，学院非常支持教师和学生的科研工作，提供优秀博士论文奖学金，并资助研究生参与专业学术会议”。（17ZMSFD）来自以色列的历史专业的交换博士生得益于麦大历史系设立的一个奖学金项目前来学习：“我开始博士阶段的学习之后，尝试申请不同的奖学金，博士生需要申请奖学金才能读得下去。很幸运申请上了现在的奖学金，这个奖学金是麦迪逊的一位已故老教授设立的，这位教授致力于推动以色列历史研究，原来任教于威斯康星大学。奖学金涵盖国内高校（耶路撒冷大学）的学费、在麦大学习期间的学费、生活费以及往返旅费。”（36ILAME）奖学金的支持为国际研究生提供了经济保障，帮助国际研究生全身心投入到学习中，“申请到了奖学金就不做兼职工作了，可以有更多的时间更加专注学业”。

美国国际基金会的经济学家表示，对国际研究生的资助是美国对外援助的一部分，其目的是为其他国家培养优秀人才，提升其他国家的发展水平。美国国际发展机构（Agency for International Development，AID）关注美国教育在国际语境中的实用性的问题，为对国际社会尤其是发展中国家和贫困国家研究问题感兴趣的研究生提供研究资助、合作机会和研究平台，提供了大量援助非洲和拉丁美洲的奖学金项目。美国国际援助项目不仅提高了参与者的技术、专业、管理技能和知识，也发挥了传播态度和价值观的作用以及促进社会和经济发展的功能。随着民族国家的独立及高等教育的发展，加之国际援助的政治指向性，致使美国以国际援助为目的的教育和科研支持在合作国家中失去了吸引力，国际援助项目的吸引力大打折扣。政府通过签证政

① Issue brief Higher Education Act Reauthorization [EB/OL]. [2017-05-19]. http://cgsnet.org/sites/default/files/HEA_ ISSUE_ BRIEF_ May_ 2017.pdf.

② Colloquium on the foreign graduate student (2nd: 1970: Wingspread). The foreign graduate student: priorities for research and action [R]. New York: College Entrance Examination Board, 1971: 13.

策，以及设立大量的国际援助项目对国际教育造成过多干预，损害了高校的学术自由和办学自主权。近年来，通过国际援助获得资金支持在国际研究的资金来源中所占的比例越来越小。

## （二）助学金

美国高校的助学金分为服务类助学金和非服务类奖学金两种类型，服务类助学金项目主要包括助教、助研、实验室助理、图书馆及其他校园服务岗位。① 由于国际研究生具有学习目标明确、学习更加投入、学习基础良好、能够直接为美国高校的科研做出贡献、归国率更高等特征，美国高校乐意接收国际研究生填补招生空缺和助理岗位空缺。国际研究生补充助教岗位空缺是美国高校招收国际研究生的动力之一。②

助理岗位可以为受资助的国际研究生“免学费、保险费，并提供可观的生活津贴”。国际研究生是美国高校重要的人力资源，通过承担助教、助研等工作为美国高校做出学术贡献，因此，国际研究生胜任助研、助教等工作的能力是美国高校在国际研究生招生时的重要考察指标。一些高校对国际研究生在研究生总数中的录取比例（例如5% ~10%的比例）有不成文的规定，但大部分高校坚持较高的录取标准，明确表示，如果国际研究生，尤其是国际博士研究生达不到与美国博士研究生相同的学术标准，不具备胜任助研工作的能力，则不会录取国际研究生。此外，美国高校为国际研究生提供的兼职工作机会受到政策及经济形势的影响。20 世纪 60 年代，美国可以为国际研究生提供2 000 个助学岗位，资助总额达到七百万美元。③ 受到联邦政府对研究生教育经费的裁减以及 20 世纪 70 年代金融危机的影响，美国对国际研究生的资助不断下降，转而通过鼓励高校为国际研究生提供多种类型资助的方式维系对国际研究生的招生。

为了吸引优秀的研究生就读，并吸引优秀的国际研究生担任助教，麦大研究生院允许院系根据助教岗位的数量以及申请者的基本能力调整助教补助

---

① Find fellowships for international graduate students [EB/OL]. (2013 - 10 - 29) [2017 - 10 - 13]. https://www.usnews.com/education/blogs/international - student - counsel/2013/10/29/find - fellowships - for - international - graduate - students.

② 美国招收国际研究生的主要动力：第一，在全球范围内吸纳英才；第二，保证研究生教育项目具有足够数量的研究生；第三，补充合格的研究生助教（其中，国际研究生的助教机会少于美国研究生），满足国际研究生接受高质量研究生教育的愿望；第四，在某些学科实现构建全球科研社区的愿景；第五，通过培养某一个特殊领域的优秀人才促进该领域在全球范围内的拓展。参见：Council of graduate schools in the United States [R]. Denver, Colorado, 1976: 170.

③ Colloquium on the foreign graduate student (2nd: 1970: Wingspread). The foreign graduate student: priorities for research and action [R]. New York: College Entrance Examination Board, 1971: 40.

金额。受市场、物价以及内部公平等因素的影响，研究生补助金额有所提升。2017 年，麦大研究生的助教以及助研补助金额较 2016 年上涨 3.5%。[①] 不同院系的所有类型的工作岗位中，21% 的助教津贴高于学校最低补助金额，在过去的 14 年间，麦大的助教津贴上涨了 14%。[②]

资助项目和奖学金评选标准基于研究生的综合表现，具体而言，包括申请者先前的学业成绩、科研产出以及在科研领域取得的研究成果，申请者的经历、工作职责、综合能力等因素是重要的参照标准。研究生助学金评选坚持公正、透明的原则，其宗旨为提升教学和科研的水平，进而提升学校的综合竞争力。

担任助教、助研和助管工作为国际研究生提供了锻炼教学能力、科研能力及其他综合能力的机会。培养未来高校教师是美国研究生教育的目标之一，助教提升国际研究生的教学能力，帮助国际研究生树立信心。“去年秋季给本科生教课，国际研究的课程。之前很怀疑自己的教学水平，尤其是阐述比较复杂的概念的时候，很担心。真正教学的时候学生的评价挺好的，对今后找教职都是比较大的鼓励。”（35CHLAFD）助教工作适合研究生阶段学习的前期，相比于助教工作，博士高年级担任助研更有利于学术成长，适合博士阶段学习前期。一名人文社会科学专业的博士生指出：“或许前两年会担任助教，摸索教学，但后几年我希望有群体研究或集体研究的经验，这是我最想从这里带回哈萨克斯坦的东西。”（15KZLAFD）

担任助教的国际研究生表示，助教工作为未来的职业选择奠定了良好的基础，有利于学术成长。与助教相比，助研不仅为国际研究生提供科研机会，还能使国际研究生学习研究方法，积累前期研究成果。“助研是做数据分析，助研工作与自己的研究有很多共通的地方，学习了很多新的研究方法，为开展独立的研究奠定了良好的基础。”（9TKLAMM）助研岗位通常隶属于一个科研团队开展研究工作，助研有助于国际研究生发表科研论文，积累科研成果，例如，“研究助理工作所属的研究团队常常会有成果发表，发文章就会带很多工作人员”。没有参与助研项目会减少国际研究生开展研究

---

① 2017—2018 学年，半日制的助教岗位津贴补助最低金额为 16 196 美元。助研的年度补助为 22 081 美元，高级学术助教岗位津贴为 18 067 美元，项目助理的津贴为 19 795 美元。参见：UW - Madison increases stipend rates for graduate assistants [EB/OL]. (2017 - 01 - 30) [2017 - 06 - 07]. https://grad.wisc.edu/stipendincreaseFY18/.

② 威斯康星大学麦迪逊分校的助教协会（teaching assistants association）为维护助教的权利而不懈努力，在 20 世纪 70 年代就为助教争取到了保证助教津贴准时发放的权利。此外，还维护助教的语言培训、请假、工作量等多方面的个人权益。参见：CRAIG J S. Graduate student unionism: the teaching assistants association at the University of Wisconsin-Madison, 1970 - 1980 [D]. Madison: Univerity of Wisconsin-Madison, 1986.

实践的机会，没有担任助研的国际研究生的学术适应速度较从事助研工作的国际研究生较慢。来自菲律宾的博士一年级国际研究生指出："我导师不太关心我，也许是由于我没有参与导师的课题研究，我也没有得到资助。每次组会讨论的都是导师课题在本周的研究进展。参与课题研究的同学就会汇报自己的研究进展，这个也是导师比较关心的问题。由于我没有参与课题研究，相比之下，我好像无话可说。"（24PLLAFD）

获得资助是保障研究生经济来源，并确保研究生专心学习最重要的方式，非服务类奖学金能够为研究生学习和科研提供资金与时间的双重保障。为了保证就读期间的基本生活，国际研究生往往通过多种渠道获得资助。担任助教、助研、助管的兼职工作花费了国际研究生大量时间，挤压了原本紧张的学习时间，同时影响国际研究生的科研产出。兼顾获取资助、学习及科研为国际研究生带来了较大的生活压力，国际研究生认为，这是向生活折中和让步的必然选择。一名博士研究生表达了这种生活的艰辛："我现在要教80个学生，每周要花20多个小时备课、教课，写作看书的时间都不多了，学术产出没有以前那么多了。"（30SPLAFD）

相比于国际研究生，美国研究生的工作效率和工作产出相对较高，将美国研究生培养成为研究助理所花费的时间远远少于培养国际研究生的时间。[①]在助理工作的激励竞争中，国际研究生处于不利地位，大多数国际研究生未能申请到助教或助研岗位，只做一些基础的计算机编程和数据分析工作。与获得助教、学费减免（tuition waivers）以及自费的研究生相比，获得助学金（fellowship）和助研岗位的研究生学业完成率较高，获得学位所花费的平均时间也较短。[②] 昂贵的学费迫使国际研究生压缩学习时间做兼职工作。除了助教、助研、项目助理之外，国际研究生还可以申请学校内部的其他兼职工作，例如，课外辅导机构、图书馆兼职工作、宿舍管理服务、餐厅及超市服务等。受到国际学生身份的影响，国际研究生申请奖学金的机会较美国研究生少，很多美国研究生不愿意申请一些报酬较低的服务类工作，这部分工作多由国际研究生承担。然而，除助教、助研外的其他一些得到美国劳工局允许的校园兼职工作缺乏教育意义，除获得经济报酬外，甚至无益于国际研究生的学术成长。

---

① HUSSEIN M B. Reasons for participation and learning styles of international and of American graduate students in college of agriculture and life sciences and college of engineering [D]. Madison: The University of Wisconsin-Madison, 1987.

② EHRENBERG R G. Do doctoral students' financial support patterns affect their time-todegree and completion probabilities. Cambridge [R]. MA: National Bureau of Economic Research, 1992: 2-4.

## 第三节 关键人物

人是环境的产物，但个体并不是一直拥有自主控制环境的能力。为了确保自身安全、健康，实现个人预设的目标等，个体需要借助他人的帮助以获取知识或资源。国际研究生在学术适应过程中需要外界人员的帮助。本研究的数据编码结果显示，国际研究生学术适应的关键人物主要由指导教师（导师）、任课教师、同辈群体（包括本国同学、高年级同学、美国同学）和家人组成。

### 一、指导教师

指导教师（导师）承担着指导研究生成为独立科研工作者、帮助学生克服缺点、制定学习规划、指导研究等职责。研究生阶段的学习具有自主性和独立性等特点，与本科阶段以考试为主的测评不同，研究生的学业进步缺乏跟踪和检测，确保研究生教育质量的主要方式是导师的指导。导师的指导能够弥补学校对研究生教育缺乏检测的不足。研究生与导师、任课教师之间的关系对研究生的学业成就密切相关，学术指导教师、任课教师是国际研究生学术适应的关键人物。典型的导师与学生之间的关系类似于学徒制模式，学生跟随有经验的教授开展科研工作，学习独立研究所应具备的科研技能。在美国以学生为中心、激发研究生独立自主的学术文化中，研究生与指导教师之间多为合作关系。

#### （一）导师的群体特征

教师的形象由师表、师道和师职三个部分组成。[①] 其中，师表形象是教师职业示范性的表征，侧重教师的道德和品性特征；师道指教师的专业特质，表现为教师的专业特长、技能水平等；师职指教师职业的具体角色，包括对学生的指导、教育和帮助。研究型大学的教授具有较多的科研自主权，不仅影响研究生的科研选题，同时也是研究生步入学术领域、成为科研人员的学习榜样。导师从学术和人格两方面影响研究生的个人成长。受访的国际研究生指出："选择导师的时候，除了要关注其是否与自己的研究领域相关

① 阮成武. 论传统教师形象的现代重塑［J］. 教育科学研究，2003（1）：47－50.

之外，还要看导师的个性，要尽量多了解导师。”（7CHSFM）研究生院根据教师的科研产出、研究经费、同行评议文章筛选研究生导师，其中，对博士研究生导师的要求更高。博士研究生导师须是学术领域内有一定科研成果的、积极的、活跃的科研人员，导师履行指导研究生的职责，国际研究生作为特殊的学生群体，有更多受教育的需求。从国际研究生接受导师指导的体验出发，本研究发现，国际研究生的导师在师表、师道、师职三个维度表现出的特点如表 6－1 所示。

**表 6－1　导师的群体特征**

| 导师形象维度 | 导师形象具体表征 |
| --- | --- |
| 师表 | 专注、执着、严谨、有计划性、有远见、敬业、可靠、认真、热心、平易近人、开放、包容、民主、友好、负责、责任感、有耐心、聪明 |
| 师道 | 才华横溢、知识渊博、学术造诣高、精益求精、资源丰富 |
| 师职 | 关心学生、帮助学生、鼓励学生、支持学生、尊重学生 |

第一，导师的师表形象维度构成导师的人格魅力。导师具有较多人格上的优秀品质，对国际研究生学术成长产生深远影响。国际研究生导师不仅在工作和研究生指导中展现出了优秀的个人品质，同时也为国际研究生树立起了学术乃至人格上的楷模。受访的国际研究生描述了导师的优秀品质，对导师概括化的印象如下：专注、执着、严谨、有计划性、有远见、敬业、可靠、认真、热心、平易近人、开放、包容、民主、友好、负责、责任感、有耐心、聪明。与此同时，国际研究生用以上优秀品质表达了对导师的敬重。导师的性格特点一定程度上影响了国际研究生对学业、职业的规划以及对学术事业及生活的态度。

导师为国际研究生树立了成长为“学术研究者”的榜样，国际研究生学术视野的养成、学术知识的习得，乃至学术价值观的形成都受到导师的直接影响。导师的人格魅力和影响力也是国际研究生在麦大学习的重要收获之一。来自哈萨克斯坦的博士生说到：“相比于哈萨克斯坦不够严谨的快餐式学术氛围，美国教授的专注、执着的特点树立起了良好的榜样，从导师身上学到了创新和自我挑战的精神。”（15KZLAFD）导师的人格魅力也是国际研究生继续求学的动力，一名中国理工科博士生说：“我们组好多都是本科读完留在组里读研究生，研究生读完博士，博士读完做博后，做完博后还愿意留下来做科研。因为导师太好了，人格魅力很强，我们都愿意跟他在一起。”（31CHSFD）

第二，导师是知识的传授者，是国际研究生开展学术研究的领路人。国际研究生普遍表示，导师具有较高的学术造诣，是“科学家”，甚至是领域内的先驱或领军人物，并将导师的师道形象描述为“学术巨人”，在导师的指导下开展研究像是“踩着巨人的肩膀”。导师的学术造诣和学术能力是国际研究生学术适应的有力支持条件，主要表现在能够为国际研究生提供良好的科研平台和较高的科研起点。“做科研的时候，‘老板’的水平决定项目不会走偏；遇到一些问题的时候总能给一些建议，最后会发现这些建议都是正确的。”一名中国访问博士生表达了跟随学术造诣高的导师对学术发展所起到的积极的支持作用：“导师的科研水平对研究生初期发展产生很大的影响。导师的学术成就高，‘这个巨人’可能更高一些。有了前面的积淀，后面的学生就会走得更远。”（40CHSMV）

第三，导师在与国际研究生互动过程中构建了积极的师职形象，具体表现为关心学生、帮助学生、鼓励学生、支持学生、尊重学生。导师指导国际研究生的学业，促使国际研究生取得学业进步。导师的指导方式不是“指出我哪些地方做得不好”，也不是“评价”，而是“找出有哪些是可以帮助我改进的，有哪些麻烦可以帮助我解决”。理工科的一名中国访问博士生对导师充满了敬慕之情：“导师是美国核学会的主席，40 多岁就当选了美国院士，在领域内很有影响力。（导师）为人也特别好，他不会表现出来不开心或者怎么样，不会给学生很大压力。但是如果老师人特别好的话会给学生一些无形的压力。他常常鼓励我要做到最好，鼓励我说，学习并没有想象的那么难。在他的鼓励下，我慢慢也不再害怕迎接新挑战了。”（23CHSMD）导师对国际研究生学业上的帮助贯穿国际研究生研究生阶段的始终，成为国际研究生学术适应的强有力支持，也是导师具有较高工作伦理的表现。来自巴西的一名文科博士生表示，导师总是在其寻求帮助的第一时间提供帮助，好像“时刻准备好帮助我一样”。如果学生有需要，即便是在学术年假、休息日或假期，导师仍会为国际研究生提供指导，甚至为国际研究生加班。“由于我赶研究计划，工作又太拖延，就在周六上午把按照反馈意见修改的论文发给了导师。导师忙起来的时候也不分周末或工作日了，常常为我加班。”（15KZLAFD）

## （二）导师提供的支持

国际研究生根据学习兴趣和专业研究领域选择匹配度高的导师，能够保持学习的一致性，有利于国际研究生在专业领域内开展深入研究，并避免因跨学科、转变研究方向带来的学业障碍。专业匹配度高也是很多国际研究生选择到麦大学习的原因。来自比利时的交换博士生由于麦大的实验项目与在比利时高校时所研究的项目相符合，所以选择到麦大交换学习。“我对这位导师的科研项目很感兴趣，就发邮件询问能否来交流，这位老师欣然同意了。我在比利时根特大学（Gent University）的时候也做这个项目，看到这边有招募交换博士生，我就申请了前来交流。这里的实验是已经设计好的，与在比利时时开展的实验相比几乎没有什么变动。”（37BESMV）国际研究生，尤其是博士研究生在研究领域积累了一定的研究基础，根据自己的研究兴趣选择相匹配的导师。来自中国的一名访问博士生提及：“这边比较好的是接触到一些东西跟自己的课题比较相关，能做一些与自己兴趣相关的研究；与导师的研究方向比较匹配，继续做下去也没有什么困难。”（40CHSMV）与导师的研究兴趣相符能够获得导师较多的学术指导和学术资源，因而降低了国际研究生学术适应的难度。

指导教师对国际研究生的指导几乎涉及学习的方方面面以及学术成长的每一个阶段。国际研究生在课程学习、科研甚至学术规划、职业发展，以及生活方面都能够得到指导教师的帮助。大多数国际研究生认为，“在学术适应过程中，导师提供的支持最多”，国际研究生表示，导师对其学术和生活上的帮助“非常有效”，“如果没有导师的帮助，可能坚持不到现在，或者没有现在好”。

研究生教育旨在培养独立从事科学研究的学术人员和某一领域的学者，研究生阶段的教育注重培养学生清晰思维、概念化、辩论、提出新想法、论证新想法、挑战权威、理解并遵守学科领域规范以及能够胜任教学工作的能力。导师的指导注重言传身教，通过深入的建设性对话引导研究生开展独立的、原创性的科学研究，培养研究生在没有外部支持的情况下独立解决研究困难的能力。与导师经常会面是国际研究生确保获得学术指导的有效方式，大多数导师设置了与研究生的定期会面制度，频率多为每周一次会面，形式以科研小组会议、项目会议或单独会面为主。通过定期会面，国际研究生可以与导师及时沟通学习和科研进展，根据导师的指导规划下一阶段的学习和科研进程。一名来自中国的理工科访问博士表达了定期组会对学术成长所产生的影响：

“与导师每周的单独会面制度能够起到督促科研进步、指导科研进展的作用。我单独跟导师会面，或者是与别的同学，当我们两个人项目特别接近的时候，可能会在一起，否则不会与别人一起见导师。每周见面都是在固定的时间，导师的时间表上都安排好了，每周的什么时间，跟谁会面。会面一般讲上一周做的工作与研究进度，我们把遇到的困难，现在解决得怎么样，接下来要做什么，有什么困难，如果没有困难接下来要做什么等这些问题都一一提出来与导师讨论。会面时长取决于讨论内容，原则上是半个小时，但是一般会到 45 分钟左右或者更长。跟导师见面的过程对自己的学术进展是一种督促，导师也根据我的学术进展帮助我调整规划，有时候甚至帮助我调整学术生涯规划。”（40CHSMV）

概括而言，在具体的学习和科研过程中，导师对国际研究生的指导主要表现在以下三个方面。

第一，导师指导国际研究生选课。麦大的研究生具有较多的学习自主权，但选课为研究生自主决定，很多国际研究生表示，“刚来这里学习，对课程不够了解”，在尊重学生学习兴趣的情况下，指导教师会根据国际研究生自身的专业知识背景和学习目标为国际研究生选择课程提供指导。导师根据学生的能力、时间安排、研究生对课程的需要程度等因素提供选课参考，国际研究生综合导师的指导意见确定选课科目。

在对课程不够了解的情况下，国际研究生选择的课程不恰当会影响学习进度。计算机科学专业的一名来自捷克的交换硕士生由于没有指导教师，在选课时没有获得指导而选择了不匹配的课程。“我知道我应该选一门电子工程的课程，我根据课表选了这个课程，结果发现这门课与我的预期差别很大，学习的内容也几乎不一样，与自己的专业不太相符，上课的过程很艰难。但是，当我意识到这个问题的时候已经不能退课了。选课的时候很希望有导师指导，至少我能明白这门课讲什么内容，是否符合自己专业领域的学习要求。”（11CZSME）

第二，导师指导科研并提供科研资源。在求学过程中，国际研究生要完成由“学习者”向“研究者”的转变，但是由“学习者”向“研究者”的转变是困难的，主要是由于科研工作对国际研究生的学识、能力、科研方法提出了全新的要求。加之需要克服由语言、学术环境带来的学术适应的障碍，国际研究生向“研究者”的转变更为困难。研究生的学术适应处于开展研究生阶段学习的前期，由于缺乏基本的科研和学术训练，导师对国际研究生的科研指导是培养科研能力的主要方式。来自中国的一名低年级理工科博士生指出：“我对现在研究的领域了解不多，自己的想法也不够丰富，大部分是根据导师的指导来做。在研究生学习的高级阶段，导师会给予国际研究生很大的自主权，注重培养研究生的学术独立性。”（19CHSFD）麦大研究生导师对研究生的指导是以鼓励和启发为主的“启发引导式”指导，一名中国访问博士生的指导教师按照该方式在选题过程中为其提供学术指导：“导师不断鼓励我，列出来我可能感兴趣的科研问题，每一个想法的可行性和现实性都一个一个做分析。同时他也会引导我不断思考更多更深入的问题。”（39CHSFV）

导师拥有丰富的学术资源为国际研究生的学术成长奠定了良好的科研基

础，“资源丰富”是多位受访国际研究生对导师的印象。“导师认识的人比较多，我需要什么资源直接跟他说就可以了，我能从导师那里得到所有我需要的科研资源。”（37BESMV）本研究中，国际研究生提到导师提供的学术资源包括开展科研所需要的硬件资源和软件资源，例如开展科研项目前的准备工作，科研资金、设备、文献资料、学术会议信息等。心理学专业一名中国博士生的科研实验对象为人，需要通过学校的伦理审查委员会的审核，研究正式开始前，导师已经通过了研究所需要的伦理审查，作为科研团队的一个成员，该名国际研究生只需要投入科研即可。理工科的科研以与导师的合作为主，人文社会科学学科研究生的科研多为独立性的研究，不需要实验室或实验设备。人文社会科学专业受访的国际研究生则表示，导师提供了包括电脑、资料在内的科研资源。“导师帮助找资料，比如我想要什么内容，导师会推荐一些适合我的东西，导师推荐的材料大多是很有针对性的，让我非常受益。例如，前不久有一个会议通知，导师发给我，并鼓励我参会，发言，为我提供了一个很难得的学术锻炼机会。”（5CHLAMM）

第三，导师关心国际研究生的生活。研究生与导师之间的非正式关系和个人交往是人本主义的外在表现方式，有利于激励研究生在学习中有更好的表现。国际研究生生活在陌生的环境中，远离家人和朋友，导师成了在新环境中最为重要的可以寻求外部支持的人。导师对国际研究生生活上的主动帮助能够促进国际研究生顺利度过适应期。来自中国台湾地区的博士生指出：“几乎所有的事情导师都会考虑到，不仅关心我的个人事务、现在的状态，还关心我的学术历程和未来发展。”（27CTLAMD）本研究中，来自津巴布韦的博士生已有两个孩子，在麦大就读过程中一直与妻子和孩子生活在一起，他说到了导师对他生活的关心。导师对其生活上的关心使师生关系更为紧密，极大地提升了学习动力，他表示从导师对生活上的关心中，学习了导师的生活态度：

“我们的关系不仅仅是指导教师和学生之间的关系，导师把我看作独立的、完整的个体。她不仅仅是我的学术导师，还为我的学习和生活提供了很多帮助，有学术上的指导，也有心理上的支持。当我第二个孩子出生的时候，我导师专程到我家去看孩子，我从来没有想过导师要做这样的事情，或者导师有责任做这样的事情，我很意外。通过这件事情，我感觉导师对我很关注，很关心，因为她意识到我有一个家庭，在学习之外，我还要照顾家庭，她给予了我学术之外的支持。我相信她来我家看望我们的时候，并不把我当作学生，而是把我当作一个独立的个体，一个成人。导师的孩子跟我的大女儿年龄相仿，她经常跟我说哪里是孩子的好去处。导师不仅关注我的学术，还把我当作独立的个体，我们之间建立起了比较好的朋友关系。在家里的时候，我有妻子，有孩子，要转变角色，这也是生活中需要承担的责任，导师把我当成一个完整的人，能够照顾到作为一个人的不同方面。学校只是生活的一部分，我的导师很明白有时候学习和学校中的事情不是最主要的，有时候家庭更重要，这也是我的导师教会我的功课。”（34ZBLAMD）

导师的帮助、爱护、关心和指导成为国际研究生努力学习的动力。来自巴基斯坦和中国的两名理工科博士生分别表达了只有通过更加努力地工作才能回报导师的帮助的想法：“导师给我提供了资助，我想尽量能够为导师分担一些。”还有国际研究生认为，做不好科研工作会“觉得有点对不起导师，想要为了他（导师）而更努力地工作”。

### （三）师生关系

国际研究生与导师之间的关系主要受到双方个性以及学术兴趣等因素的影响。与导师的关系直接决定国际研究生是否有良好的就读体验。导师与研究生之间的关系具有异质性，师生关系类型取决于指导教师以及研究生本人的性格特点和行为偏好。高强度、个性化、高频率的师生互动利于研究生的学术成长。与导师有效的学业沟通能够明显提升国际研究生的就读满意度。由于导师和国际研究生各自具有不同的性格特点，其相处模式及国际研究生对师生关系的认识有所差异。概言之，国际研究生与导师之间的关系可以分为平等式以及上下级式。

第一，平等的师生关系。大部分人文社会科学专业的国际研究生认为麦大的师生关系界限不明显，与导师的关系很平等，像朋友、同事和家人。平等的师生关系利于国际研究生的学习融入，也利于增强国际研究生的学术信心。美国文化奉行“人人生而平等”的理念，人与人的交往多采用直呼姓名的方式，而不过分强调对方的身份、头衔或职位。具有非西方文化背景的国际研究生在与导师交流时对直呼姓名的“美式平等”观印象深刻，并将其视为平等的师生关系的表征。来自泰国的硕士生提及：“与导师交流的时候，都是直接称呼对方的名字。在泰国，与老师的关系更有距离感，这里感觉跟老师更为亲近。与导师一起工作，更像同事。”（3THLAFM）然而，虽然很多国际研究生认可并遵从这种平等的师生关系，也有国际研究生认为，作为学生，需要保持对导师的尊敬：

“这里的交流方式更随意，直接称呼教授的名字，更加平等，在津巴布韦不可能发生。作为一个博士生，与教授的关系更多的像同事是可以接受的。我觉得还是要保持对教授的尊重，我从来没有直接称呼过教授的名字，因为我来自等级森严的文化中，边界清晰。作为学生，要找准学生的定位，保持良好的师生关系，需要对教授表达尊敬之情。我对教授表达尊重的方式

是总是在教授的名字前面加上他的职位或者其他称谓，比如某某博士，某某教授等。”（34ZBLAMD）

大部分国际研究生与导师的关系经历了从“拘谨”到“熟悉”再到“随意”的过程。良好的师生关系能够显著提升国际研究生的成就感和幸福感。西班牙的一名博士生与导师建立了融洽的师生关系，加之个人学业和科研上的努力，赢得了导师的赞扬。“导师经常跟我说，‘你做得太好了，非常具有全球视野，我对你非常满意。’事实上，我对导师也非常满意。导师对我很好，让我很有成就感，有这样的导师感觉特别幸福。”（30SPLAFD）一位来自中国的硕士生由于个人在学业中取得的优异的成绩赢得了导师的认可，进一步优化了师生关系。“我的硕士论文得了全A，导师特别自豪，像夸赞自己的女儿一样逢人就会说我论文获得了全A。”（6CHLAFM）

第二，较多的理工科国际研究生认为，由于导师提供科研经费，资助研究生阶段的学习，加入导师的研究团队，在导师的指导下开展科研，与导师的关系更像上下级的雇佣关系，并将导师形象地称为“老板”。来自比利时的访问博士生表达了师生关系中“雇佣关系”的观点。“对我来说，博士生就不再是学生了，而是一个职位，更像一名工作人员，来到美国后也是如此。与导师的关系有点像老板和下属的关系，因为我学习和研究的资助都来自导师。”（37BESMV）一位理工科的中国硕士生认为与导师之间的关系是“老板和下属的关系”，通过与导师的相处，认识到“导师需要的是做研究的人手，而不是朋友”。师生关系受到导师和研究生双方性格、文化背景等因素的影响。“这种上下级的关系可能与从小接受的教育有关系，我从小比较怕老师。加之导师是南美洲的移民，不像美国人一样能够比较容易与别人建立起亲近的关系。”（7CHSFM）

然而，受限于主客观条件，与导师建立好关系并不简单。例如，韩国的一名博士生由于导师太忙，很难与导师见面，没能建立起较为亲密的师生关系。如果遇到一些性格比较严肃的导师，也很难与之建立起亲近的师生关系，处理师生关系“要根据不同老师的性格找到适合的相处方式”。与导师建立起良好的师生关系主要取决于学生的主动性和意愿，“把关系处理好的方式就是多交流，不要害怕”。缺乏主动性不利于国际研究生与导师建立亲近的师生关系，并会对学术适应产生消极影响。“因为我刚开始比较被动，交流太少了，导致互相理解不够，适应比较慢。”（7CHSFM）国际研究生与导师相处过程中会产生隔阂，与导师建立良好的师生关系需要导师和学生双方的互相包容，充分理解。但与导师之间相处可能会有一些不愉快，“即使这样，也不要认为是导师哪里不好。应该想着可能事情进展不够顺利，导师仍然是一个非常好的导师”。一名国际研究生意识到了与导师关系的重要性，在给未来国际研究生提出建议时提及，如果遇到与导师研究方向不同或者师生关系难处理的情况，可以申请换导师。“刚开始由于对美国的学术圈不太了解，不知道可以换导师，前两年上课没有太大影响，但是做科研的时候影响比较大。研究兴趣与导师不符合也可以申请换导师。”（35CHLAFD）

具有文化敏感性是导师指导国际研究生时所应具备的基本能力。在语言、观念、学习内容甚至价值观等方面，国际研究生呈现出学习的独特性，存在较大的文化差异。很多情况下，国际研究生自身并没有意识到这种差异，指导教师要有耐心和包容心，对国际研究生所提出的问题表现出较强的兴趣，在此基础上提供专业指导。此外，通过走访学校，提前约见导师，了解导师的性格，确保双方能够友好相处都是建立良好师生关系的策略。在最终确定导师之前，为国际研究生提供一段与导师互相了解和磨合的时间有利于建立良好的师生关系。导师与国际研究生的互动过程以及导师对国际研究生的指导促进国际研究生的专业社会化过程，导师制度是促进研究生专业社会化的机制。大部分国际研究生与导师之间的关系是积极的。国际研究生多保持沉默，不善于主动与别人交流，导师应当安排固定的时间保持与国际研究生之间的沟通。

近年来，由于跨学科研究越来越多，单一导师指导模式逐渐被双导师模式所取代。在双导师指导模式中，研究生能够接触不同的管理方式，学习不同的科学研究方法，融合不同学科的优势开展研究。双导师指导模式不仅能够促进研究生快速提升科研能力，还能够提升研究生的就业能力。不同的导师风格不同，国际研究生跟随不同的导师学习可以取长补短。一名接受双导师指导的泰国硕士生指出：“与两位导师的关系都非常好，合作的过程中学习到了很多新的工作技能。”（3THLAFM）研究生在学位论文研究的初期阶段会接受指导教师大量的指导，直至完成博士学位论文，成为独立的科研工作者。麦大的研究生培养采取灵活的导师制度，研究生可以选择双导师指导，也为研究生提供了换导师的自主权。

由于强调尊重研究生的独立性，整体而言，不同于传统的“学徒式”指导模式，麦大实行松散的导师制度，导师注重培养研究生的独立性，不会过多干涉研究生的学习和科研进度。然而，松散的导师制度给国际研究生带来了困惑，导致国际研究生缺少指导，而成为“研究中最大的挑战”。理工科的导师重视对研究生的科研指导，很大一部分原因是研究生的科研行为和科研结果直接决定了科研项目进展是否顺利，是否能够获得更多的科研资助。此外，由于不了解国际研究生国家的社会背景，导致美国导师给予的跨文化指导非常有限。

## 二、任课教师

课程学习是国际研究生在研究生阶段学习初期的主要学习任务。在“以学生为中心”的学校文化中，任课教师①通过课堂教学、课外辅导等方式帮助国际研究生开展课程学习。在学术适应过程中，任课教师是除导师外对国际研究生影响和帮助最多的人。任课教师的帮助主要表现为答疑解惑、鼓励学生、提供资助机会等，同时，任课教师对国际研究生课程学习的要求非常严格。

### （一）任课教师的特征

任课教师通过课程学习和科研指导两种方式对国际研究生提供学术适应支持，国际研究生普遍表示，任课教师能够提供及时的帮助，并具有授课质量高、开放、认真负责、有耐心、理解国际学生等特点。

第一，任课教师开放。开放指容易接受新事物和差别化的观点，在国际研究生眼中，“开放”是任课教师最显著的特点，主要表现为“欢迎各种观念，鼓励学生不同的观点和视角看待同一件事情”。当国际研究生向任课教师提出问题之后，任课教师会“很理解国际学生为什么会不理解这个问题，而不会因为我是国际学生而感受到教授对国际学生有不同于美国学生的差别化照顾”，能够“从上课的老师那里得到很多积极的反馈和评价”。

第二，任课教师认真负责。受访的国际研究生多次提及任课教师对学生“非常负责”，经常表现为“老师会很认真地阅读作业，并提出很多反馈意见”，不仅如此，还要求“学生对自己负责”。心理学的一名中国博士生刚开始在认知神经科学课程学习中成绩落后，任课教师主动提出“每周都可以把课后问答题发给老师，老师给予反馈”，这个过程是任课教师为有需要的国际研究生“额外付出的工作量”。护理学专业的博士生通过与老师在实习过程中的接触，“亲眼看见老师对待病人非常耐心，细致，而且保持中立的态度，为学生树立了良好的榜样。有时候觉得即使是单纯地传递这种耐心都是一种专业素养的进步”。（17ZMSFD）面对学生提出的学业问题，“老师会很高兴，而且会给非常详细的建议”。

第三，任课教师对学生和课程要求严格。任课教师对研究生的课程学习设置了较高的标准，并严格要求学生认真完成学习任务。任课教师“不仅仅

① 在访谈过程中，国际研究生将上课的教师称为“professor”，由于英语与汉语语言习惯的不同，本研究用“任课教师”指代英语中意为授课教师的“professor”一词。

是要求学生怎么做，而且帮助学生达到她的标准”。例如：“如果老师要求期末完成一篇文章，她每两周都会跟进，并及时给建议和修改意见。这样像搭积木一样搭出来的文章，是我所有课程作业中质量最高的。她会告诉我这个地方要注意，这个地方以后要怎么改，我学到了这些方法，以后就按照老师的要求做。”（32CHLAFD）

## （二）任课教师提供学术支持

任课教师为国际研究生提供的学术支持主要体现在学业上的答疑解惑以及精神上的鼓励和支持两个方面。

首先，任课教师为国际研究生答疑解惑。任课教师对任教科目知识有扎实的学科功底，对学科发展有清晰的认识。在专业课学习过程中，国际研究生可以针对课业中遇到的问题请求任课教师帮助，一般都会得到及时而详细的解答。任课教师为国际研究生提供的学业指导有效地解答了国际研究生的学业疑惑。国际研究生表示，即使“老师不正面回答，也会给出相关的论文让自己去寻找答案”。任课教师是所教领域内的专业研究人员，当国际研究生主动寻求帮助时，能够为国际研究生提供专业的学术指导。生物工程系一名中国博士生指出，高年级阶段开始独立研究时，遇到一些专业技术难题迟迟无法克服，通过与曾经教过相关科目的任课教师的交流寻求指导，最终问题得到解决，任课教师能够为国际研究生提供“非常实用的建议”。任课教师通过一直提供反馈的方式督促学生不断进步，这种学习方式使得国际研究生“动力更强”，“感觉更舒服”。课程学习过程中，任课教师能够为国际研究生提供持续的指导。“期末需要交一篇论文，但是学期中间的时候老师都会要求写好初稿，并不断帮助我修改，完善。老师会不断地给我引导，交完作业之后，也会一直给我指导和修改意见。修课过程中常常收到老师的反馈，他们很希望学生成功，而不是只关注（学生的）不足。”（30SPLAFD）

其次，任课教师鼓励、支持国际研究生。国际研究生置身陌生的环境中，普遍缺乏学术自信心。在课程学习过程中任课教师给国际研究生的鼓励和支持增强了国际研究生的学术自信。一名文科硕士生表示，国际研究生课堂发言虽然不多，“每次上课发言老师都会给我积极的肯定和正面的评价”。任课教师注重给学生提供学习效果的反馈，并坚持个性化教育的理念，任课教师对国际研究生的鼓励成为国际研究生学习的动力，帮助国际研究生树立学术自信心。心理学专业一名来自中国的博士生指出：“我课程学习取得了很大的进步，老师专门给我发了邮件向我表示祝贺。一个学期之后，那位老师见到我导师，还跟我导师说这个学生是我课程上最优秀的学生，我就觉得特别高兴。”（23CHSMD）

除学习上的答疑解惑和鼓励支持外，任课教师理解国际研究生的学习困难，尊重国际研究生的学习习惯，一些任课教师还会为国际研究生提供资助机会。一名博士生由于跨院系选修课程，修课结束后，这门课程的任课教师邀请这位国际研究生担任下学期的课程助教，为国际研究生提供了学习资助和锻炼教学能力的机会。任课教师给予国际研究生较大的耐心。菲律宾的一名国际研究生指出："期末作业是专业的数据分析，对我来说非常难。我压力很大，在规定的时间内写不出质量很高的论文，于是就向老师说明了自己的境遇，并提出申请，可否晚十天交作业。老师也很体谅我的难处，同意了我的要求。这样我就可以花费更多的时间把论文写得质量更高一些。"（24PLLAFD）除任课教师外，同一个实验室的老师、院系的其他老师也都是国际研究生学术适应中的重要学术支持来源，在学习和科研中为国际研究生提供帮助。

## 三、同辈群体

同辈指国际研究生的同龄群体，对国际研究生学术适应提供支持的同辈主要指国际研究生的同学，其中包括同一个国家的同学、美国同学、同班同学和高年级同学等。同辈是国际研究生学术适应过程中接触较多的人，是除学术导师和任课教师外对国际研究生提供学业支持较多的群体。同辈群体对国际研究生学术的影响涉及国际研究生学习和科研的不同阶段。一些国际研究生受到同辈的影响选择到美国或麦大学习。例如，同学中曾经有人来过麦大，通过与同学的交往，对麦大留下了积极的印象，或经由高年级同学推荐选择到麦大学习等。护理学院来自赞比亚的一名博士生指出："我所在的医院曾经来过一名实习的美国学生，那名实习生在麦迪逊护理学院学习，我们平时经常一起工作，她向我讲述了很多在麦迪逊学习到的知识。受这位实习生的影响，我萌生了到美国学习的想法。"（17ZMSFD）

在学术适应过程中，对国际研究生提供较多学术支持的同辈群体为美国同学和国际学生同伴。在日常的学术合作和交往中，美国同学专注、独立、工作能力强、工作努力、开放、有责任感、尊重他人、有激情、有信心等优秀品质给国际研究生留下了深刻印象。在与美国同学的交往中，国际研究生认为，美国研究生关注个人的学习兴趣，基于兴趣的学习使"美国同学学习特别专注"。选择了研究生阶段的学习很大程度上决定了未来的职业选择，美国同学在科研方式和科研态度方面影响国际研究生选择研究主题或职业发展方向，国际研究生通过与美国同学的交往互相学习。"大部分美国学生了解他们研究什么，美国学生很少做理论研究。通过对比就会发现，在相同的研究领域，国际研究生的研究理论性比较强。每一次上课，会议，美国同学会很积极地给反馈，很多时候觉得反馈意见很有用。通过互相讨论科研进展发现自己的不足。”（31CHSFD）美国同学尊重他人，理工科的中国博士生通过对比发现，美国学生不随便插手别人的事情。“比如这是你的样品，他们一定会问你之后才会处理，不像以前在国内，有人需要用这个瓶子，就把它清空，洗了，也许很重要的样品就轻易被毁坏了。”（19CHSFD）

平等对待国际研究生是尊重并保护国际研究生的一种方式。国际研究生在与美国同学接触的过程中，并没有感受到美国同学会因为国际研究生的特殊身份而采取差别对待的方式。但由于身份背景、文化、学习方式等方面的差异，国际研究生还是会感受到或多或少的“隔离”。土耳其的一名文科硕士生表示，“虽然美国学生尽量保持尊重，但是有太多的隔阂，致使很多时候美国学生不知道怎样跟国际学生相处”。（9TKLAMM）

很多时候，美国同学并没有直接向国际研究生提供帮助，但美国同学的很多优秀品质影响国际研究生的学术适应。通过美国同学对学习持有的态度折射出的文化价值观，国际研究生能够清晰地反观自身的学术态度，并通过互相学习做到取长补短。一名中国的访问博士生在与美国同学的交流中发现，美国同学不关心一个人是不是团队中最优秀的人，“只关心自己的研究是否顺利推进，研究能否得出比较好的结果，以及自己想成为什么样的人，并想要做得更好”。由于文化背景不同，国际学生作为“外来者”，容易观察到美国学生在学习和科研中所具备的优秀品质。这些品质多具有文化差异性，成为国际研究生学习的参考。然而，对国际研究生而言，对其学术成长提供支持最多的同伴为与国际研究生有相似求学经历、生活状态和学习处境的国际学生。这些国际学生不一定为同一国家的学生，文化背景相似的国际研究生之间也存在较多的“共情”，更加容易互相理解，所提供的学术支持更为直接、及时、有效。常与文化背景相似的同学交流同样也具有两面性，国际学生服务办公室的工作人员指出，拘泥于国际学生社交圈中，影响国际研究生的学术适应。“国际研究生常常会与自己国家的学生在一起活动，社交圈中大部分成员为同一个国家的同学，或者文化体系相似的国家的同学。这样会给他们与美国同学的社会交往带来困难，也会增加与美国同学小组合作时从美国同学那里得到的同伴压力。”（6ISS）

# 本章小结

学校氛围、学校提供的硬件和软件学术资源、所能够获得的资金支持以及“关键人物”是国际研究生在麦大开展学术适应的主要支持。本研究发现，除以上学术适应的主要支持条件之外，麦大丰富多彩的校园活动、包括家人在内的重要他人以及美国对国际研究生教育的相关扶持政策都构成了国际研究生学术适应的条件支持。

首先，麦大会举办丰富多彩的文化活动，作为国际研究生学术适应支持的有效补充。在对“国际研究生参与活动对学术适应的影响”的研究中，国际研究生纷纷表示，很少参与除专业学习或利于专业成长之外的活动，参与活动的目的是服务于学业。国际研究生参与活动少，主要是由于学习时间紧张，没有多余的时间参与团体活动。很多有家庭的国际研究生会在课余时间与家人一起度过。还有一些国际研究生参与活动少是由于对活动不感兴趣或活动不适合。研究生阶段的学习专业性较强，国际研究生的学习目标较为明确，国际研究生选择性地参与学校活动。对活动的参与利于国际研究生的学术适应和学术融入，国际研究生通过参与与专业领域契合度高的活动，有效促进专业学习，并增强个人价值感。

其次，其他重要他人的支持。学术导师、任课教师以及同辈群体是对国际研究生提供学术支持的关键人物，本研究发现，包括父母、妻子、丈夫、子女、其他亲属在内的家人，男/女朋友以及室友为国际研究生的学术适应提供了学术支持，但更多的支持为促进学术成长的心理支持。

家人影响国际研究生到美国学习的决定，同时也是国际研究生学习的动力来源。来自津巴布韦的博士生谈及父亲以及子女对学术适应所起到的重要作用。父亲的激励以及为孩子树立榜样的学术态度一脉相承，是家人通过心理支持间接影响国际研究生学业支持的典型代表。“从我记事开始，父亲就为我制定了这样一个学习目标，也可以说是我们的梦想。在津巴布韦，辍学率很高，我从小学不间断地读到了大学毕业，大学是在首都一所非常好的大学读的。这是父亲的夙愿，他鼓励我一直努力、不断深造。本科毕业之后，父亲又鼓励我去留学，在别的国家获取更高级的学位。父亲对我的期待一直伴随着我的成长。本科毕业之后，我完成了父亲对我的最初的期待。”（34ZBLAMD）家庭责任是影响国际研究生学术适应和未来职业规划的主要影响因素。来自津巴布韦的博士生还指出“给孩子树立榜样”是学习的重要动力。“我有一个七岁的儿子和一个四岁多的女儿。我用我的经历告诉孩子们，一个人可以背景十分差、贫穷、没有任何资源、起点特别低，但是可以通过自己的努力突破这些限制，并去世界上最好的大学读书，享受到最好的教育资源。我的经历给孩子们树立起了积极的榜样，同时也给孩子提供了更好的学习环境。只要自己努力，不要为自己设定限制，可以成为一个很有成就的人。”（34ZBLAMD）家人不仅能够提供生活和心理上的支持，一些国际研究生的家人还能够为国际研究生提供学术上的支持。例如，一名国际研究生的叔叔在麦大工作，在申请博士项目、申请资助项目、论文、生活（包括“带我买菜”“教我如何使用图书馆”“带我熟悉环境”）等方面提供了大量帮助。此外，国际研究生的丈夫、妻子、男/女朋友、室友也能够提供学业帮助，国际研究生通过“让妻子帮忙修改论文”“与室友讨论学术问题”“向男朋友学习新的数据分析软件”等多种方式获得学业支持。家人（丈夫/妻子）、男/女朋友以及室友的重要作用主要表现在通过生活上的陪伴使国际研究生更加专注学业，国际研究生需要“家人的关心和爱护”，“如果有家人照顾，适应得会更加顺利”。

再次，美国联邦政策对部分紧缺学科的扶持政策。美国高校承担了全国一半以上的科研任务，国际研究生教育成为提升美国综合竞争力的手段，服务于科技进步和技术创新。国际研究生不仅是美国科技和工业领域创新的重要人力资源保障，也是美国高校科研人员和教授的后备军，国际研究生教育有利于美国高校留任优秀科研人员，提高高等教育的质量，并保持科学、工程领域的竞争优势。1970 年，美国国际研究生仅占研究生总数的 5% 左右。20 世纪 70 年代之后，在美国学习的国际学生数量逐渐增多，国际研究生在研究生总数中所占的比例也不断攀升①，国际研究生弥补了研究生教育中美国学生减少的空缺。国际研究生教育使美国获取了更多的高级技能人才和科技移民，这也是美国不断拓展国际研究生教育规模的主要动因之一。第二次世界大战以后，美国逐步重视科学、技术、工程和数学学科在促进科技进步与社会发展中发挥的重要作用。第三次科技革命凸显了科学、技术、工程、数学（STEM）学科在促进经济发展中的作用。美国国家科学基金的统计数据显示，由于全球其他国家科技力量崛起，美国之外的其他国家的科技人员在科技领域主要期刊发文量增长了 30%②，美国在科学领域的领先地位受到

---

① SMITH W, BENDER T. American higher education transformed, 1940－2005: documenting the national discourse [M]. Baltimore, Md.: Johns Hopkins University Press, 2008: 217.

② Council of graduate schools advisory committee on graduate education and American competitiveness [R]. Graduate education: the backbone of American competitiveness and innovation: a report. Washington, DC, USA: Council of Graduate Schools, 2007.

了挑战。2008 年，美国研究生院协会发布了报告《研究生教育：美国竞争力和创新的基石》，呼吁政策制定者、商业领袖、高等教育管理者团结起来，加大对美国研究生教育的支持力度，为保障美国在全球竞争中的优势地位而努力。进入 21 世纪以来，为保持全球竞争的领先地位，美国将科学、技术、工程、数学领域的人才竞争视为保持科技创新力和国家综合国力的基石，出台相应的签证和移民政策以吸引并留任科学、技术、工程、数学领域的优秀人才。当前的移民政策规定，取得博士学位，或者在科学、技术、工程、数学领域获得硕士学位的国际学生享有获得美国工作签证的优先权。为留任优秀的科技人员，美国增加“选择性实践训练”（Optional Practice Training，OPT）签证。

最后，麦大去中心化（decentralization）管理的特点客观上要求国际研究生主动寻求学术资源。美国高校实行分权治理的治理模式，不同院系和部门具有较大的自主权和自治空间。国际学生服务办公室工作人员表明：“学校有很多非常好的国际研究生服务项目，只是很多时候宣传力度不够，只能依托国际研究生根据自身兴趣主动参与。很多资源分散在学校不同的院系或者机构中，这也是国际研究生为什么很难找到这些资源的原因。学院也意识到了这个问题，努力收集与自己学院国际研究生相关的资源，并将其整合到研究生教育中。国际研究办公室目前致力于与院系的专业负责人员接洽，并提供更为专业的国际学生服务工作，帮助国际研究生在学术、专业和社会交往方面都取得成功，获得良好的就读体验。”（6ISS）

综上，国际研究生学术适应的外部支持是由外部条件、关键人物构成的。国际研究生自身的条件，包括其性格特点、教育资本和工作经历在内的个人背景是学术适应的基础条件。外部条件和关键人物是外部支持。以上三种因素共同构成了国际研究生学术适应的支持条件，其相互关系如图 6－1 所示。

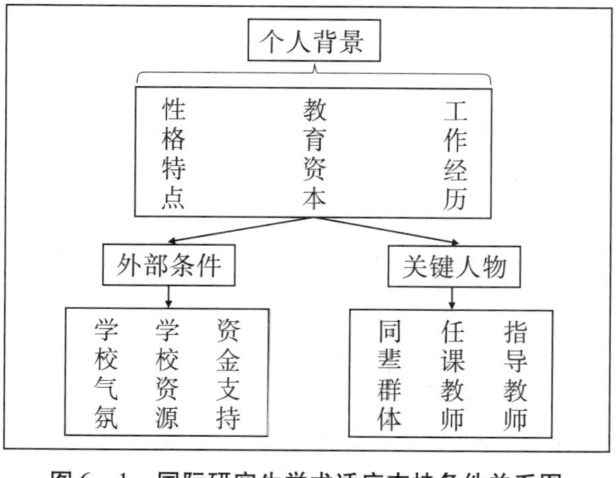


**图 6－1　国际研究生学术适应支持条件关系图**

# 第七章　国际研究生学术适应的效果

在理性化潮流不断推进的作用下，个人“要尽其所能”。他让自己的渴望及工作屈就于环境，却又找不到摆脱他所处环境的道路。他注定找不到，只能适应。

——米尔斯《社会学的想象力》

无论是否出国学习，是否在不同的学习环境中，学习者会将自身的性格特点、生活经历、动机、态度、自我感知、学术背景带入学习活动中。① 学术适应的过程和结果由于国际研究生每个个体所拥有的经济资本、文化资本、社会资本及其他相关因素的差异而有所不同，所经历的适应过程也有所差异。本研究通过对在麦大就读的不同年级的硕士生、博士生学术适应经历的刻画，以求描绘出国际研究生在不同学习阶段所经历的成长曲线。每一名国际研究生的学术适应过程都是独一无二的，通过对研究参与者学术成长经历的综合和对比发现，国际研究生学术适应具有显性积极效果、潜在消极效果两种类型。然而，大量国际研究生认为，学术适应是一个永无止境的过程。

## 第一节　学术适应的显性积极效果

国际研究生学术适应的显性积极效果主要表现为专业知识增长、取得学术成就和促进个人发展三个方面。

### 一、专业知识增长

语言能力进步是国际研究生取得学业进步的基础，并贯穿于整个学术适

① WILKINSON S. Insights from study abroad for language programs [M]. Boston: Thomson Higher Education, 2006: 160.

应过程的始末。虽然很少有国际研究生直接指明语言能力提升的程度，但通过对国际研究生课堂表现、学术成果、作业、会议发言等进行观察和对实物资料进行研究表明，经过一段时间的学习，国际研究生的语言综合能力取得了显著进步。国际研究生语言能力的提升寓于学习的细节之中，例如，做作业、阅读、课堂讨论、论文写作等。虽然语言学习过程很辛苦，“但学好语言像是拥有了两个世界的武器，两个世界的工具，是一件很幸福的事”。

除语言能力的进步之外，通过在麦大研究生阶段的学习，国际研究生的研究能力和专业技能都得到了大幅度提升，培养了解决问题、克服学习困难的能力。国际研究生接受了科研方法训练，提升了学术态度涵养，国际研究生的研究成果逐渐完善。

第一，通过学习，国际研究生获得了新知识。在麦大研究生阶段的学习，国际研究生认为“有太多东西需要学了，一直在吸收”，“每次上课都有很大收获”。在麦大学习期间，国际研究生不仅学习了学科专业基础知识，也接触到了前沿理论知识。很多国际研究生表示，麦大为自己提供了学习很多新课程、新知识的机会，如果没有到麦大学习，则无法学习到这些知识。

科研任务要求国际研究生不断学习新知识，“想要在领域内开展更为深入的研究，必须学习更为专业的课程”。通过专业课学习，国际研究生学习了学科基础知识，奠定了科研基础。来自中国的一名理工科硕士生表示：“以前没有上过统计的课程，也没有上过沟通科学的课程和农业经济的课程，刚来（麦大）的时候就上了统计的课程，这是开展研究的基础。”（7CHSFM）通过与生源国课程对比，来自巴基斯坦的国际研究生指出：“这里的课程很有洞见，讲解得很详细，推理过程也很细致，虽然在硕士阶段也学习了相同的课程，但是对原理性知识的了解不如在美国学习到的更为深刻。”（25BSFD）文科学生普遍表示麦大的课程比较注重理论学习，而且学科内的前沿理论研究在领域内处于引领地位，在麦大的学习丰富了国际研究生的理论知识体系。与此同时，美国高校注重培养研究生的实践技能，一些实践性较强的学科的研究生表达了通过课程学习养成良好的工作态度、专业实践技能得到大幅度提升的观点。护理学院一名博士研究生表达了课程学习对实践技能培养产生的影响：

“很多时候不仅仅是开药或者注射那么简单，而是要面对病人，需要真正了解病人的真实需求，应该对病人很耐心，并尽可能地服务病人。这里的训练非常注重护士对病人的人文关怀。因为很多病人就医时是很痛苦的，老师在上课的时候就会反复告诉我们一定要有耐心，并安慰病人。我最重要的任务就是学习好专业知识，并提高实践技能，护理学院的学习让我具备了这些能力。”（17ZMSFD）

专业知识的学习拓展了国际研究生的研究视野，“突破了学术界限是学术能力很重要的一个方面”，“角度不同，对研究对象的认识和理解也不同”。来自智利的理工科博士生通过在麦大的学习，培养了全局思维和全球视角，更加关注国际社会的前沿动态，表示通过阅读更多英文文献，拓展了研究主题，学到了用不同的视角看待相同的问题。因为接触到了更多的新思想、新方法和新信息，国际研究生的兴趣面更广了，知识不断丰富。

第二，学术态度涵养。国际研究生独立思考、批判意识和看待问题的深度甚至自我性格的塑造都受到学术训练的影响。通过在麦大研究生阶段的学习，国际研究生“对于怎么理解科研工作，理解科研工作在学习过程中扮演的角色，以及对以后的工作生涯的影响有了更深刻的认识”。研究生阶段的学术训练奠定了科研工作者的研究能力，是形成科研态度的关键期，国际研究生的学术态度很大程度上是在麦大的学习过程中形成的。在麦大的学术训练培养了国际研究生严谨、科学的科研态度。受到麦大学术训练和学术氛围的影响，国际研究生对研究质量有了更高的要求，“来之后会发现大家会用研究设计，很严谨，以前总觉得只要有参考文献就可以了，现在考虑得更仔细、全面，更加系统”。提高研究质量也是遵循麦大科研传统的选择。一名理工科的中国博士生指出：“国外做研究比较注重理论上的贡献，强调为什么做这个研究，理论有什么贡献，我现在比较注重这一点。如果没有来美国学习，我只会分析数据，把研究发现写出来，不会上升到理论高度，这个是在这边读博士以后形成的研究意识。”（19CHSFD）通过科研训练，国际研究生的写作习惯也得到改变，变得更为严谨。“之前写的论文经常有很多总结性的话语，现在就不能接受，任何事情不想轻易地下结论，因为总有考虑不到的地方。”（6CHLAFM）

第三，科研方法进步。科研方法是“探索世界的方法”，科研方法的训练使国际研究生掌握了“探究世界，了解世界的工具”。研究方法的学习是国际研究生知识增长的重要维度，同时也是国际研究生科研训练的核心。掌握科学的研究方法是训练国际研究生成为“研究者”的基础。

在麦大的学习奠定了国际研究生研究的基础，培养了“做研究的能力”。一名中国的文科硕士生表示：“硕士阶段的学习让我了解了一些研究的基本规范，比如研究方法，理论框架，什么是定性和定量研究。硕士一年半的学习让我找到了适合自己的研究方法，并敢于承认自己的局限，知道自己的研究在整个研究体系中占什么样的位置，自己有哪些偏见。能够把自己的观点提出来，不断论证，并保持严谨的态度。”（4CHLAFM）国际研究生还学习了如何提出研究问题，如何运用研究方法：“以前从来没有接触过编程，学习了一年多，知道怎么做研究了，能够运用编程，把它运用到项目中，实现自己的想法，并做出研究成果。”（7CHSFM）在学习了新知识，研究方法有所进步的基础上，国际研究生表示其研究逐渐完善。通过严谨的研究设计，“现在的研究更加圆润了，而且也更加有深度了”。

## 二、获得学术成就

国际研究生通过长时间的学习和科研投入，改变了原有的知识结构、研究兴趣和研究问题，在学业上取得了显著的进步。一项对密歇根州立大学国际学生就读满意度的调查表明，国际博士生与美国博士生的学业水平相当。[①] 本研究中，完成学业是国际研究生认为其所取得的最重要的学术成就。

完成课程学习是完成学业的基础，克服课程学习中的困难，课程学习不断进步使国际研究生获得了正向的就读体验。心理学专业的一名国际研究生指出：“第一次考试的时候不太适应，考了全班倒数第一，而且不及格。我导师建议我从选课改为旁听。我纠结了很久，又与任课老师聊了聊，最后决定还是坚持修这门课。我就多花点时间学习。经过我的不懈努力，第二次终于考到了全班第二名。”（16CHSFD）课程成绩优异为国际研究生带来了较大的成就感，“适应了这里的教学方式，上课很认真，都很好地完成了所有的课程学习”。在本研究中，受访的国际研究生普遍表示，课程学习获得了优异的成绩，“几乎每门课程成绩都是 A”。国际学生服务办公室的工作人员也表示：“常常看到绩点为 4（满绩）或者 3.9 的学生很多都是国际博士生或者硕士生。”（7ISS）

通过不断克服学术适应的障碍，国际研究生对所取得的科研进展十分欣慰。“项目做了一年没有什么进展，第二年年初就做出来了，后面就很快了，主要是前面卡着做不下去会很痛苦。”（7CHSFM）完成学位论文并取得相应的学位，使国际研究生达成了学业目标。高质量的学位论文是对国际研究生学术综合能力和学术成就的检视，表明国际研究生已经达到了相应的培养目标。“硕士论文写得非常好，以全 A 的成绩通过硕士论文答辩，这是我和导师都没有想到的。”（6CHLAFM）美国高校的博士生项目采取硕士、博士一贯制的培养方式，就读博士生项目的国际研究生在完成前两年的课程学习之后，提交硕士学位论文，通过答辩后即可申请硕士学位。一些受访的高年级国际博士生在博士项目学习前期通过该路径获取了硕士学位，并将其视为一种学术成就。“我单独获得了另外一个与自己研究方向相接近的环境工程的

① HOUNTRAS P T. Academic probation among foreign graduate students [J]. School and Society, 1956 (9): 75－77.

课程硕士学位，在课程学习方面还是挺成功的。”（31CHSFD）

在受访的国际研究生中，有两位硕士研究生临近毕业，且成功申请了美国高校的博士项目，使国际研究生获得了较高的学习效能感。来自土耳其的一名人文社会科学硕士生分享了成功申请到博士项目的经历：“我知道申请美国的博士研究生特别难，但是我鼓励自己应该尝试一下。申请博士的经历让自己很有成就感，我申请了五所高校，其中有三所高校都接受了我的博士申请，接收到带有资助的录取通知的时候觉得自己作为一名国际学生被认可了。”（9TKLAMM）获得荣誉和奖励是对国际研究生学术成就的肯定，一名来自中国的在读博士生通过获得麦大颁发的荣誉和奖励而形成了积极的自我认知。“我硕士毕业的时候获得了国际学生办公室发的优秀国际研究生奖，只有很少的学生能够获得这个奖项。良好的学业成绩是获得学术荣誉的基础，拿到这个奖需要成绩绩点达到 3.8 以上，我的成绩几乎是全 A。”（32CHLAFD）

研究生教育不仅是教育体系的有机组成部分，也是知识生产体系的重要环节，学术发表是研究生学术生产力的主要指标，也是研究生考核的主要参照标准，是谋求学术职业的能力依据。国际研究生将发表论文视为衡量研究生阶段学术成就的依据。本研究中一名来自台湾地区的国际研究生指出，“博士生最重要的是成果发表和著作产出”，“研究有一些成果出来，到美国期间陆续发表了五六篇文章”，从而为这位国际研究生带来了较大的学术成就感。

虽然在美国学习的经历锻炼了国际研究生的综合能力，但很多国际研究生仍然不够自信，对自己的学业成就和学习状态不够满意。当被问到取得了什么样的学术成就的问题时，大部分被访的国际研究生都首先回答没有取得什么样的学术成就，当研究者继续追问的时候，被访者经过思考才得出了“可能”取得的学术成就，多为学习中的阶段性成果。国际研究生认为学术成就不足的原因主要包括以下三点：首先，不同的主体对学术成就的定义和理解不同，国际研究生很难做出对“成就”的判断；其次，国际研究生大多有较高的自我期待，对学术成就的期待也不例外，学业中的细微进步并不算作“学术成就”之列；最后，大部分国际研究生在全新的学习环境中缺乏自信，不能准确认识到已经取得的学业成绩。

虽然课程学习充满了挑战，但通过研究发现，大多数国际研究生都表示课程学习成绩很高。课程成绩高引发了国际研究生对评分“高”与“低”之间悖论的思考。“我的每门课都没有低于 A 的，但是也没 A+，而且很少听说有谁的课程成绩低于 A，几乎所有人都是 A 及以上，如果没有达到这个分数应该是有什么特殊情况发生。”（5CHLAMM）

国际研究生课程成绩很高，主要有以下三个方面的原因。第一，国际研究生自身的努力。第二，麦大高等教育的商业化运营模式。美国高等教育学费较高，学生学习成本高，国际学生的学费是本土学生的三倍以上。高校教师将学生视为“顾客”，不仅在授课过程中十分负责，也注重学生的学习效果，并通过正向评价给予学生积极的学习反馈，提升院系甚至学校的声誉和国际竞争力。第三，学业评分膨胀的影响。20 世纪 60 年代之后，美国高校学生成绩开始出现膨胀的情况，且私立学校学生评分膨胀比公立学校学生评分膨胀更为明显。造成评分膨胀的原因还在于公立学校学生入学时的成绩绩点普遍低于私立高校学生入学时的成绩绩点。根据《纽约时报》的报道，斯坦福大学中 90% 的学生成绩为 A 或者 B，一些精英大学废除了 F 甚至 D 等级，布朗大学规定不能给学生消极的成绩评价，甚至规定如果学生某一门课程的成绩为 C，应为学生提供一次重修的机会，以求得更高的成绩，为找工作做准备。[①] 20 世纪 60 年代以前，大多数学习努力程度一般的同学会得到 C，只有少数几位非常出众的学生才会得到 A。不同任课教师的打分风格也不同，有些非常严格，有些相对宽松，但整体上坚持相同的评分标准。为了获得较高成绩，评分高的课程会受到多数学生的喜爱，但是会导致学生学习不努力甚至只学习要求比较低的课程。

在高等教育体系不断完善的过程中，高校中评分膨胀是不可避免的现象，声誉好的学校会较为严格地按照学生的学业表现评分。研究生阶段的评分膨胀比本科阶段更为普遍，研究生的课程学习得分普遍更高。研究生阶段的学生的平均绩点不断升高，从 1980 年的 3.30 上升到 1986 年的 3.47。到 1992 年，研究生的平均绩点为 3.74。20 世纪末，只有少数的研究生成绩为 C，四分之三的研究生的课程成绩都为 A，任课教师会用 A+、A-区分学生评分。[②] 研究生绩点的可靠性和真实性受到了严重的威胁，评分膨胀是对优秀学生的不尊重。造成评分膨胀的原因主要是高校想要通过高成绩吸引更多优秀的生源，提高学校的排名。将学生视为“顾客”，提高“顾客”的满意度。老师给的分数都很高，使学生感觉“学校有赚钱的目的”。

受到评分膨胀现象的影响，一些国际研究生否认了课程成绩高带来的自我成就感，任课教师给学习很努力和学习努力程度一般的学生同样的分数就会削弱学生的学习积极性。“我并不觉得 GPA4.0 是很大的成功，因为这里

---

① TOBY J. The lowering of higher education in America: why financial aid should be based on student performance [M]. Santa Barbara: CA, Praeger, 2010: 66-68.

② EHLERS T, SCHWAGER R. Honest grading, grade inflation, and reputation [J]. Cesifo economic studies, 2016 (3): 506-521.

几乎所有的人都能够拿到GPA4.0。”然而，大部分国际研究生认为，课程成绩高是个人努力的结果，并不会因为评分膨胀现象而否定个人努力的价值。“这里的作业都是基于问题的，有时候可能要连续花上很多个小时才能找到一些线索。我知道也许有很多人得到了A，但是我觉得自己是付出了很多努力才取得了这样的成绩。”（6CHLAFM）

## 三、促进个人发展

留学经历为国际研究生的个人成长带来了全方位的变化，国际研究生感受到的个人的成长轨迹，“每天都在进步”，但这种成长是隐性的，不容易被感知。正如一名博士生所言：“刚开始起点很低，如果满分是一百分的话，可能自己只做到了50%，但是通过自己的努力，会不断地做到60%、70%。我能感受到每天都有进步，每天都进步一点点。”（25BSMD）在麦大接受研究生阶段的学术训练对国际研究生个人发展所产生的影响表现为：思想变化、完善性格以及提升就业竞争力。

第一，思想变化。在麦大学习丰富了国际研究生的生活阅历，使国际研究生能够“站出来到情景之外看事情，所以看得更加清晰”，不仅“拓展了生活的可能性”，甚至重新发现自己，“如果不来美国，不会接触这么多的新鲜事物，也不会引起那么多的思考，不知道自己的能力还有很多种”。在丰富生活阅历的基础上，国际研究生变得更有主见，意识到“生活和学术都应该有自己的主见”，所以“不能跟着别人走”。

在美国高校的求学经历使国际研究生的身份认同发生了改变。很多学生对种族和身份认同很纠结：“人们总是为我贴标签，同时我也常常反思，‘我到底是谁’。”身份认同影响国际研究生看待事物的立场以及在就读过程中的学习参与，身份认同甚至会对很多人文社会科学专业国际研究生的科研选题造成直接影响。在文化异质性较强的学习环境中，国际研究生的身份认同会随着个人阅历的变化而发生变化，个人身份认同是丰富个人生活意义的基础。个人的自我认同是出于“本真性”的要求，“本真性”是“如果要做一个真正的完满的人所必须具备的东西”。然而，保持唯一自我的“本真性”的认同是几乎不可能实现的，因为在真实生活中，任何一个人都不可能保持唯一的认同，即唯一的身份。个体的身份构建是偶然地、临时地在不同主体地位的交合处缝合而成的。[①] 国际研究生的学习和生活经历形塑新的身份认同，在此过程中，国际研究生不断发现自己，并完成自我成长。

---

① 泰勒．现代性之隐忧［M］．北京：中央编译出版社，2001：30－34．

第二，完善性格。性格的形成受环境的影响，麦大求学的经历与国际研究生的性格塑造相辅相成，求学促进国际研究生完善个人性格，实现了个体的全面发展。性格的塑造受到年龄的影响，“年龄越大，越难塑造”，作为成年学习者，国际研究生的性格趋于稳定，但在新的环境中接受研究生阶段的学术训练，使国际研究生的性格“发生了一些变化”，例如，“不浮躁了”，“面对困难更有毅力了”，“接受挫折、忍受挫折的能力更强了”，等等。学术训练影响国际研究生的性格养成，使其能够“更理智、客观地面对争议，自我认同感增强”。在麦大的学习使国际研究生获得了更多新思想，其对个人价值的定位也发生了改变，“想要成为一个能够帮助别人并且有能力帮助别人的人”。

在学术适应过程中，国际研究生的价值观和人生观发生了变化，由于看世界的方式不同，会对以前的观念持有否定态度。“硕士的时候上了几节课就觉得自己什么都懂了，总觉得学了很多，以前挺容易骄傲的，现在越来越觉得自己什么都不懂。”（6CHLAFM）在麦大的求学经历使国际研究生更有勇气，“发现自己并没有自己想象中那么内向和胆怯”。在多元文化的学术环境中，国际研究生加深了对多元文化的理解力和融入度，并尊重人的差异性和多样性，“人也变得更加成熟了”。理工科的一名女性博士生指出，学习经历帮助自己克服了性别方面的偏见：“以前总觉得自己是个女生，怎么能做这些呢，现在不觉得因为自己是个女生就不能干，觉得每天与机器打交道也挺好的。”（31CHSFD）

创新能力、创造性思维、有效的语言和写作表达能力、跨学科研究能力（对跨文化研究能力的要求越来越高）、领导力、有效地设定目标的能力和较高的科研产出能力是研究生所应具备的基本学术能力。[①] 国际研究生会将学术态度和学术能力迁移到生活中，对生活的认识更加深刻。“以前做决定时考虑的因素和现在做决定时考虑的因素会有变化。想问题更有条理，不仅是学术问题，看待任何问题时都可以反思其是不是很严谨，有没有可以反驳的地方，有哪些局限性。”（27CTLAMD）

第三，提升就业竞争力。人力资本理论认为，作为劳动力的个人所获得的经济收入与其受教育程度呈正比，受教育程度越高，所获得的经济收益就越高，失业的风险就越低。增强就业竞争力，获得更高的经济收益成为人们开展研究生阶段学习的主要动力。近年来，女性在就业市场上的弱势地位促使更多的女性选择继续深造，完成研究生阶段的学习进而在竞争激烈的就业

---

① LARIVE C K. Graduate student internships: developing scientists with real-world experiences [J]. Analytical and bioanalytical chemistry, 2005 (3): 993 -995.

市场中立足。美国劳工部统计数据显示，在女性收入较高的前十位就业领域中，如教育、医疗等领域要求从业者拥有研究生学历。① 提升就业竞争力是国际研究生学习的根本动力，美国高校的研究生培养具有以就业为导向的特点，面对来自全世界人才的竞争压力，国际研究生“必须要学新的东西，这样比较有竞争力”。

选择到美国攻读研究生学位可能源自找工作的压力，来自中国台湾地区的一名博士生指出：“最开始来的时候最想要在这里拿到一个学位，因为我刚开始在台湾大学有一个兼职讲师的职位，如果想要成为全职教职，必须要有一个博士学位。”（26CTSMD）生源国文凭崇拜导致的就业竞争压力也是国际研究生到海外深造的原因。很多国家的工作机会也很难得，在美国著名高校毕业利于找到合适的工作。来自韩国的一名文科博士生指出：“在韩国，即便是获取了本国高校的博士学位，也很难找到专业性比较强的工作。韩国的高校比较倾向于招收在外国取得文凭的毕业生，高校都在追求国际化，更加倾向于招收在发达国家高校毕业的毕业生。20 世纪 50 年代后，韩国的高等教育受到美国的影响非常深远，韩国的各行各业有些唯美国马首是瞻，觉得美国的一切都是好的，纷纷效仿美国。如果我从美国高校取得了博士学位再回韩国找工作，就会很有竞争力，获取的美国高校的博士学位是我非常重要的社会资本。”（28SKLAMD）

在美国高校学习的经历不仅锻炼了国际研究生的国际工作能力，也培养了国际研究生的国际视野，拓宽了其就业选择，一定程度上培养了国际研究生的“世界公民”意识，使国际研究生能够“有机会选择更适合的工作，并拓展工作机会”。具有世界公民意识的国际研究生，遵循普世价值，具有积极的、关注不同区域和不同文化中人们的生存状态，坚定地相信人类共同遗产和人类共同善的概念。② 他们的心理地平线和情感地平线不再局限于对一个特定区域的依恋感，而是不分地域、种族地关注整个世界。此外，留学经历改变了国际研究生对未来就业的期待。来自哈萨克斯坦的一名博士生表示：“不再想过那种一成不变的生活，更倾向于选择非政府组织，希望有机会去很多个国家工作。”（15KZLAFD）

---

① MC WADE P. Financing graduate school：how to get the money you need for your graduate school education［M］. New Jersey：Peterson's，1996：2.

② 布道. 建构世界共同体：全球化与共同善［M］. 万俊人，姜玲，译. 南京：江苏教育出版社，2006：111.

# 第二节　学术适应的潜在消极效果

受访的40名国际研究生中，有17名国际研究生肯定了在麦大学习对学术成长带来的帮助，并明确指出，在麦大的学习经历对学术发展没有产生任何消极影响。还有一些国际研究生表达了在麦大学习带来了学术上的潜在的消极后果的想法，以及在麦大这段学习经历对自己学术带来的可能性的隐忧。例如，国际研究生会有强烈的孤独感，由于需要完成大量的学习任务而缩短社会交往的时间，与家人、朋友慢慢疏远，不能平衡学习和生活。[①] 除学业压力外，国际研究生在学校工作、自我期待、经济状况、个人心理状态方面都承受了巨大的压力，影响国际研究生的自信心和积极的自我认知。

## 一、机会成本

研究生阶段，尤其是博士阶段的学习需要花费学习者大量的时间、精力、脑力，“还要承受巨大的机会成本”，这些机会成本包括经济上的窘迫、错失工作机会、延长学习年限等，以至于国际研究生“有时候会想自己为拿到博士学位所付出的这些牺牲到底值不值得”。国际研究生学习更加专注，目标明确，休闲时间少，[②] 常常会因全身心投入学习而失去家庭生活。一位已有孩子的国际研究生指出，“看到很多人因为学术压力很大而牺牲了很多其他方面的生活，比如家庭、陪伴子女等”。正如国际学生服务办公室老师所观察到的一样：“大多数情况下，国际研究生将留学视为对未来的一种投资。但有时候这种投资并不一定会有理想的收获。”（6ISS）

国际研究生未能克服学术障碍影响其学术融入。受访的国际研究生表示“所遇到的学术困难一直没有克服”。例如，一名高年级博士生指出，“写作的困难是比较大的学业障碍，我觉得一直没有克服，一直在克服中”。没有克服学术困难以及艰难的求学经历导致国际研究生一度怀疑留学的意义，“不确定对我来说这是不是一个完美的选择”，甚至要接受被边缘化的事实。

---

① BALL N. First year graduate students: reflections on the graduate school experience [C]. Conference Papers - American Sociological Association, Atlanta, 2010: 852.

② BAHVALA A V. A qualitative study of graduate international students' motivations, expectations and experiences at the University of Wisconsin-La Crosse [D]. La Crosse: University of Wisconsin-La Crosse, 2005.

边缘化指国际研究生个体既割断了与原来文化的联系，也没有建立起与新文化的联系。国际研究生很难融入美国学术文化，“有时候会感到被孤立，被边缘化，感觉我始终是陌生人”。“文化的隔阂跨过去很难”，美国“有太多的隔阂，因为国际学生的身份，很多圈子都融不进去”。硕士研究生和访问博士生会由于学习年限的限制影响学术适应的结果，“硕士阶段的学习很短，只有一年半，适应了之后基本也就快结束了”。一名在美国生活将近十年的博士生“已经习惯了现在的生活环境和交友环境”，但很多时候，“感觉不能融入主流文化”。

## 二、去留的两难抉择

国际研究生入学以及毕业之后的“去”与“留”受美国移民和签证政策的影响较大。二战之后，秉承促进理解，维护世界和平的外交理念，在高等教育领域，美国采取了多项促进人员交往、学术交流和合作研究的措施。美国开始成为国际研究生的主要聚集地。冷战时期，美国充分认识到国际研究生教育在培养和留任优秀人才、增强国家创新力中的重要作用，采取了开放的国际研究生招生政策，20 世纪 70 年代中后期，国际研究生数量达到历史高峰。“9・11”事件后，美国采取紧缩型签证政策，国际研究生数量明显减少。“9・11”事件使美国高等教育国际化进程受到重创，美国接收的国际学生大幅减少，与之相伴的是美国的专利和科研产出也相应地减少。科学工程领域减少国际研究生招生数量对研究依赖国际人才的美国科技领域造成了致命的打击，美国科技进步的速度明显放缓。考虑到国际学生减少会对美国造成巨大的经济、文化、政治和学术利益流失，美国加大了对高等教育国际化的投入。美国国务院、商业部、教育部、外国学生顾问协会（National Association of Foreign Student Advisers，NAFSA）等政府部门以及非政府盈利组织颁布了多项战略规划，增强对国际学生的吸引力，放宽对重要来源国学生的签证要求。经过签证和移民政策改革，美国国际研究生数量大幅回升。

美国对国际学生的就业政策以服务美国国家利益为中心，国际研究生在美国的就业市场上处于被动地位。例如，20 世纪 70 年代，美国移民政策规定，国际研究生在美国完成学业之后，需有两年以上在生源国的工作经历才能申请美国移民。以此来提升国际研究生的工作技能，并满足美国劳动力市场对劳动力国际能力和国际经验的需求。受签证和移民政策的影响，大多数国际研究生的学习领域为科学、技术、工程和数学学科。早在 1924 年，美国就出台了技术移民政策，通过立法将职业移民列为移民的优先类别。在此后的近一百年时间中，美国的技术移民数量迅猛增长，技术移民政策也成为吸引具有移民意愿的外国人获得美国移民资格的捷径。[①] 1960年到1964年，科学和工程领域国际博士生的比例从16%增加到39%，非科学与工程领域的国际博士生在博士生总数中所占的比例从7%增加到17%。[②] 到2000年，全球90%的高级技能人才聚集在包括美国、英国在内的西方国家，[③] 在研究生的国际流动中，美国扮演了"人才收割机"的角色，吸引并留任高级技能人才的移民政策也被视为新殖民主义的表征。以美国国家利益为根本出发点的国际研究生教育招生、培养和雇佣政策为国际研究生的学业和职业发展带来了困惑。麦大国际学生服务办公室的工作人员指出："由于移民和签证政策的影响，国际学生缺乏全面探索自己未来可能性和兴趣的机会，这样会限制国际研究生的发展。例如，如果在毕业后想要留在美国工作，必须要依托一个专业或者研究领域，且最好与美国需要的人才或者劳动力相匹配。如果发现自己对自己学习的专业或者研究领域不太感兴趣，国际研究生换专业的时候比美国学生遭遇更多的困难，因为招收国际研究生的时候依托某个特定的专业，国际研究生入学后不能随便转换专业。"（6ISS）

受到生活成本、工作机会、人才环境、学术成就、个人家庭等多重因素的影响，国际研究生在选择留在美国还是回生源国之间艰难抉择。经济收入和生活成本是影响国际研究生选择"去"或"留"的重要因素。"美国的生活成本比韩国低，在美国，3 000美元的购买力相当于在韩国7 000美元的购买力，我会综合考虑哪里的工作机会好、工资高再决定去哪里。"（28SKLAMD）国际研究生留在美国工作面临多重阻碍，"没有获得永久居民权的时候很难在美国找到工作"，回国工作又会遭遇学历盲目崇拜带来的就业挑战，"韩国有太多学生出国留学并且在很好的学校拿到学位，回去也不一定有竞争力"。有家庭的国际研究生还需要考虑家庭成员的因素，一位已为人父的博士研究生的两个孩子都出生在美国，妻子也是非洲裔美国人，"必须要为家庭成员的未来考虑"。由于研究语境以及科研的效用性差异，一名来自中国的文科硕士生表达了如果留在美国可能遇到的艰难处境：

---

① 国际研究生是美国STEM领域研究生项目的主体。以理工科专业见长的麻省理工学院，80%的国际研究生在毕业之后选择在美国工作。参见：International students are vital to U. S. higher education [EB/OL]. [2017-06-08]. http://www.nafsa.org/Professional_Resources/Publications/International_Educator/International_Students_Are_Vital_to_U_S__Higher_Education/.

② U. S. doctorates in the 20th century special report [EB/OL]. [2017-05-30]. http://www.immagic.com/eLibrary/ARCHIVES/GENERAL/US_NSF/N060630T.pdf.

③ AMARAL A, MAGAHAES A. The emergent role of external stakeholders in European higher education govennance [M]//AMARAL A, JONES G A, KARSETH B. Governing higher education: national perspectives on institutional governance. Dordrecht: The Netherlands Kluwer Academic Publishers, 2002: 1-22.

“如果想要留在美国工作，就要挤破头跟别人争资源，研究美国所谓的高端课题。美国的学术研究问题对非本土研究者而言相对冷僻，相对高端的课题是指意识形态所涉及的问题（ideological convergence），尤其是以美国为中心的体系。但是研究的主体并不是我在乎和感兴趣的东西；我之前的想法是把这些思维方式运用到自己喜欢的研究问题和话语体系中（discourse），但是我越来越觉得，话语体系不同，研究方法和思维方式其实是不能应用的。退一步说也可以用，但是关系到用到多大程度的问题。”（6CHLAFM）

一些来自发展中国家的国际研究生面临过度教育（educational glut）的挑战。过度的人才培养以及培养出来的人才不适合生源国的工作市场，致使国际研究生在生源国不能找到合适的工作，或者找不到具有较大上升空间的工作。在此情况下，很多接受美国研究生阶段教育的国际研究生倾向于选择留在美国工作。部分来自发展中国家的国际研究生接受生源国政府奖学金的资助，奖学金要求受资助者完成学习任务后回国服务。受到学习、工作、生活等各方因素的影响，仍有很多受到此类奖学金资助的国际研究生没有履行回国服务的承诺。例如，数据显示，非洲研究生助学金项目（African graduate fellowship program）在国家发展所需要的专业领域内选派优秀学生到国外高校接受研究生教育，并要求助学金获得者完成学业后回国工作，即便如此，学生的归国率只达到75%。[①] 总体而言，相比于博士研究生，硕士研究生的归国率更高。对于很多国际研究生而言，离开自己国家几年后重新回国找工作并不是一件容易的事。例如，回国之后开展独立的科学研究，因缺乏指导者和合作伙伴不能顺利开展，在学术训练不足的情况下需要保持较高的科研水平，压力很大等。生源国没有在留学期间学习的相关研究领域或与专业匹配的工作机会，生源国劳动力市场缺乏对高级技能人才的需求都是导致国际研究生在“去”与“留”之间徘徊的原因。

留在美国工作要求研究生本人具有较高的综合能力和就业竞争力，这也成为国际研究生学术适应的动力。本研究中的研究参与者并没有直接表示通过在美国研究生阶段的学习达到在美国工作的目的，然而，有两位研究参与者通过与国际研究生的日常接触提及印度研究生具有通过就读具有优先移民权的学科作为留在美国工作进而获得永久居民权的特点。国际学生服务办公室的一名工作人员指出：“印度学生做学术很多都是为了留在美国，不是为了学术而做学术，好像是为了离开印度而做学术。从选择的专业就可以看出来，印度学生很少选文科，90%甚至以上的印度学生选择STEM学科，好像

① Colloquium on the foreign graduate student (2nd: 1970: Wingspread). The foreign graduate student: priorities for research and action [R]. New York: College Entrance Examination Board, 1971: 49.

从来没有遇到过印度学生来学语言或者文学，本科的可能有，但是研究生确实很少。”（7ISS）为此，研究者在参与印度文化节活动中的小组讨论时，向参与活动的印度学生提出了“印度学生多就读计算机等理科专业有没有什么特殊的原因”的问题，两名参与活动的印度学生（一名硕士生、一名本科生）的回答验证了国际学生服务办公室工作人员的认识。印度学生直接指出“为了在美国找到适合的工作”是选择计算机等理工科专业的主要原因。

## 三、学术再适应

与母体文化脱节是国际研究生到美国学习所带来的另一个消极的学术影响。韩国的一名博士生指出，“在美国学习三年，对本国的一些学术用语甚至母语都表现出了疏离”。来自中国的硕士生也表达了相似的感受：“在美国学习对汉语掌握产生了很严重的影响，很多汉语都表达不出来了，表达某些概念也不清楚了，找不到那个词语了。”

国际研究生在美国的求学经历培养了国际研究生的学术习惯，塑造了国际研究生的身份认同。作为一名科研工作者，国际研究生个人的经历、社会地位、世界观等都会影响其研究兴趣、研究问题、研究方法偏好以及论文的写作方式。[1] 研究生的身份认同像一个万花筒，当角度发生改变时，看到的颜色也完全不同。身份认同是一个压缩的空间，会因时间、情感、态度、经验的差异而存在差异。在美国所形成的身份认同为那些选择到生源国工作或继续从事科研工作的国际研究生带来了学术再适应的难题。园艺学专业一名中国博士生用“修剪树枝”形象地比喻学术适应以及学术再适应的过程。

“来这里的感受是国内是一个小树，这里像一个剪刀，把我的这里剪掉，那里剪掉，很痛苦，回头还要拧回去。由于评价体制的差异，在美国高校接受的学术训练并不被认可，自己培养的‘好的’能力，比如思考能力，还不如发一篇文章来得实在。一直觉得一个点比较矛盾，这边的接受完整的美国研究生系统的教育，跟美国的学术标准相符合，但是国情不一样，因为国内找工作需要发很多文章，但是这里不够重视文章发表。”（19CHSFD）

学术环境的差异表现为国际研究生回国之后很难找到与美国相似的科研环境。早在20世纪中期，一项对美国高校国际研究生的调查发现，国际研究生回国之后从事教学科研工作，会遇到教学资源不足，科研经费不足，只能教授基础课程，教学量大及工资较低等问题，返回发展中国家工作的国际

① WELLINGTON J，BATHMAKER A-M，HUNT C，et al. Succeeding with your doctorate［M］. London：SAGE，2005：31.

研究生还会出现为了维持生活，不得不利用业余时间寻找兼职工作的境遇①。进入21世纪以来，随着全球经济、文化的发展，高等教育事业也取得了显著成绩，师生的工作和学习环境、资源得到显著改善，教育成果和学术水平不断提升，但学术再适应问题依然严峻。一项对我国“海归”教师学术适应的调查显示，大部分海归教师总体学术适应性良好，但仍有部分海归教师存在学术适应问题，最不适应的是国内高校的学术体制，其余依次是科学研究、学术交往、课程教学、社会服务、文化传承与创新。② 学术再适应问题是国际研究生选择工作时不可回避的现实问题。

## 本章小结

国际研究生的学术适应涉及自身背景、学校条件、文化价值观等庞杂的影响因素，是“建构性认同”与“本真性认同”的相互交错。③ 学术适应是一个复杂而又漫长的过程。国际研究生学术适应的结果不是单向的，多集显性的积极效果与潜在的消极效果于一体。然而，无论国际研究生取得了积极的学术适应效果还是消极的适应效果，国际研究生普遍认为，学术适应是一个漫长的，甚至是永无止境的过程。一位在美国有十年生活经历的国际研究生表示仍然很难完全适应美国的学术生活：“生活习惯的适应过程比较快，学术适应却是一个漫长的过程。我在美国生活十年了，直到现在我觉得我还没有适应这里的学术，仍然在很艰难的适应过程中。”（30SPLAFD）学术适应的过程与结果影响个人的就读经历，“如果没有调试好状态，可能整个过程都很痛苦”。

学术适应过程漫长，但国际研究生经过不断调试，对新环境的适应程度不断深入，国际研究生表示“刚开始的三个月感觉特别漫长”，充满了挑战，“很恐怖”，“充满了挫败感”，甚至“痛苦得不知道自己要做什么”。但是，“经历了一年半的适应期之后感觉能够比较自如地应对学习和研究中的问题

① HOUNTRAS P T. Academic probation among foreign graduate students [J]. School and Society, 1956 (9): 75 - 77.

② 俞晨. 高校海归教师学术适应性研究 [D]. 南京：东南大学，2017.

③ “本真性认同”是家庭、宗教、民族等天然的、既有的、预定的身份认同，在这种认同中，个体无法自由地选择或改变加诸身上的本真性认同。而建构性认同是随着时间的推移、主体间的互动而不断界定与再界定的产物。参见：泰勒. 自我的根源：现代认同的形成 [M]. 韩震，译. 南京：译林出版社，2012：46 - 47.

了”，在技术、能力、技巧成熟一些的情况下，学术适应会快一些。随着就读年限的增加，国际研究生对学术适应的满意度有所增加。也有国际研究生指出，“不需要完全适应”。国际学生服务办公室的老师指出，适应是一个不断持续的过程，在一个终身学习的社会中，每个人都要保持不断学习的状态，对于研究生而言更是如此。“对于绝大多数国际研究生而言，他们不能够取得完全意义上的学术适应（fully adapted）。一个需要不断学习的人从不同的文化背景中转换到英语的学习环境中，是需要很多的时间的。”（6ISS）

研究生阶段，尤其是博士阶段的学习以科研为主，科研本身是一项要求科研人员具有专注力和耐心的工作，其本质不会因为身处不同的学习和科研环境而存在巨大差异。正如巴西的一位访问博士生指出的那样：“博士的学习本身就是艰苦、漫长而充满挑战的，我并不觉得在这里比我不在这里多了什么样的困难。”（38BRLAFV）在学术适应的过程中，尽管国际研究生各自采取了不同的适应策略，力求克服在不同高等教育体系接受研究生教育所遇到的学业困难。然而，国际学生仍然是美国高等教育的边缘群体，不得不依靠自己的能力解决问题，因此变得更加自主化。知识体系的不匹配，以及获得的碎片化学术支持，使得国际研究生很难接受到系统化的学术训练。在学术研究，尤其是文科学术研究中，受到不同政治经济文化背景的影响，国际研究生形成了自己的学术研究旨趣。相比于对知识的消费，国际研究生更多地承担了知识生产的重任，研究背景和科研使命的双重挑战都加剧了国际研究生学术适应的难度。

# 第八章　研究结论

国际研究生的学术适应是一个动态的发展过程，受到国际研究生自身以及可以利用的资源等多方因素的影响。本研究中的研究参与者基于自身经历讲述了不同的学术适应“故事”，通过对所有研究数据的分析可以得出国际研究生学术适应的解释模型，并得出以下主要结论。

## 一、国际研究生学术适应的解释模型

基于课程学习、科学研究和学术环境的统一性，国际研究生的学术适应遵循一般规律。本研究发现，美国公立研究型大学国际研究生的学术适应是由学术适应的基本维度、主要障碍、实践策略、支持条件以及效果五个核心维度构成的解释模型。以上五个维度贯穿国际研究生学术适应以及研究生学习的整个过程。其中，学术适应的维度是学术适应的对象和基础；学术适应的主要障碍是学术适应的主体；学术适应的实践策略和学术适应的支持条件构成学术适应的过程；学术适应的效果分为积极效果和消极效果；大量研究参与者表示学术适应是一个漫长的过程，始终处于学术适应的过程之中。根据数据分析结果，本研究得出国际研究生学术适应的解释模型，如图 8 – 1 所示。

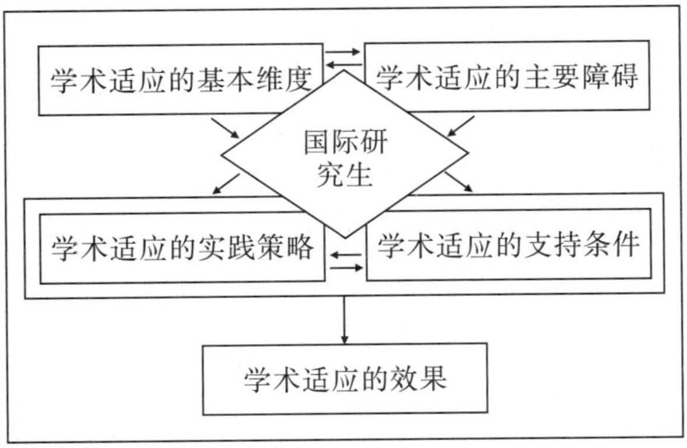


图 8 – 1　国际研究生学术适应的解释模型图

国际研究生学术适应的过程受到自身以及可利用到的资源等多种因素的影响，学术适应的效果不尽相同。学术适应的基本维度与学术适应的主要障碍互相对应，学术适应的基本维度是国际研究生普遍认为在学业进行过程中所需要适应的领域，正是在这些领域内遇到了学术适应过程的困难。国际研究生通过综合运用实践策略并积极寻找支持条件，解决学术上适应中的困难。学术适应的实践策略和支持条件共同构成国际研究生学术适应的主要行动过程，二者互为依托，是国际研究生学术适应解释模型的核心。国际研究生学术适应的效果是以上因素综合作用的结果。

心理学领域个人向陌生环境和生命阶段转变的转换理论中“情境”“支持”“策略”“自身”的“4S”体系为本研究的开展提供了理论切入点和特定的分析数据的视角，对本研究具有一定的理论借鉴意义。在国际研究生向美国公立研究型大学进行学术适应的具体情境中，本研究得出的国际研究生学术适应的解释模型相较于转换理论的“4S”体系具有新发展。国际研究生学术适应的解释模型是在转换理论在国际研究生学术适应问题中的适用性运用。国际研究生对美国公立研究型大学学术适应的问题具有其自身的特殊性，受到国际研究生作为“国际学生”和“研究生”双重身份的影响，本研究得出的国际研究生学术适应的解释模型是转换理论在国际研究生学术适应领域的批判性继承。

国际研究生学术适应的解释模型不同于转换理论的“4S”体系，主要表现为转换理论的“情境”和“自身”作为国际研究生的个人背景，并未出现在学术适应解释模型的核心机制要素中，取而代之的是“基本维度”和“主要困难”。虽然“4S”体系中的“支持”和“策略”作为核心要素，仍然适用于国际研究生学术适应的解释模型中，但构成“支持”和“策略”的基本单位有较大差异。此外，作为一种行为，学术适应过程为国际研究生自身带来了或积极或消极的改变，“效果”成为国际研究生学术适应解释模型的基本环节。

具体而言，国际研究生学术适应解释模型对转换理论“4S”体系的发展表现在如下方面。第一，转换理论“4S”体系中“情境”和“自身”的子维度分散于国际研究生学术适应解释模型的不同核心维度之中，并成为讨论国际研究生学术适应类别特征的主要依据。例如，“4S”体系“情境”中的“先前经验”成为国际研究生学术适应的“支持条件”；“4S”体系“自身”中的“个人承诺和价值”“精神和韧性”以及“心理资源”在国际研究生学术适应中表现为“支持条件”中的“性格特点”。第二，“4S”体系“支持”中的“亲密关系”“家人”“朋友”也是国际研究生学术适应机制中的“条件支持”，“4S”体系中的以上“重要他人”并非国际研究生学术适应“条件支持”中的“关键人物”。虽然二者主线相似，但在具体的情境中具有差异性。“4S”体系中的“机构支持”和“社交网络”分别对应国际研究生学术适应“条件支持”中的“外部条件”和“实践策略”中“学业管理策略”的下位概念。第三，“4S”体系“策略”中的“信息查找”“行动”也构成了国际研究生学术适应机制中“实践策略”中的“认知策略”和“辅助策略”的组成部分，但相同维度在不同的研究问题中所指代的含义差异性显著。第四，转换理论的“4S”体系与国际研究生学术适应解释模型的子维度并非存在完全对应关系，转换理论的“4S”体系中的“触发机制”“时机”“控制”“时长”“压力”“评价”并未直接呈现在国际研究生学术适应的解释模型中，而是成为理解国际研究生学术适应的基本领域、主要困难乃至实践策略和支持条件的线索。以此为基础，本研究得出了国际研究生学术适应解释模型的 5 个核心要素，并包含 53 个子要素的动力体系，具体如图 8 – 2 所示。

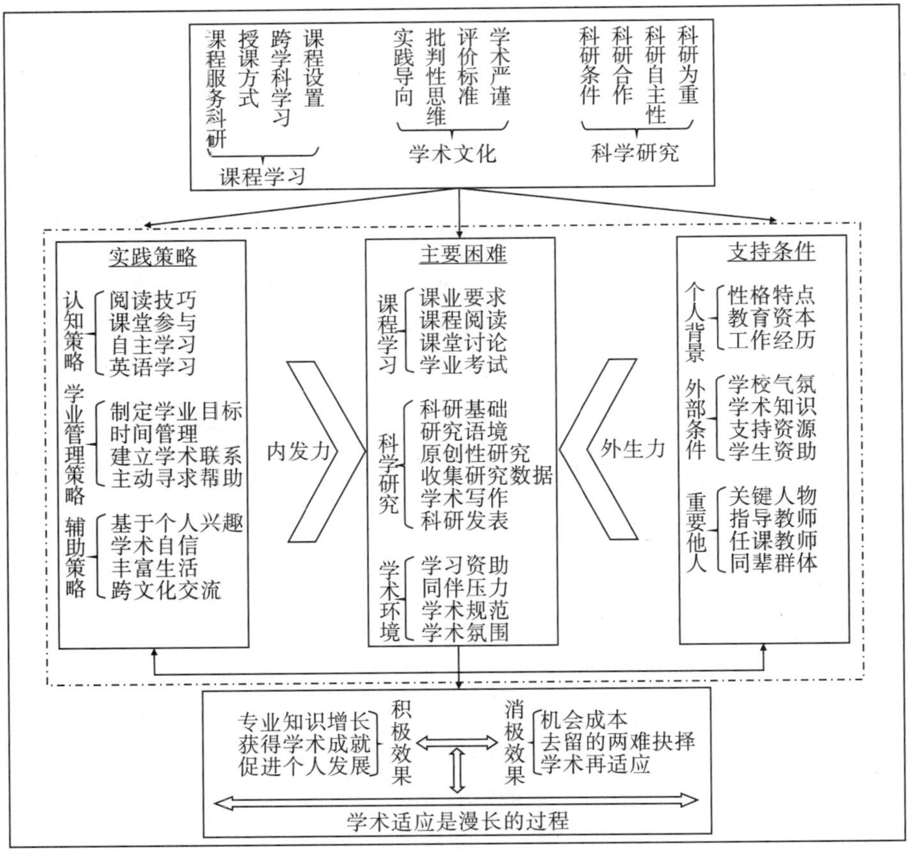


图 8 – 2　国际研究生学术适应解释模型要素及关系图

其中，课程学习、学术文化和科学研究构成了学术适应的基本维度，具体包括以下 12 个因素，分别为：课程设置、授课方式、跨学科学习、课程服务科研；学术严谨、批判性思维、实践导向的研究、评价标准多元；科研条件、科研合作、科研自主性、科研为重。

国际研究生在课程学习中面临课业要求严格、课程阅读量大、课堂讨论参与少、学业考试难的困难。科研基础薄弱、研究语境差异大、原创性研究要求高、收集研究数据困难、学术写作以及科研发表周期长是国际研究生在科研中遇到的主要困难。科研中的困难还表现为学习资助申请难、同伴压力大、学习学术规范、适应学术氛围等要素构成的学术环境的困难。

认知策略、学业管理策略和辅助策略是国际研究生克服以上学术困难的主要策略，主要表现为：采用阅读技巧、确保课堂参与、采用自主学习与合作学习相结合的学习方式，大量练习英语。在此基础上，国际研究生采取制定明确的学业目标、开展时间管理、主动建立学术联系、主动寻求帮助的策略开展学业管理；基于个人学习和研究兴趣、培养学术自信、丰富生活、开展跨文化交流是国际研究生学术适应的辅助策略。

国际研究生的个人背景、可以获得的外部条件以及关键人物是学术适应的主要支持条件。个人背景表现为性格特点、教育资本和先前的工作经历；外部条件以学校气氛和学校资源为主，获得资金支持是重要的学术适应的外部条件；指导教师、任课教师及同辈群体是帮助国际研究生学术适应的关键人物。

基于以上学术适应和过程，国际研究生的学术适应效果表现为显性的积极效果和潜在的消极效果两个方面，积极效果包括专业知识增长、获得学术成就以及促进个人发展；潜在的消极效果为付出较大的机会成本、在“去”与“留”之间的两难抉择，并有可能面临学术再适应的问题。也有大量国际研究生表示，学术适应过程十分漫长，“一直在适应”，或者“永远不能完全适应”。

综上，虽然转换理论“4S”体系中的基本构成要素并没有作为国际研究生学术适应的解释模型的主要构成因素而出现，但转换理论“4S”体系中的基本构成要素是探求国际研究生学术适应的解释模型的主要线索和参照标准。即便是相同的维度，在不同的研究语境中指代的含义也完全不同。至此，转换理论“4S”体系在本研究中完成“脚手架”的使命，在对转换理论“4S”体系解构的基础上，本研究探索出了国际研究生学术适应的解释模型这一新的“建筑”。国际研究生学术适应的解释模型是对转换理论“4S”体系在新的研究情境中的新运用。

人类的对事物的认知过程并不因为国籍的不同而存在差异，知识无国界，大多数知识虽产生于不同的社会或研究语境中，但并不会因为地域的差异而发生巨大的改变。知识的普适性与人类认知的一般规律是国际研究生开展学术适应并在学业上有所收获的基础。在转换理论模型的基础上，本研究得出国际研究生学术适应的基本机制，如图 8 – 3 所示。

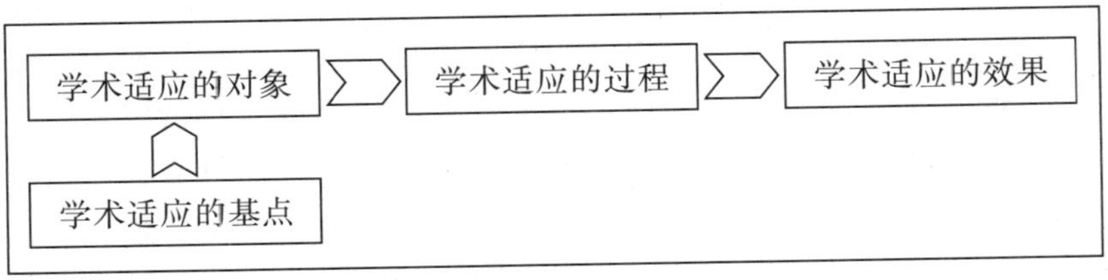


图 8 – 3　国际研究生学术适应基本机制图

其中，国际研究生的学术适应受到个人、学校乃至国家政策的影响，学术适应的过程涉及多个因素，形成了一个包括基点（基本维度）、对象（主要困难）、过程（实践策略和支持条件）以及效果的动力机制。通过对国际研究生学术适应的研究发现，国际研究生的学术适应是在学术适应的基点上，生成了学术适应的对象，并经历了学术适应的过程，出现了不同的学术适应效果。

## 二、申请资助是国际研究生学术适应的首要困难

国际研究生在课程学习、科学研究和学术文化方面经历了较多的学术适应困难，表现为课程阅读、课堂讨论以及考核的要求严格，给国际研究生造成了较大的学习压力。科研过程中，科研基础薄弱、研究语境差异、研究过程充满挑战、论文写作难贯穿科研的全过程。国际研究生需要调试自身以适应麦大的学术环境。在研究过程中，当问及研究参与者"学术适应过程中的主要障碍是什么"的时候，国际研究生纷纷表示，缺乏经济资助以及申请资助困难是学术适应的首要困难。能否获得资助是国际研究生选择学校、学习项目甚至专业的主要影响因素。

来自前殖民地国家的国际研究生的主要学术困难为经济条件的限制。国际学生服务办公室的工作人员基于多年的工作经验发现："欧洲，澳大利亚的国际学生很少会有资金上的困难，他们多从生源国政府、第三方机构等相关部门获得经济资助。而非洲、亚洲、南美洲国家的国际研究生对资助的依赖程度很高，比起西方国家的国际研究生遇到更多的经济困难。"（6ISS）国

际研究生也不例外。数据表明，在美国高校就读的国际研究生自费的比例为50%。[①] 研究生学习的费用由直接费用和间接费用两部分组成，直接费用包括学费、交通费、学习资料费、保险费、国际学生费以及其他学习方面的杂费；间接费用包括生活费、个人花销、抚养孩子和社会交往的费用等等。研究生阶段的学习需要支付高昂的学费，付出较大的机会成本。国际研究生的培养经费支出是国际本科生的六倍，大部分国际研究生在美国学习期间承受了巨大的经济压力，经济来源主要为助学岗位及其他兼职工作。

经济条件是制约国际研究生跨国学习、就读体验和受教育质量的关键因素。适量的资助是确保招收优秀国际研究生的根本途径，也是国际研究生学业质量的有效保障。作为公立高校，麦大的学费较私立高校更低，接收的政府财政资助也较多，加之麦大良好的国际声誉，吸引了大量国际研究生。为国际研究生提供助研、助教岗位以及丰厚的经济补贴是麦大在全球范围内吸引优秀学生的措施之一。然而，近年来，美国公立研究型大学所获得的政府财政拨款越来越少，所占比例已从总收入的三分之二下降至三分之一。[②] 国际研究生能够获得一些经济资助，但国际研究生的资助在学科、学段方面具有不均衡性，尤其是人文社会科学专业的国际研究生资助机会少，申请资助困难。与此同时，由于国际博士生的数量不断扩大，美国博士研究生项目的资助类型也发生了改变，从主要依靠奖学金转为依靠助教、助研等获得的岗位津贴。[③] 为保障国际研究生的资助，高校可以多渠道拓展研究生的资助来源。例如，在与社会或第三方机构合作的过程中获取横向课题经费，吸引校友及社会捐赠等，在服务社会，满足企业对技术研发的需求的同时，为研究生培养提供资金和平台。

科研花费大量资金，科研经费与科研产出呈显著正相关关系，[④] 研究生教育需要有充足的资金做保障。高校是国际研究生资助的主要来源，在美国高校就读的国际学生中，获得美国高校资助的学生比例为25%，研究生院提

---

① GURUZ K. Higher education and international student mobility in the global knowledge economy [M]. Albany: State University of New York Press, 2008: 171.

② Financing graduate school: how to get monney for your master's or Ph. D [M]. Princeton, New Jersey: Peterson's, 1996: 139.

③ Explore on-campus jobs for international grad students [EB/OL]. (2013 - 10 - 03) [2017 - 11 - 04]. https://www. usnews. com/education/blogs/international - student - counsel/2013/10/03/explore - on - campus - jobs - for - international - grad - students.

④ 美国国家研究院国家研究委员会. 研究型大学与美国未来：美国繁荣与安全的十大突破性举措 [M]. 朱健平，等译. 长沙：湖南大学出版社，2015：29 - 30.

供的资助占国际学生获得资助总数的18%。[①] 70%获得资助的国际博士生的资助来源是所就读的大学。[②] 很多国际研究生不能准确估量在美国学习所花费的学费和生活费，理想化地期待通过助研和助教的资助维系研究生阶段的学习，但申请助研和助教岗位存在激烈的竞争，不能保证每学期都能够获得资助。尤其是人文社会科学领域的研究生需要多渠道申请资助，几乎每个学期都需要寻找资助。然而，单独依靠资助的方式具有不稳定性，申请不到资助甚至会发生“如果没有资助，下个月就得离开美国”的情况。国际研究生在开展研究生阶段的学习前要做好具有弹性的经济预算，此外，还要考虑通货膨胀、家庭收入变动等因素，最大可能地避免因经济情况变化而影响学业的情况。国际研究生可以根据研究生项目的花费以及自身的经济承受能力谨慎选择学校和学习项目。

## 三、外部资源是国际研究生学术适应的基本保障

美国高校具有招收国际研究生的自主权，可以根据自身的办学条件设定国际研究生招生名额，并对国际研究生的教育质量负责，有权决定对国际研究生教育资源的分配。高校对国际研究生教育的立场、为国际研究生提供的帮助、国际研究生的教育方式和管理模式直接影响国际研究生的学术适应。本研究发现，国际研究生的学术指导教师、任课教师、同辈群体以及所在学校和院系的学术及多元文化气氛、所提供的学术资源及资助项目是国际研究生学术适应的主要外部支持。

国际研究生的学术训练很大一部分是通过课堂外的学习活动完成的，例如，研究生的研讨会、专业学术会议、学位论文撰写考试、导师指导等专业活动。参与专业学习活动、学术会议有助于国际研究生了解学术动态，建立学术联系并融入学术圈。通过专业学习活动获取科研资源，结交科研合作伙伴能够有效提升国际研究生的科研质量。完善人际关系网、满足求知欲、提升服务社区的能力、保持领先的专业技能是作为成人学习者的国际研究生学习的主要动力，参与专业学习活动和学术会议利于国际研究生达成以上学习目标。国际研究生表示，导师是学术资源的主要来源，除此之外，学校、院系、任课教师、家庭、同伴群体都可以为国际研究生提供学术资源。获取资

① Financing graduate school: how to get monney for your master's or Ph. D [M]. Princeton, New Jersey: Peterson's, 1996: 139.

② BLUM D E. Foreign students said to get aid preference over U. S. minorities [J]. Chronicle of higher education, 1992 (3): 1-30.

源的范围、有效性是制约国际研究生学术适应的重要因素。对学校资源的熟悉程度以及获取高质量信息的可能性影响国际研究生的学术适应。

与美国研究生相比，国际研究生有不同的学习习惯，学习压力更大，国际研究生群体容易引起偏见。在美国高校，国际研究生学习的特殊性没有得到充分的重视，未能及时获得有针对性的指导加大了国际研究生学术适应的难度。学院是美国高校最基本的学术单元，学校或者院系采取相应的支持措施对减少国际研究生的压力效果最为显著。[①] 然而，大部分美国高校没有国际研究生教育的专门支持政策，未指明国际研究生教育的重要性，对国际研究生缺乏明确的使命陈述。受访的国际研究生虽然表示，在学术适应过程中，并没有受到教师及同学的差别对待，美国高校研究生项目的课程针对美国学生以及针对美国劳动力市场培养高技能人才，忽略国际研究生在学习和科研领域面临较多的文化背景和科研语境的差异。学习专业技能、提升专业能力和就业竞争力是国际研究生跨国学习的主要动力。面对国际研究生巨大的个体差异以及劳动力市场的多样化，美国高校的研究生项目很难做到完全照顾到国际研究生个体的学习需求。

国际研究生的主要学习动力为美国高校国际研究生教育“市场化”带来了困难。随着劳动力市场对研究生综合能力的要求不断提升，高校应及时调整研究生培养的目标和方式，[②] 提升对不同文化背景的国际学生的教育能力，提高国际学生的学习质量和就读体验。鉴于此，为国际学生设置专门的语言课程，在专业课程的学习过程中增添国际性的知识，将知识与学生的语境联系起来，满足国际学生以及国际学生的生源国对学习前沿知识的需求，并为国际研究生提供优质的学习环境能够进一步提升国际研究生的受教育质量。对国际研究生和美国研究生采取双重教育标准具有误导性，有损教育公平，麦大对国际研究生的教育以及学术支持资源采取“无差别对待”的原则。为使美国研究生和国际研究生都能通过课程学习学到具有实用价值的知识，国际研究生教育在不损害美国研究生学习进程的前提下，可以采用对国际研究生提供额外辅导的方式弥补文化背景差异带来的学习差异。高校在设置研究生学习项目时应考虑到国际研究生的学习需求、特殊的学习背景，明确国际研究生的学习目标，使国际研究生达到既定的学习目的。作为自主学习者，国际研究生需要更多的信息输入，指导教师应给予一定的耐心和指导，基于

---

① Colloquium on the foreign graduate student (2nd: 1970: Wingspread). The foreign graduate student: priorities for research and action [R]. New York: College Entrance Examination Board, 1971: 10.

② WELLINGTON J, BATHMAKER A-M, HUNT C, et al. Succeeding with your doctorate [M]. London: SAGE, 2005: 8.

国际研究生学习的动因和学习偏好设计学习项目、课程，适当增加、增强课程的全球维度和国际化程度。

## 四、发挥主动性是国际研究生学术适应的隐形力量

环境为个体提供的资源通过个体的积极转化才是有意义的，学业参与和社会参与是影响国际研究生就读满意度最主要的因素。[①] 研究生为自主学习者，在学术适应过程中应充分发挥主动性寻求资源并克服学术适应过程中的困难。本研究通过对研究生导师、美国同学及国际学生服务办公室工作人员的访谈发现，以上人员作为国际研究生学术适应的“外部支持者”，建议国际研究生“积极表达需要什么样的帮助”。参与本研究的国际研究生通过发挥主动性获得了多种学术支持的成功经验也表明，发挥主动性是国际研究生学术适应的隐形力量。

国际研究生应在自身条件的基础上主动争取学习资源。一位美国博士生为国际研究生学术适应提出的唯一一个“中肯”的建议为“如果遇到了什么样的问题，要积极地利用学校提供的各种资源寻找解决问题的办法”。美国奉行“人人平等”的价值理念以及“个人主义”价值观，按照国别、肤色、语言能力差别对待国际研究生会被视为歧视，与多元文化主义的社会理念相背离，有违“政治正确性”。因此，在国际研究生没有主动提出需要帮助的要求的情况下，美国教师、同学一般不会主动帮助国际研究生。美国高校的教师和同学具有热心、敬业、乐于助人等优秀品质，很少主动向国际研究生提供帮助，如果国际研究生有需要，并“主动提出来”，美国教师和同学会“很乐意”帮助国际研究生。一位受访的美国硕士生指出，与同学之间的合作主要看“性格”，而非“国籍”。

国际研究生的主动性对科研进展产生巨大影响。人文社会科学的学习和研究以特定的社会和文化背景为依托，理工科的科研具有服务区域经济发展和科技进步的特点，在科研过程中，国际研究生需要深入研究现场、与研究对象深入交流以收集研究数据。发挥主动性积极融入美国的社会生活是国际研究生融入美国学术生活的基础。国际研究生应当做美国生活的参与者，而非旁观者。美国高校为国际学生提供了大量的跨文化交流活动，积极参与以上活动能够丰富国际研究生的生活，消解学术压力，结识新朋友，拓展个人

---

① LEITNER P S. The effects of demographic and international factore on the stasfication of foreign graduate students at the University of Wisconsin-Madison [D]. Madison: University of Wisconsin-Madison, 1982.

视野和信息来源渠道，是学术适应的有效辅助措施。研究生教育阶段要着重培养就业能力以及对社会的适应能力，研究生阶段的教育应走出“象牙塔”，广泛接触社会，保持“求知若渴，把学习当成一种生活状态”的态度，积极融入学术生活。发挥主动性是帮助国际研究生开展学术适应的重要策略。

## 五、国际研究生学术适应呈现出显著的类型特征

同一文化的内部存在着诸多价值的不可通约性，不同的文化之间具有“家族类似性”，并且始终存在多种“交叉重叠”。“家族类似性”指不同文化体系中同一群体的人具有相似的价值观。① 不同国家的研究生都经历着相似的成长经历，外在环境虽不同，但成长轨迹具有极大的相似性。美国研究生、亚洲研究生、非洲研究生在美国高校学习的过程并无实质区别。通过对不同地区的国际研究生学术适应过程的对比可以发现，国际研究生的学术适应过程呈现出以下类别特征。

第一，来自西方文化国家和前殖民国家，包括北美洲、欧洲、非洲、南美洲等国家和印度的国际研究生在学术适应过程中所遇到的语言障碍主要表现在英语口音的差异，在课程学习、科研方面及学术文化方面所遇到的学术适应困难相对较少。

一方面，来自西方文化体系的国际研究生的语言障碍不显著，并未过多涉及语言背后所隐藏的文化、价值观及思维方式的差异，“来自印度、非洲一些以英语为官方语言的国家，语言基础要好很多，他们语言的问题大多表现在发音的问题”，但是他们的英语是“可以被理解的”。韩国、印度或者中东学生“在交流的时候有口音，但是英语是流畅的”。来自英国殖民地的国家，如菲律宾等国的国际研究生所遇到的语言困难较少，但在理解美国教授的口音，理解美国式幽默，考试和撰写学术论文的过程中仍然存在困难，年级越高、在美国生活时间越久的国际研究生的语言障碍越小。

另一方面，来自西方文化和前殖民国家的国际研究生在语言和学术文化方面的学术适应障碍较小。这些国家文化比较开放，在学科知识、研究生教育体系、学术研究等方面与美国高校享有更多的共性，来自这些国家的研究生适应美国高校的学习环境比较顺利。国际学生服务办公室的工作人员指出：“美国的教育系统和欧洲国家的教育系统很相似，包括上课、考试、与导师沟通、制定学习计划或者开展研究的方式等。与其他国家相比，西欧国家来的一些国际研究生学术适应的困难较少。欧洲国家的研究生也会遇到一

① 维特根斯坦. 哲学研究［M］. 李步楼，译. 北京：商务印书馆，1996：48.

些困难，但是比起其他国家的国际研究生，他们遇到的困难要小得多。”(6ISS) 殖民地时期，宗主国将其教育模式移植到被殖民国家，殖民国家教育制度的建立深深地打上了宗主国的文化烙印。来自巴西的访问博士生表示：“就课程学习的阅读内容和教学方式而言，美国和巴西并没有什么不同。这让我重新思考巴西的殖民化程度有多严重的问题。”(38BRLAFV) 西班牙于16世纪在南美洲建立了殖民地，并仿照中世纪欧洲的高等教育模式在南美洲殖民地建立了大学。① 这些大学的学术文化与欧洲大陆大学的学术文化非常相似。殖民地时期，宗主国的语言、宗教相继渗透到被殖民国家，被殖民国家逐渐形成了相似的社会文化。来自津巴布韦的博士生表示由于受殖民历史以及高等教育国际化的影响，非洲国家将西方国家的高等教育奉为圭臬，一直效仿西方国家的高等教育办学模式。“津巴布韦的高等教育与美国的高等教育有很多相似之处，教学方式也以哈佛大学、耶鲁大学等发达国家的高校为模版。津巴布韦的教育传统也很关注培养学生的批判性思维，一直效仿美国的教育。”(34ZBLAMD)

第二，文化保守国家的国际研究生持有不同的师生观、竞争观、学术观、学习目的观，在学术适应过程中遇到的障碍最多，语言障碍最为明显。

“东方文化”与“西方文化”一直被认为是文化相异的典型代表，文化维度中存在多重二元对立的标准、价值观与风俗。例如，集体主义与个人主义、保守与开放、谦虚与自我表现、秩序与平等。美国高校中，来自亚洲国家的学生是美国高校国际研究生的主体，受到文化差异的影响，来自亚洲国家的国际研究生所遇到的学术困难最为明显。

来自文化较为保守的国家的国际研究生持有与美国主流文化不同的师生观、竞争观、学术观、学习目的观。例如，大量来自亚洲和非洲的国际研究生在建立平等的师生关系时持有相对保守的态度，相较于“人人平等”，更容易接受“阶层观”以及“上下级”的关系。与美国同学专注自身的科研不同，国际研究生的学习和科研容易受到周围环境及重要他人的影响，竞争意识较强，且普遍具有较高的个人期待。就对待科研的态度而言，国际研究生更多地将其视为一种未来的职业训练，无论是课程学习还是科学研究，具有较强的目的导向。由于缺乏严格的学术训练，国际研究生在学习前期普遍表示美国的学术研究更为“科学”“严谨”。

国际研究生在文化背景差异较大的环境中学习，遇到的学术适应障碍更为明显。国际学生服务办公室的工作人员表示，来自亚洲国家的国际研究生

① LANNING J T. Academic culture in the Spanish colonies [M]. New York: Oxford University Press, 1940: 21.

普遍处于比较紧张的学习状态，相比之下，来自开放文化背景的国际研究生则能够比较放松，“欧洲的学生即使是遇到了困惑和问题，仍然是很轻松的状态，南美洲学生也比较开放，友好”。（7ISS）由于学术适应中的障碍较多，高校没有提供及时有效的帮助，一项对国际研究生就读满意度的调查显示，国际研究生就读满意度低于美国研究生，来自东亚的国际研究生的就读满意度最低。①

除文化带来的价值观的差异之外，文化较为保守的国家较为明显的学术适应困难为语言困难。语言能力受教育思想乃至文化传统的影响。文化背景差异导致思维方式以及认识世界的方式都有所不同，国际研究生，尤其是来自亚洲的国际研究生的逻辑思维能力和有序组织能力较为逊色。② 本研究发现，语言障碍广泛存在于国际研究生的不同群体中以及学术适应的每个环节和每个阶段。即使语言基础好，托福、GRE 成绩很高的国际研究生也表示，学术适应过程中会遇到不同程度的听力、阅读、口语及写作困难。英语基础较好的国际研究生学术适应过程更为顺利，因此，对语言学习的重要性“怎么强调都不为过”。

第三，人文社会科学学科和理工科学科的国际研究生的学术适应过程差异显著，主要由学科特点和科研方式差异造成。

人文社会科学学科研究生教育注重课程训练，科研建立在大量阅读、全面掌握文献以及对研究问题深入思考的基础上，强调对特定社会问题的反思。人文社会科学领域的研究问题与研究语境关系密切，不同的国家所使用的研究方法也不尽相同，存在较大差异。课程是学习掌握大量文献，提出研究问题并学习研究方法的主要途径。人文社会科学的国际研究生在课程学习过程中所遇到的障碍较多。在理工科领域，研究生教育多依托研究项目展开，理工科的国际研究生依托导师的科研项目开展科研训练，并作为导师科研团队的工作人员参与团队研究。在学术适应过程中，理工科研究生的科研任务重于课程学习任务，与人文社会科学以独立性科研为主的研究方式不同，理工科国际研究生的主要科研方式为合作科研。由于理工科研究生参与导师的研究项目及申请助研的机会较多，申请到资助的概率相对较大，经济压力较小。受益于导师的资助，理工科的国际研究生倾向于持有“上下级”

① LEITNER P S. The effects of demographic and international factore on the stasfication of foreign graduate students at the University of Wisconsin-Madison [D]. Madison: University of Wisconsin-Madison, 1982.

② HUSSEIN M B. Reasons for participation and learning styles of international and of American graduate students in college of agricultural and life sciences and college of engineering [D]. Madison: The University of Wisconsin-Madison, 1987.

或“雇佣关系”的师生观。在科研方面，理工科与人文社会科学专业的国际研究生选题都受到地方语境的影响，注重研究的实用性。然而，人文社会科学领域的国际研究生对美国社会问题理解不足，与美国同学相比，缺乏专业知识相关的背景知识，影响对专业知识的理解程度及科研选题。在硬科学领域，如物理、数学等领域，主要研究对象是自然现象和科学问题，由学科知识差异引起的学术适应困难相对较少。因此，理工科国际研究生的科研较少受到研究语境差异的影响，具有研究一致性，较少存在“跨学科”或“跨专业”学习的困扰。

此外，受美国科研资助传统以及理工科研究实用价值的影响，相比于人文社会科学领域的国际研究生，理工科国际研究生学习资助有保障，很少遭遇“每学期都要找资助”的问题。以科学与工程领域为例，该领域中主要依靠个人和家庭资助的国际博士生比例为20%，而在非科学与工程领域，主要依靠个人和家庭资助的国际博士生比例高达53%。[①]

第四，国际研究生的年龄、工作经历、婚姻及子女状况对国际研究生学术适应影响显著，性别对国际研究生学术适应的影响不明显。

首先，国际研究生为成年的个体，本研究的研究参与者中不乏多年工作经历、比同级人年龄大，以及已婚并带配偶、携子女一同求学的国际研究生。通过对以上研究参与者的研究发现，年龄影响国际研究生的学术适应过程。年龄大的国际研究生具有较为稳定的人格特质，个人性格受到环境影响而发生改变的概率较小。陌生环境中的求学过程会塑造个人的性格，“虽然人的性格可以改变，但是，年龄越大，改变越难”。例如，一名时年29岁的国际研究生就读麦大的硕士生项目，其同学大多比自身年龄小4~7岁，她表示，很多时候不想参与同班同学的讨论及活动，主要是因为关注点不同。年龄因素因此而影响国际研究生的同伴关系及活动参与。此外，一名来自智利的博士研究生坦言，在接近40岁的年龄重返校园，大量遗忘本科阶段所学习的基础数学知识，并且需要重新适应数字化和网络化的学习环境加重了学业负担。本研究还发现，年龄较大的国际研究生大多有多年的工作经历，本研究中大多数国际研究生表示曾经有过为期一年以上的工作经历，工作经历奠定了研究生学习的基础，不仅使其积累了大量所学习和研究领域的实践经验，成为选择研究生阶段深造的动力，还帮助国际研究生明确学业目标。婚姻和子女状况是国际研究生学术适应的重要影响因素，甚至是国际研究生选择前往麦大开展研究生阶段的学习乃至毕业后留在美国工作的决定性力

① ESPENSHADE T J, RODRIGUEZ G. Completing the Ph. D.: comparative performances of U. S. and foreign students [J]. University of Texas/Social Science Quarterly, 1997: 593 - 605.

量。一名来自中国的博士生表示选择到麦大学习只有一个原因，就是“丈夫在这里学习”。带配偶与子女求学影响国际研究生的学习时间分配。已为人父的来自津巴布韦以及韩国的博士生分别表示，课余时间会用来陪家人，尤其是陪伴孩子。“为了子女的成长选择参与教会”，或“不得不留在美国”。来自赞比亚已为人母的一名博士生表示，在求学过程中，“照顾女儿与学业同样重要，孩子永远具有优先性”，接到女儿学校老师打来的通知孩子生病的电话的时候，“会放下工作第一时间去学校”。

其次，国际学生服务办公室的工作人员指出国际研究生学术适应可能存在性别上的差异。“有一些国家女性的地位不高，对女性接受高等教育缺乏较高的期待，认为女性不能取得与男性相同或者相似的成就，女性研究生承受了更大的心理压力。女性国际研究生与男性国际研究生的就读体验会存在很大的差异。”（6ISS）本研究发现，性别差异在国际研究生学术适应过程中的影响并不明显，美国奉行性别平等的理念，一位中国女性理工科博士生表示通过在美国的学习，克服了固有的性别偏见。一位来自机械工程系的博士生指出，由于平时实验经常与汽油、发动机打交道，实验室中的一位法国女生会像男生一样独立完成实验任务，而且这位研究参与者作为男生，不会“随意提供帮助”，因为会被视为一种“性别歧视”，也有国际研究生通过在麦大的学习经历克服了原有的性别偏见。

第五，攻读学位或访问（交换）身份的国际研究生的学术适应过程未呈现出显著差异，是否修学分是决定访问（交换）身份国际研究生学习融入的关键因素。

鉴于本研究对国际研究生的定义为“在生源国之外开展一年及一年以上学士后阶段学习”，在麦大学习一年及一年以上的访问、交换身份的研究生也是构成本研究中国际研究生学术适应“整体图景”的有机组成部分。本研究选取了3名交换硕士研究生、1名交换博士研究生和4名访问博士生共8名交换访问生参与研究，他们分别来自捷克、法国、以色列、比利时、巴西和中国。通过对访问、交换身份国际研究生的研究发现，访问、交换身份的国际研究生围绕核心任务开展课程学习和科学研究，经历了与攻读学位的国际研究生相同的学术适应经历。受到学习时间以及签证政策的影响，访问、交换身份的国际研究生表现出了较强的学习目的性，例如“为了拿到学分”或者“完成科研项目”等。对时间紧迫性的敏感度以及对获得宝贵学习时间的重视在访问、交换的博士研究生身上表现得更为明显，“没有过多的社交负担”从而“可以有更多科研时间”显得尤为珍贵。由于访问、交换身份的国际研究生多为高年级研究生，接受过基本的研究生阶段的学术训练，形成了较为明确的学习和研究旨趣，在麦大的学术适应过程中虽然表示经历了课程阅读困难、语言不畅、课堂融入度不高、科研困难等问题，但并未过多经历“研究语境差异”“获得学习资助困难”“同伴压力”等学术适应困难。

麦大并未对访问身份的博士研究生提出明确的学习或科研要求，但本研究中来自巴西、比利时和中国的访问博士生均表示积极参与外方导师的科研项目，参与课程学习，并具有较为明确的学业规划。而交换身份的国际硕士生和博士生需要完成特定要求的学分学习任务，课程学习的参与度更高，学术适应更为充分。课程学习不仅能够帮助国际研究生学习专业知识、获得大量学术资源，还能够培养国际研究生的批判性思维，锻炼学术写作能力，服务于科研，因此，修学分的要求是保证访问、交换身份国际研究生学术适应的有效措施。

第六，国际研究生的身份认同影响学术适应过程。

研究离不开特定文化和社会语境，研究多集中于地方性语境。国际研究生在建构自身身份认同的过程中会影响研究所处的“立场”，因此选择研究问题较多考虑其可行性、研究价值以及对职业发展所发挥的作用。

学生国际交流和教育是减少偏见的催化剂，与美国的外交政策密切相关，美国政府通过制定签证政策实现控制国际研究生服务国家政治目标的目的。国际研究生是构建国际社会体系的基本维度，很大一部分会成为未来社会的精英，甚至是领导者。研究生阶段的教育培养具有灵活性和强适应性的高技能人才，美国政府意识到研究生教育关切美国国家利益，将高等教育领域内的科学研究以及学术人员的交往视为实现国家外交战略的工具。教育是促进经济和社会发展的主要动力，尤其是对于发展中国家，教育在促进社会和经济发展中所起到的作用更加明显，起作用的方式不仅仅是生产大量的物质财富，还能通过人文、艺术等熏陶改变受教育者的认知水平和心理过程，发掘个人潜力。

相较于高校生产知识的功能，美国更重视国际研究生和国际研究带来的传播知识的功能。要维持国际领导力，美国需要发挥高等教育在思想控制和政治形态传播中的堡垒作用。国际研究生教育为其他国家，尤其是发展中国家培养高级技术人才，是美国教育和科研援助的一种表现方式，被放置于与外交和国防安全相同的国家战略位置。美国注重通过国际教育传播美式自由和民主思想，以维护其国际领导力，并希冀达到促进他国政治变革的目的。

国际研究生在美国高校以及在归国之后扮演了积极的知识贡献者的角色。从麦大国际研究生教育的结果来看，美国高校的国际研究生教育展现出了传播美国价值观的作用。例如，来自韩国的一名文科博士生指出，麦大的学术氛围比较进步，奉行进步主义教育思想，建构了其学术身份认同，研究旨趣偏向美国学术界对社会问题的关切。“在韩国读硕士的时候没有意识到我们的社会存在很大的权力不对等和不公平的现象，社会不公平的问题广泛存在，包括如何建构公平社会的问题，贫困阶层被压迫的问题等。但是来到麦迪逊读博士项目之后，我接触到了很多社会不公平和多元文化问题。现在的学术兴趣集中在如何推进社会公平进程，促进社会平等。”（28SKLAMD）

保持民族文化和认同感不利于国际学生的跨文化适应，① 也会对国际研究生的学术适应产生深刻影响。研究过程中，有国际研究生表达了内心对美国高校学术理念差异以及通过课堂传播美式意识形态的抵制，但由于所处的学术环境，不得不做出让步。

## 六、国际研究生学术适应效果具有差异性

美国的国际研究生来源国广泛，教育背景各不相同。国际研究生的学术适应是研究生阶段的开始，也贯穿研究生阶段教育的始末，国际研究生的教育关涉文化背景、学术传统的差异。通过对麦大国际研究生学术适应的研究发现，虽然一些国际研究生取得了诸如“高成绩”“学业奖学金”“论文发表”“完成学业”等多种学术成绩，并取得了涵养学术态度、获得个人性格完善等积极的学术适应效果，但仍有大量国际研究生表示学术适应困难重重，“始终没有适应”，或“一直在适应过程中”。国际研究生在学术适应过程中付出了宝贵的时间、工作机会、家庭生活等机会成本，适应美国高校的学术环境之后还会出现在“去”或“留”之间的艰难选择，选择离开美国的国际研究生需要面临“学术再适应”的问题，成为国际研究生学术适应的潜在消极效果。

研究生阶段的学习在学科基础知识、研究方法、科研能力等方面对研究生提出了较高的要求。本研究中部分国际研究生在美国高校开展研究生阶段学习之前已经接受过研究方法训练，或者已经有科研发表，尤其是英文论文发表，学术适应过程中所遇到的困难较少，适应过程更为顺利，容易形成较为积极的学习体验。大量学习基础知识、科研方法有助于提高学术适应的效率。如果国际研究生在入学之前准备不充分、语言能力不足、学术能力欠缺，研究生阶段的学习会遭遇更多的困难，甚至会造成心理创伤。在长时间的适应之后，如果不能达到良好的教育效果，一些国际研究生会选择终止学业。在研究生教育资源有限的情况下不能确保教育质量，被视为资源的浪费。提前做好学业准备是保障学术适应达到积极效果的有力保障。

---

① SHAFAEI A, RAZAK N A. International post graduate students' cross-cultural adaptation in malaysia: antecedents and outcomes [J]. Research in higher education, 2016 (3): 739 - 767.

语言基础、学术积累、个人态度、所获得的资源、职业定位、性格特点、家庭背景、导师等多种因素都会对国际研究生的学术适应效果产生直接影响。为完成学业、达到预期的学习效果，国际研究生积极融入学业之中，通过课程学习和科学研究逐渐将自身调试成为符合美国高校学术要求的研究生。采取不同的学习策略、所接触到不同的学术资源都会导致国际研究生获得不同的学术适应结果。例如，选错课程、缺乏指导教师指导等问题增加了国际研究生学术适应的困难，导致国际研究生产生消极的就读体验，不利于建立学术自信。然而，国际研究生对学术适应所持有的态度是影响学术适应进程的关键因素。本研究发现，一些不计划留在美国或者不从事学术工作的国际研究生多表示“不一定要完全适应”。不同的国际研究生学术适应的效果各不相同，甚至不同的适应效果也会同时发生在同一位国际研究生身上，绝大多数国际研究生表示要积极投入学术适应过程之中，并希望能够达到良好的学习效果。

## 七、学术适应的核心是由“学习者”向“研究者”转变

国际研究生是学术研究领域的“后备军”，研究生阶段教育的重心是培养具有独立科研能力的“研究者”。追求高质量的研究生教育是大量国际研究生前往美国高校开展研究生阶段学习的主要动力。国际研究生大多是同龄人中的“佼佼者”，通常具有良好的学科知识基础，较高的个人期待，学术视野开阔，学习努力。完成学业后无论是留在美国还是返回生源国，大多数都会成为行业领域内的新兴力量和未来的“领军人物”。研究生阶段扎实的科研训练是培养工作能力和科研能力的根基。在美国高校研究生阶段的学习是国际研究生由一名“学习者”向“研究者”转变的过程。

“学习者”是知识的消费者，而“研究者”是知识的创造者。排除语言、文化、学术氛围、生活等方面的差异造成的学术适应的障碍，国际研究生由“学习者”向“研究者”转变的过程是艰辛的。“学术本身是困难的，并不是因为来到了美国而变得困难。”合格的科研工作者需要具备基本的研究能力，掌握学科领域内的基础知识和前沿动态，学习科学的研究方法，持有端正的学术态度，具有批判精神和独立探究的能力，良好的写作能力，积累学术成果，建立学术关系网，等等。对于普遍缺乏严谨学术训练的国际研究生而言，以上作为科研工作者所应具备的基本能力是学术成长过程中需要克服的障碍和必须习得的能力。国际研究生由“学习者”向“研究者”的转变建立在不断学习的基础上，是知识输入到知识输出、知识积累到知识产

出的转变。

作为跨文化学习者，国际研究生的身份转变具有双重性，相对于在不同文化间的身份转变，国际研究生学术适应的核心是由“学习者”向“研究者”的转变。文化转变具有鲜明的地域特色，不同文化背景的国际研究生在向新的文化转换的过程中经历了不同适应过程。然而，由“学习者”向“研究者”的转变却不会因为文化、语言、国别、地域的不同而产生巨大的差异。不同身份背景的国际研究生面对相同的学习环境，其学术适应的过程具有较为明显的共性特征，本质都是由“学习者”向“研究者”的转变。由于麦大对学术“研究者”所应具备的能力和素养具有相同的要求，遵循相同的培养方式，因此，这也是本研究基于不同国际研究生个体及群体而得出国际研究生学术适应基本机制和解释模型的基础，是本研究结果具有推广性的“合法性”根源。

综上，美国公立研究型大学国际研究生的学术适应问题涉及跨文化适应、美国高校对研究生的培养以及作为成人学习者的国际研究生自身社会角色和学术身份转变的问题。国际研究生的学术适应过程也是一个由国际研究生自身文化背景、教育资本、性格特点以及研究生培养机构的学术支持、重要他人乃至生源国与美国的外交和人才政策共同作用的复杂的动力体系。本研究以国际研究生对不同学术文化的适应和由“学习者”向“研究者”学术身份的转变为主线，勾勒出国际研究生学术适应的解释模型。本研究从国际研究生的就读体验出发，描绘国际研究生学术适应的实然图景，发现国际研究生学术适应的共同特征、类型化差异以及影响因素，为跨文化学习者和国际研究生的学术适应提供借鉴。

# 参考文献

## 一、中文参考文献

### （一）专著


［1］阿伦森，威尔逊．社会心理学：阿伦森眼中的社会性动物［M］．侯玉波，朱颖，等译．8版．北京：机械工业出版社，2014.

［2］毕雪阳，刘立明．管理心理学［M］．2版．上海：上海财经大学出版社，2015.

［3］约翰逊，克里斯滕森．教育研究定量、定性和混合方法［M］．马健生，等译．4版．重庆：重庆大学出版社，2014.

［4］陈琦，刘儒德．当代教育心理学［M］．2版．北京：北京师范大学出版社，2009.

［5］费特曼．民族志：步步深入［M］．龚建华，译．3版．重庆：重庆大学出版社，2013.

［6］沃德．令人骄傲的传统与充满挑战的未来：威斯康星大学150年［M］．李曼丽，李越，译．北京：清华大学出版社，2007.

［7］顾明远．教育大辞典［M］．上海：上海教育出版社，1989.

［8］顾永安．教与学的心理学［M］．苏州：苏州大学出版社，2003.

［9］斯鲁格．维特根斯坦［M］．张学广，译．北京：北京出版社，2015.

［10］加洛蒂．认知心理学［M］．吴国宏，译．西安：陕西师范大学出版社，2005.

［11］金立贤，柯太极．中国学生的学习文化研究：技巧、意识和跨文化适应［M］．北京：外语教学与研究出版社，2012.

［12］梁晓，文禹舜．中国大陆学生在加拿大研究生项目中的学术适应［M］．长沙：湖南师范大学出版社，2013.

［13］马歇尔，罗斯曼．设计质性研究：有效研究计划的全程指导［M］．何江穗，译．5版．重庆：重庆大学出版社，2015.

［14］马万华．从伯克利到北大清华：中美公立研究型大学建设与运行［M］．北京：教育科学出版社，2004.

［15］美国国家研究院国家研究委员会．研究型大学与美国未来：美国繁荣与安全的十大突破性举措［M］．朱健平，等译．长沙：湖南大学出版社，2015.

［16］欧阳康．大学·文化·人生［M］．武汉：华中科技大学出版社，2008.

［17］潘懋元，刘丽建，魏晓艳．潘懋元高等教育论述精要［M］．福州：福建教育出版社，2015.

［18］秦惠民．学位与研究生教育大辞典［M］．北京：北京理工大学出版社，1994.

［19］格拉汉姆，戴蒙德．美国研究型大学的兴起：战后年代的精英大学及其挑战者［M］．张斌贤，於荣，王璞，译．保定：河北大学出版社，2008.

［20］布道．建构世界共同体：全球化与共同善［M］．万俊人，姜玲，译．南京：江苏教育出版社，2006.

［21］杜德斯达，沃马克．美国公立大学的未来［M］．刘济良，译．北京：北京大学出版社，2006.

［22］泰勒．自我的根源：现代认同的形成［M］．韩震，译．南京：译林出版社，2012.

［23］泰勒．现代性之隐忧［M］．北京：中央编译出版社，2001.

［24］陶梅生，谢红星，冯惠敏．高等教育改革与发展［M］．兰州：兰州大学出版社，2007.

［25］维特根斯坦．哲学研究［M］．李步楼，译．北京：商务印书馆，1996.

［26］徐增阳．个案结论的普适性与实证研究的科学性：农村政治研究方法两题兼评《岳村政治》［M］//邓正来．中国书评：第三辑．桂林：广西师范大学出版社，2005.

［27］中国蔡元培研究会．蔡元培全集：第三集［M］．杭州：浙江教育出版社，1998.

［28］左银舫，洪明，董一英．教育心理学［M］．武汉：华中科技大学出版社，2015.

［29］科宾，施特劳斯．质性研究的基础：形成扎根理论的程序与方法［M］．朱光明，译．重庆：重庆大学出版社，2015.

## （二）期刊论文


［1］安然．来华留学生跨文化适应模式研究［J］．中国高等教育，2009（18）：61－62．

［2］曹璐．体育运动在留学生跨文化适应中的作用［J］．教育评论，2016（1）：51－53．

［3］陈国明，余彤．跨文化适应理论构建［J］．学术研究，2012（1）：130－138．

［4］方润生，郭朋飞，方冬姝．研究生学术行为的自身影响因素模型研究［J］．高校教育管理，2012（4）：84－91．

［5］巩亮，张万红，李卿，等．研究生科研能力影响因素实证研究［J］．学位与研究生教育，2014（12）：50－57．

［6］华桦．巴黎华人留学生信仰基督教特征研究：以巴黎部分华人基督教会中的留学生为例［J］．青年研究，2009（6）：64－73，94．

［7］黄展．近十年来国际学生跨文化适应的国外研究新进展［J］．比较教育研究，2014（8）：88－92．

［8］教育部关于全面提高高等教育质量的若干意见［J］．中国高等教育，2012（11）：20－24．

［9］孔令帅，陈文亮．“911 事件”后美国国际研究生教育：挑战、对策与现状［J］．现代教育管理，2009（5）：96－99．

［10］李昌新．研究生课程教学的研究性及其强化策略［J］．中国高教研究，2009（4）：24－25．

［11］李海生．美国博士生学业完成的困境及原因分析［J］．全球教育展望，2014（11）：101－111．

［12］李玲．论质性研究伦理审查的文化适应性［J］．比较教育研究，2009（6）：7－11．

［13］李晓艳，周二华，姚姝慧．在华留学生文化智力对其跨文化适应的影响研究［J］．管理学报，2012（12）：1779－1785．

［14］林众，冯瑞琴，罗良．自主学习、合作学习、探究学习的实质及其关系［J］．北京师范大学学报（社会科学版），2011（6）：30－36．

［15］刘小军．研究生层次外国留学生培养的几点思考［J］．学位与研究生教育，2006（7）：47－50．

［16］马大卫．文化智力对跨文化适应的影响机制研究：基于跨文化心理适应的视角［J］．理论与改革，2016（3）：163－168．

［17］米豆豆，郑莉君．研究生时间管理倾向、个人奋斗与生活满意度

的关系［J］．中国健康心理学杂志，2012（2）：261－263．

［18］瞿林东．关于如何确定博士学位论文选题的几点认识［J］．学位与研究生教育，2002（5）：5－7．

［19］阮成武．论传统教师形象的现代重塑［J］．教育科学研究，2003（1）：47－50．

［20］石卫林．怎样学习最有效？——全日制专业学位硕士研究生主动学习类型及影响机制的调查研究［J］．国家教育行政学院学报，2017（1）：67－74．

［21］覃玉荣，周敏波．东盟留学生跨境适应研究：基于文化距离的视角［J］．复旦教育论坛，2013（4）：80－85．

［22］田山俊，杨桂梅．成人学习者学习特征及其教育价值：马尔科姆·诺尔斯成人教育思想解析［J］．中国职业技术教育，2011（6）：71－74．

［23］王丽娟．跨文化适应研究现状综述［J］．山东社会科学，2011（4）：44－49．

［24］王亚卓，徐同文．美国高等教育国际化与应用型人才培养［J］．高校教育管理，2012（6）：54－57．

［25］王祖嫘．北京高校留学生跨文化适应实证研究［J］．中国高教研究，2016（1）：91－96．

［26］阎琨．中国留学生在美国状况探析：跨文化适应和挑战［J］．清华大学教育研究，2011（2）：100－109．

［27］杨军红．在美高校内中国留学生的学术适应困难及应对策略：以加州大学圣塔巴巴拉分校的中国留学生为例［J］．文教资料，2014（27）：113－117．

［28］于忠海，赵玮芳．研究生课程“研究性”弱化归因及其改进理念和策略［J］．学位与研究生教育，2011（4）：34－38．

［29］张梅，印勇．批判性思维：研究生开启科学创新之门的钥匙［J］．学位与研究生教育，2011（9）：29－32．

［30］张润杰，张亚伶，杨娜，等．研究生学习动机与学习策略研究：基于北京地区研究生的调查分析［J］．学位与研究生教育，2015（7）：57－62．

［31］张咏梅，方平，郭春彦．成就目标分类及其动机模式的实验研究［J］．心理科学，1999（5）：463－465．

［32］郑觅．博士生专业社会化理论研究概述［J］．学位与研究生教育，2014（2）：62－66．

［33］朱国辉．西方国际学生跨文化心理适应研究述评［J］．创新与创

业教育，2011（2）：51－55.

［34］朱红，马云鹏. 高等教育国际化新思维：来自全英文授课国际研究生教育实践的探讨［J］. 大学教育科学，2012（6）：46－51.

### （三）学位论文

［1］陈晓丽. 施瓦茨价值观研究与跨文化适应：以爱因斯特赴西欧国家的实习生为例［D］. 上海：上海外国语大学，2014.

［2］冯超. 来华非洲留学生的社会支持网与跨文化适应研究：以Z大学的非洲留学生为例［D］. 金华：浙江师范大学，2014.

［3］蒯真. 浙江大学海外华人留学生的个人身份构建［D］. 杭州：浙江大学，2013.

［4］孟霞. 留学女研究生社会适应研究：以美国D大学中国女留学生为例［D］. 武汉：武汉大学，2010.

［5］师雪娇. 哈工大留学生文化身份研究［D］. 哈尔滨：哈尔滨工业大学，2016.

［6］谭瑜. 高校中外合作办学项目学生跨文化适应研究［D］. 北京：中央民族大学，2013.

［7］俞晨. 高校海归教师学术适应性研究［D］. 南京：东南大学，2017.

［8］翟亚奇. 大学学校气氛的结构及其与大学生适应性的关系［D］. 开封：河南大学，2008.

［9］朱国辉. 高校来华留学生跨文化适应问题研究［D］. 上海：华东师范大学，2011.

## 二、英文参考文献

### （一）专著

［1］REPKO A F. Interdisciplinary research：process and theory［M］. Los Angeles：SAGE，2012.

［2］AMARAL A，MAGAHAES A. The emergent role of external stakeholders in European higher education governance［M］//AMARAL A，JONES G A，KARSETH B. Governing higher education：national perspectives on institutional governance. Dordrecht：The Netherlands Kluwer Academic Publishers，2002.

［3］ANDERSON M. Counseling adults in transition：linking schlossber's theory with practice in a diverse world [M]. New York: Springer Publishing Company, 2011.

[4] FREED B F. Second language acquisition in a study abroad context [M]. Philadephia: John Benjamins Publishing Company, 1995.

[5] BOYER E L, et al. Scholarship reconsidered: priorities of the professoriate [M]. San Francisco, CA: Jossey-Bass, 2016.

[6] MOORE B N, PARKER R. Critical thinking [M]. 10th ed. New York: The McGraw-Hill Company, 2012.

[7] CHARMAZ K. Constructing grounded theory: a practical guide through qualitative analysis [M]. Thousand Oaks, CA: SAGE, 2006.

[8] MCMASTER C, MURPHY C. Graduate study in the USA: surviving and succeeding [M]. New York: Peter Lang, 2016.

[9] CORBIN J, STRAUSS A. Basics of qualitative research: techniques and procedures for developing grounded theory [M]. Los Angeles: SAGE, 2015.

[10] PALFREYMAN D, MCBRIDE D L. Learning and teaching across cultures in higher education [M]. London: Palgrave Macmillan, 2007.

[11] SILVERMAN D. Doing qualitative research [M]. 2nd ed. London: SAGE Publications, 2005.

[12] DENZIN N, LINCOLN Y. Introduction: the discipline and practice of qualitative research in collecting and interpreting qualitative materials [M]. Thousand Oaks: SAGE Publications, 2003.

[13] VENTOLA E, MAURANEN A. Academic writing: intercultural and textual issues [M]. Amsterdam: John Benjamins Publishing Company, 1996.

[14] Financing graduate school: how to get monney for your master's or Ph. D [M]. Princeton, New Jersey: Peterson's, 1996.

[15] GOODMAN J. Counseling adults in transition: linking practice with theory [M]. New York: Springer Publishing Company, 2006.

[16] GURUZ K. Higher education and international student mobility in the global knowledge economy [M]. Albany: State University of New York Press, 2008.

[17] RUBIN H J, RUBIN I S. Qualitative interviewing: the art of hearing data [M]. London: SAGE Publications, 2005.

[18] HOGAN J. Approaches to qualitative research theory & its practical application: a guide for dissertation students [M]. Cork: Oak Tree Press, 2011.

[19] HONG Z, EGBUONU N G L. Creative moments in company: a

quality pursuing case of an international graduate education program in a Chinese university [M]//Quality assurance in Asia-Pacific Universities. Switzerland: Springer International Publishing, 2017.

[20] TRAN L T, GOMES C. International student connectedness and identity: transnational perspectives [M]. Singapore: Springer Science Business Media, 2017.

[21] SEIDMAN I. Interviewing as qualitative research: a guide for researchers in education and the social sciences [M]. New York: Teachers College Press, 2006.

[22] TOBY J. The lowering of higher education in America: why financial aid should be based on student performance [M]. Santa Barbara: CA, Praeger, 2010.

[23] FOREST J J F, ALTBACH P G. International handbook of higher education [M]. New York: Springer Science Business, 2006.

[24] WELLINGTON J, BATHMAKER A-M, HUNT C, et al. Succeeding with your doctorate [M]. London: SAGE, 2005.

[25] LEVIN J S, VIRGINIA M-H. Community colleges and their students [M]. New York: Palgrave Macmillan US, 2009.

[26] LANNING J T. Academic culture in the Spanish colonies [M]. New York: Oxford University Press, 1940.

[27] LATTUCA L R. Creating interdisciplinarity: interdisciplinary research and teaching among college and university faculty [M]. Nashville: Vanderbilt University Press, 2001.

[28] COHEN L, MANION L, MORRISON K. Research methods in education [M]. 5th ed. London and New York: Routhledge, 2000.

[29] LECOMPTE M D, SCHENSUL J J. Designing & conducting ethnographic research: an introduction [M]. New York: Altamira Press, 2010.

[30] MCWADE P. Financing graduate school: how to get the money you need for your graduate school education [M]. New Jersey: Peterson's, 1996.

[31] MERRIAM S B. Qualitative research: a guide to design and implementation [M]. San Francisco, CA: Jossey-Bass, 2015.

[32] BAGNALL N. Global identity in multicultural and international educational contexts: student identity formation in international schools [M]. New York: Routledge, 2017.

[33] DENZIN N K, LINCOLN Y S. Strategies of qualitative inquiry

[M]. Thousand Oaks: SAGE Publications Internationals Educational and Professional Publisher, 1998.

[34] DENZIN N K, LINCOLN Y S. Handbook of qualitative research [M]. San Francisco: Thousand Oaks, CA: SAGE, 2000.

[35] RAO N R, ROBERTS L W. International medical graduate physicians: a guide to training [M]. Switzerland: Springer, 2016.

[36] ALTBACH P G. Contemporary higher education international issues for the twenty-first century [M]. New York: Garland Publishing, 1997.

[37] CHAKRABARTY P. A guide to academia: getting into and surviving-grad school, postdocs and a research job [M]. Singapore: Willy-Blackwell, 2012.

[38] YIN R K. Case study research: design and method [M]. Thousand Oaks: SAGE Publications, 2002.

[39] WILKINSON S. Insights from study abroad for language programs [M]. Boston: Thomson Higher Education, 2006.

[40] SHARMA S, PHILLION J A, RAHATZAD J, et al. Internationalizing teacher education for social justice: theory, research, and practice [M]. Charlotte, NC: Information Age Publishing, Inc., 2014.

[41] The carnegie foundation for the advancement of teaching. Studies in american graduate education, a report to the carnegie foundation [M]. Boston: the Merrymount Press, 1944.

[42] FLICK U. The SAGE handbook of qualitative data analysis [M]. London: SAGE Publications, 2014.

[43] WANG L. Chinese students, learning cultures and overseas study [M]. New York: Palgrave Macmillan, 2015.

[44] SMITH W, BENDER T. American higher education transformed, 1940 – 2005: documenting the national discourse [M]. Baltimore: Johns Hopkins University Press, 2008.

[45] KIM Y Y. Becoming intercultural: an integrative theory of communication and cross-cultural adaptation [M]. Thousand Oaks, California: SAGE Publications, 2001.

[46] ZHU J. Chinese overseas students and intercultural learning environments: academic adjustment, adaptation and experience [M]. London: Palgrave Macmillan, 2016.

## （二）期刊

[1] LOVITTS B E, NELSON C. The hidden crisis in graduate education: attrition from Ph. D. programs [J]. Academe, 2000 (11): 44 - 50.

[2] BARNETT R. The very idea of academic culture: What academy? What culture? [J]. Human affairs, 2014 (24): 7 - 19.

[3] BEATON D E, BOMBARDIER C, GUILLEMIN F, et al. Guidelines for the process of cross-cultural adaptation of self-report measures [J]. Spine, 2000 (12): 3186 - 3191.

[4] BENSON J. Social ties and adaptation in Asian students [J]. New Zealand sociology, 2016 (7): 48 - 67.

[5] BLASCO M. Making the tacit explicit: rethinking culturally inclusive pedagogy in international student academic adaptation [J]. Pedagogy, culture & society, 2015 (23): 85 - 106.

[6] MALLINCKRODT B, LEONG F T. International graduate student, stress, and social support [J]. Journal of college student development, 1992 (1): 71 - 78.

[7] BURNAPP D. Trajectories of adjustment of international students: u-curve, learning curve, or third space [J]. Intercultural education, 2006 (3): 81 - 93.

[8] LARIVE C K. Graduate student internships: developing scientistswith real-world experiences [J]. Analytical and bioanalytical chemistry, 2005 (3): 993 - 995.

[9] CEMALCILAR Z, FALBO T, STAPLETON L M. Cyber communication: a new opportunity for international students' adaptation? [J]. International journal of intercultural relations, 2005 (1): 91 - 110.

[10] CHIANG S. Cultural adaptation as a sense-making experience: international students in China [J]. Journal of international migration and integration, 2015 (2): 397 - 413.

[11] LI D. Out of the ivory tower: the impact of wider social contact on the values, religious beliefs and identities of Chinese postgraduate students in the UK [J]. Race ethnicity and education, 2012 (3): 241 - 258.

[12] BLUM D E. Foreign students said to get aid preference over U. S. minorities [J]. Chronicle of higher education, 1992 (3): 1 - 30.

[13] ESPENSHADE T J, RODRIGUEZ G. Completing the Ph. D.: com-

parative performances of U. S. and foreign students [J]. University of texas press/social science quarterly, 1997 (5): 593 - 605.

[14] EHLERS T, SCHWAGER R. Honest grading, grade inflation, and reputation [J]. Cesifo economic studies, 2016 (3): 506 - 521.

[15] GORE J, BANKS A, MILLWARD L, et al. Naturalistic decision making and organizations: reviewing pragmatic science [J]. Organization studies, 2006 (7): 925 - 942.

[16] HAENNI H A, HEINZMANN S, BUHOLZER A, et al. Psychosocial adaptation and school success of Italian, portuguese and Albanian students in Switzerland: disentangling migration background, acculturation and the school context [J]. Journal of international migration and integration, 2015 (2): 85 - 106.

[17] HAMAD R, LEE C M. An assessment of how length of study-abroad programs influences cross-cultural adaptation [J]. Journal of human behavior in the social environment, 2013 (7): 661 - 674.

[18] HAN S, PISTOLE M C, CALDWELL J M. Acculturative stress, parental and professor attachment, and college adjustment in Asian international students [J]. Journal of multicultural counseling and development, 2017 (4): 111 - 126.

[19] MICHAEL H. The discursive negotiation of international student identities [J]. Discourse: studies in the cultural politics of education, 2008 (6): 207 - 222.

[20] HAYES R L, LIN H. Coming to america: developing social support systems for international students [J]. Journal of multicultural counseling and development, 1994 (1): 7 - 16.

[21] HOUNTRAS P T. Academic probation among foreign graduate students [J]. School and society, 1956 (9): 75 - 77.

[22] CHO J, YU H. Roles of university support for international students in the United States: analysis of a systematic model of university identification, university support, and psychological well-being [J]. Journal of studies in international education, 2015 (8): 11 - 27.

[23] KNIGHT J. Student mobility and internationalization: trends and tribulations [J]. Research in comparative and international education, 2012 (12): 25.

[24] LEE J J, RICE C. Welcome to America? International student per-

ceptions of discrimination [J]. Higher education, 2007 (3): 381 -409.

[25] RUI J R, WANG H. Social network sites and international students' cross-cultural adaptation [J]. Computers in human behavior, 2015 (8): 400 -411.

[26] WANG J, HONG J, PI Z. Cross-cultural adaptation: the impact of online social support and the role of gender [J]. Social behavior and personality: an international journal, 2015 (1): 111 -121.

[27] WANG J. A study of resiliency characteristics in the adjustment of international graduate students at American universities [J]. Journal of studies in international education, 2008 (2): 22 -45.

[28] LEE J-Y, CIFTCI A. Asian international students' socio-cultural adaptation: influence of multicultural personality, assertiveness, academic self-efficacy, and social support [J]. International journal of intercultural relations, 2014 (1): 97 -105.

[29] MYERS-WALLS J A, FRIAS L V, KWON K-A, MERYL KO M-J, LU T. Living life in two worlds: acculturative stress among Asian international graduate student parents and spouses [J]. Journal of comparative family studies, 2011 (9): 455 -478.

[30] KAMIMURA A, SAMHOURI M S, MYERS K, et al. Physician migration: experience of international medical graduates in the USA [J]. Journal of international migration and integration, 2016 (3): 463 -481.

[31] KIM E Y. An alternative theoretical model: examining psychosocial identity development of international students in the United States [J]. College student journal, 2012 (3): 99 -113.

[32] PRAZERES L. International and intra-national student mobility: trends, motivations and identity [J]. Geography compass, 2013 (11): 804 -820.

[33] LOUGH B J. Curricular blueprinting: the relevance of American social work education for international students [J]. Social work education, 2009 (10): 792 -802.

[34] SINGH M K M. International graduate students' academic writing practices in Malaysia: challenges and solutions [J]. Journal of international students, 2015 (5): 12 -22.

[35] O'CONNOR M C, PAUNONEN S V. Big five personality predictors of post-secondary academic performance [J]. Personality and individual differ-

ences, 2007 (10): 971 – 990.

[36] SOBRE-DENTON M. The emergence of cosmopolitan group cultures and its implications for cultural transition: a case study of an international student support group [J]. International journal of intercultural relations, 2011 (1): 79 – 91.

[37] OLANIRAN B A. International students' network patterns and cultural stress: what really counts [J]. Communication research reports, 1993 (6): 69 – 83.

[38] OLIVEIRA A W, DHINGRA K. Experiencing science education in the US: the international graduate student perspective [J]. Cultural studies of science education, 2008 (3): 541 – 553.

[39] PARK H, LEE M-J, CHOI G-Y, et al. Challenges and coping strategies of East Asian graduate students in the United States [J]. International social work, 2017 (3): 733 – 749.

[40] PHAN L H. English as an international language: international student and identity formation [J]. Language and intercultural communication, 2009 (8): 201 – 214.

[41] POHORYLES R J. Back to the future? From pragmatic approaches in the social sciences to the development of the patchwork theory [J]. Innovation: the European journal of social science research, 2017 (1): 5 – 23.

[42] PRITCHARD R M O, SKINNER B. Cross-cultural partnerships between home and international students [J]. Journal of studies in international education, 2002 (4): 323 – 354.

[43] WHITTINGTON R. Strategy as practice [J]. Long range planning, 1996 (10): 731 – 735.

[44] CHENG R, ERBEN A. Language anxiety: experiences of Chinese graduate students at U. S. higher institutions [J]. Journal of studies in international education, 2016 (5): 477 – 497.

[45] RUSSELL J, ROSENTHAL D, THOMSON G. The international student experience: three styles of adaptation [J]. Higher education, 2010 (2): 235 – 249.

[46] STEEN S, BADER C, KUBRIN C. Rethinking the graduate seminar [J]. Teaching sociology, 1999 (4): 167 – 173.

[47] SCHREURS H. Creating a multidisciplinary curriculum in practice oriented education and research [J]. European journal of social education, 2015

(26/27): 91 -102.

[48] SHAFAEI A, RAZAK N A. International postgraduate students' cross-cultural adaptation in Malaysia: antecedents and outcomes [J]. Research in higher education, 2016 (3): 739 -767.

[49] BRINT S. Creating the future: "new directions" in American research universities [J]. Minerva: a review of science, learning and policy, 2005 (1): 23 -50.

[50] TRAUTNER M N. Teaching-infused graduate seminars: incorporating pedagogy into substantive courses [J]. Teaching sociology, 2014 (1): 61 -68.

[51] MALLINCKRODT B, WANG C. Acculturation, attachment, and psychosocial adjustment of Chinese/Taiwanese international student [J]. Journal of counseling psychology, 2006 (10): 422 -433.

[52] WINKELMAN M. Cultural shock and adaptation [J]. Journal of counseling & development, 1994 (2): 121 -126.

[53] SHEN Y-J, HERR E L. Career placement concerns of international graduate students: a qualitative study [J]. Journal of career development, 2004 (9): 15 -29.

[54] PALMER Y M. Student to scholar: learning experiences of international students [J]. Journal of international students, 2016 (6): 216 -240.

[55] YOUNG T J, SCHARTNER A. The effects of cross-cultural communication education on international students' adjustment and adaptation [J]. Journal of multilingual and multicultural development, 2014 (6): 547 -562.

[56] ZIGURAS C, MCBURNIE G. International students: towards global citizenship, towards new perspectives on global student mobility [J]. Education in the Asia-Pacific, 2012 (17): 169 -183.

## （三）学位论文

[1] BAHVALA A V. A qualitative study of graduate international students' motivations, expectations and experiences at the University of Wisconsin-La Crosse [D]. La Crosse: University of Wisconsin-La Crosse, 2005.

[2] BRIN E J. Becoming and being: international graduate student experience and identity formation in the context of multiculturalism and internationalization [D]. Vancouver: University of British Columbia, 2012.

[3] BREITKREUTZ H L. Facitating graduate student progress: a case

study of the school of education at the University of Wisconsin-Madison [D]. Madision: University of Wisconsin-Madison, 1993.

[4] CRAIG J S. Graduate student unionism: the teaching assistants association at the University of Wisconsin-Madison, 1970 – 1980 [D]. Madison: Univerity of Wisconsin-Madison, 1986.

[5] CRAIN K, TONG L J. A grounded theory of Chinese international students' transition to American tertiary education [D]. College Park: University of Maryland, 2016.

[6] WANG M H. Intercultural communication between Asian teaching assistants and American students in the classroom [D]. Milwaukee: University of Wisconsin-Milwaukee, 2011.

[7] HUSSEIN M B. Reasons for participation and learning styles of international and of American graduate students in college of agricultural and life sciences and colleges of engineering [D]. Madison: University of Wisconsin-Madison, 1986.

[8] LEITNER P S. The effects of demographic and international factore on the stasfication of foreign graduate students at the University of Wisconsin-Madison [D]. Madison: University of Wisconsin-Madison, 1982.

[9] SIMMALA B. Cross-cultural adjustment of Lao and Vietnamese international graduate students in the United States [D]. Milwaukee: University of Wisconsin-Milwaukee, 2012.

[10] BARGER S S. The impact of international students on domestic students in United States institutions of higher education [D]. Madison: University of Wisconsin-Madison, 2004.

[11] ELIZABETH T. The disciplinary identity construction of international graduate students: positioning across contexts [D]. Madison: University of Wisconsin-Madison, 2014.

[12] WOYCHICK L. Study abroad- 'Self' ie: U. S. international student identity and cross-cultural adaptation on instagram [D]. Spokane, WA: Gonzaga University, 2016.

[13] XIANG Y. Exploring Chinese international students' conceptions of academic success in an American graduate school [D]. Tallahassee: The Florida State University, 2015.

## （四）报告

［1］ A selected list of fellowship and other support opportunities for advanced education for United States citizens and foreign nationals ［R］. National Academy of Sciences-National Research Council, Washington, DC. Office of Scientific and Engineering Personnel, 1993：4 – 19.

［2］ American philosophy association. Critical thinking：a statement of expert consensus for purposes of educational assessment and instruction ［R］//The Delphi Report executive summary：research findings and recommendations prepared for the committee on pre-college philosophy. California：The California Academic Press, 1990.

［3］ Colloquium on the foreign graduate student（2nd：1970：Wingspread）. The foreign graduate student：priorities for research and action ［R］. New York：College Entrance Examination Board, 1971：75 – 80.

［4］ Council of graduate schools advisory committee on graduate education and American competitiveness ［R］//Graduate education：the backbone of American competitiveness and innovation：a report. Washington, DC, USA：Council of Graduate Schools, 2007.

［5］ Council of graduate schools in The United States ［R］. Denver, Colorado, 1976：170.

［6］ EHRENBERG R G. Do doctoral students' financial support patterns affect their time-to-degree and completion probabilities. Cambridge ［R］. MA：National Bureau of Economic Research, 1992：2 – 4.

［7］ Ethnic complementarities after the opening of China：how Chinese graduate students affected the productivity of their advisors ［R］. National Bureau of Economic Research Working Paper No. 21096, 2015（4）：37 – 38.

## （五）会议论文

［1］ BALL N. First year graduate students：reflections on the graduate school experience ［C］. Conference Papers-American Sociological Association, Atlanta, 2010：852.

［2］ SACCO T, SMITH-DOERR L, CROISSANT J. Breaking up is hard to do：processes and contexts of failed scientific collaboration ［C］. American Sociological Association, 2016：1 – 26.

## （六）电子公告

［1］2016－2017 Fast facts［EB/OL］. https://apir. wisc. edu/datadigest/201617Digest/Data_ Digest_ 2017_ web. pdf.

［2］Academic level［EB/OL］.［2016－12－17］. https://www. iie. org/Research－and－Insights/Open－Doors/Data/International－Students/Academic－Level.

［3］Courses and academic programs policies and guildline［EB/OL］.（2012－06－01）［2017－08－09］. https://kb. wisc. edu/vesta/page. php?id＝24556.

［4］Department of electrical and computer engineering graduate student handbook［EB/R］.［2017－08－09］. https://www. engr. wisc. edu/.../ECE－Graduate－Student－Handbook－2016. pdf.

［5］Explore on-campus jobs for international grad students［EB/OL］.（2013－10－03）［2017－11－04］. https://www. usnews. com/education/blogs/international－student－counsel/2013/10/03/explore－on－campus－jobs－for－international－grad－students.

［6］Fulbright foreign student program［EB/OL］.［2017－06－13］. https://foreign. fulbrightonline. org/about/foreign－fulbright/.

［7］Glossary of project atlas terms［EB/OL］.［2015－11－18］. http://www. iie. org/Research－and－Publications/Project－Atlas/Glossary.

［8］Graduate guild 2017－2018［EB/OL］.［2017－08－09］. http://guide. wisc. edu/graduate/#degreesmajorstext.

［9］Find fellowships for international graduate students［EB/OL］.（2013－10－29）［2017－10－13］. https://www. usnews. com/education/blogs/international－student－counsel/2013/10/29/find－fellowships－for－international－graduate－students.

［10］First time enrollment of international graduate students up 10%［EB/R］.（2013－11－05）［2017－07－25］. http://cgsnet. org/sites/default/files/Intl_ III_ 2013_ release_ final_ 0. pdf.

［11］From Wisconsin and the world: focusing a great university on its core mission, public purpose, and global reach. a strategic framework 2015－2019［EB/OL］.［2016－12－15］. https://chancellor. wisc. edu/strategicplan2/.

［12］Full time enrollment summer enrollment［EB/OL］.［2017－08－10］. https://iss. wisc. edu/students/current－students/f1－information/full－

timeenrollment/?_ ga =2.211616144.44849430.1502827975 -1272729321.1489591391.

[13] CHELLARAJ G, MASKUS K E, MATTOO A. The contribution of skilled immigration and international graduate students to U. S. innovation [R/OL]. (2005 -06 -16) [2017 -10 -15]. http://dx. doi. org/10. 1596/1813 -9450 -3588.

[14] Graduate education the backbone of American competitiveness and innovation [EB/R]. http://www. tnstate. edu/graduate/documents/Graduate_ Education_ The_ Backbone. pdf.

[15] Graduate enrollment and degrees: 2004 -2014 [EB/R]. [2017 -06 -09]. http://cgsnet. org/ckfinder/userfiles/files/E_ and_ D_ 2014_ report_ final. pdf.

[16] Graduate programs ranked high by U. S. News & World Report [EB/OL]. (2017 -03 -13) [2017 -04 -26]. http://news. wisc. edu/uw - madison - graduate - programs - ranked - high - by - u - s - news - world - report -2/#sthash. 4CV3F4v6. dpuf.

[17] Graduate school minimum degreee requirments and satisafactory progress [EB/OL]. [2017 -08 -09]. https://pubs. wisc. edu/home/archives/grad16/degreqcriteria. htm.

[18] Growth in foreign grad students [EB/OL]. (2015 -12 -17) [2017 -06 -14]. https://www. insidehighered. com/news/2015/12/17/council - graduate - schools - survey - records -5 - percent - growth - first - time - international.

[19] Issue brief higher education act reauthorization [EB/OL]. (2017 -05 -19). http://cgsnet. org/sites/default/files/HEA_ ISSUE_ BRIEF_ May_ 2017. pdf.

[20] Making use (and sense) of national graduate education data [EB/OL]. [2017 -06 -14]. https://www. nagap. org/sites/default/files/NAGAP%20pre - meeting%20workshop%20presentation%20%28FINAL%204 -14 -16%29%5B1%5D. pptx%20%28Read - Only%29. pdf.

[21] Minor requirements for economics doctoral students [EB/OL]. [2017 -08 -09]. https://www. econ. wisc. edu/minor - requirements. html.

[22] International students are vital to U. S. higher education [EB/OL]. [2017 -06 -08]. http://www. nafsa. org/Professional_ Resources/Publications/International_ Educator/International_ Students_ Are_ Vital_ to_ U_ S_ Higher_ Education/.

[23] National center for education statistics, overview and key findings

across grade levels [EB/OL]. [2017 - 6 - 8]. http://nces. ed. gov/pubs99/1999081. pdf.

[24] New ESL active learning lab expands learning possibilities for international students [EB/OL]. (2016 - 12 - 06) [2017 - 08 - 10]. http://news. wisc. edu/new - esl - active - learning - lab - expands - learning - possibilities - for - international - students - 2/.

[25] Open doors data. International students [EB/OL]. (2015 - 09 - 16) [2016 - 07 - 20]. http://www. iie. org/Research - and - Publications/Open - Doors/Data/International - Students.

[26] Open doors fact sheet: Wisconsin [EB/OL]. [2017 - 04 - 26]. https://www. iie. org/Research - and - Insights/Open - Doors/Fact - Sheets - and - Infographics/US - State - Fact - Sheets/2016.

[27] Postgraduate student mobility trends to 2024 [EB/OL]. (2014 - 10 - 06) [2016 - 07 - 27]. http://www. britishcouncil. org/sites/default/files/postgraduate_ mobility_ trends_ 2024 - october - 14. pdf.

[28] Status and trends in the education of racial and ethnic minorities [EB/OL]. (2010 - 7 - 15) [2017 - 05 - 15]. https://nces. ed. gov/pubs2010/2010015/tables/table_ 24_ 2. asp.

[29] The brains business [EB/OL]. (2005 - 09 - 08) [2017 - 08 - 10]. http://www. economist. com/node/4339960.

[30] The SPEAK test. English as a second language [EB/OL]. [2017 - 08 - 10]. https://english. wisc. edu/esl/speak. htm.

[31] University of Wisconsin-Madison at a glance [EB/OL]. (2017 - 03 - 10) [2017 - 06 - 02]. http://www. wisc. edu/pdfs/uwmadison - factsheet - apr - 2017. pdf.

[32] University of Wisconsin-Madison at a glance [EB/OL]. (2017 - 3 - 10). http://www. wisc. edu/pdfs/uwmadison - factsheet - apr - 2017. pdf.

[33] U. S. doctorates in the 20th Century special report [EB/OL]. [2017 - 05 - 30]. http://www. immagic. com/eLibrary/ARCHIVES/GENERAL/US_ NSF/N060630T. pdf.

[34] UW-Madison Graduate School [EB/OL]. [2017 - 08 - 08]. http://guide. wisc. edu/graduate/#degreesmajorstext.

[35] UW-Madison increases stipend rates for graduate assistants [EB/OL]. (2017 - 01 - 30) [2017 - 06 - 07]. https://grad. wisc. edu/stipendincreaseFY18/.

[36] What is a graduate student? [EB/OL]. [2017 - 05 - 24]. https://educationusa. state. gov/your - 5 - steps - us - study/research - your - options/graduate/what - graduate - student. hat - graduate - student.

# 附　录

## 一、知情同意书

### Consent for Participation in Interview Research

I volunteer to participate in a research project conducted by Dr. Lesley Bartlett and Ms. Jing Tian from University of Wisconsin-Madison. I understand that the project is designed to gather information about the experiences of international students at UW-Madison. I will be one of approximately 50 people being interviewed for this research.

1. My participation in this project is voluntary. I understand that I will not be paid for my participation. I may withdraw and discontinue participation at any time without penalty. If I decline to participate or withdraw from the study, no one on campus will be told.

2. I understand that most interviewees will find the discussion interesting and thought-provoking. If, however, I feel uncomfortable in any way during the interview session, I have the right to decline to answer any question or to end the interview.

3. Participation involves being interviewed by Dr. Lesley Bartlett and Ms. Jing Tian. The interview will last approximately 45 minutes. Notes will be written during the interview. If I give my permission, the conversation will be recorded.

4. I understand that the researcher will not identify me by name in any reports using information obtained from this interview, and that my confidentiality as a participant in this study will remain secure.

5. No one else will be present at the interview or have access to the raw

notes or transcripts. This precaution will prevent my individual comments from having any negative repercussions.

6. I understand that this research study has been reviewed and approved by the Institutional Review Board (IRB) at University of Wisconsin-Madison. For research problems or questions regarding subjects, the Institutional Review Board may be contacted through Lil Larson, (608) 263 – 2320, lil. larson@ wisc. edu.

7. I do ______ or do not ______ give permission for this interview to be audiotaped.

8. I have read and understood the explanation provided to me. I have had all my questions answered to my satisfaction, and I voluntarily agree to participate in this study.

I have been given a copy of this consent form.

________________ My Signature ________________ My Printed Name

For further information, please contact: Dr. Lesley Bartlett, 608 293 2091 or Ms. Jing Tian at jtian43@ wisc. edu, 608 421 8270.

________________ Date ________________ Signature of the Investigator

## 二、访谈提纲（中英文）

**International Graduate Students Academic Adaptation in UW-Madison Interview Protocol**

1. Tell me about the reasons you choose to study at UW-Madison as an internationalstudent (for example, how your personal characteristics, timing, resources, previous experience influence you when you decide to study in UW-Madison).

2. What do you consider the main academic successes you have experienced at UW-Madison?

3. What have been the biggest academic obstacles you have faced during your time at UW-Madison?

3a. How have you coped with academic difficulties during your time in UW-Madison?

4. In what way has studying at UW-Madison affected your research or your ideas about research?

4a. What are some ways in which studying at UW-Madison has benefited your research?

4b. What are some ways in which studying at UW-Madison has negatively affected your research?

5. How do you study here at UW-Madison?

5a. How does this compare to your studies before you arrived?

6. Who has provided academic support to you during your time at UW-Madison?

7. What, if any, groups are you involved with at UW-Madison?

7a. How has your participation in Group (named above) affected your experience at UW-Madison?

8. Tell me about your relationship with your advisor.

8a. How has your relationship with your advisor affected your experience at UW-Madison?

9. Describe your relationships with international students.

9a. Have those relationships affected your academic experience at UW-Madison? If so, how?

10. Describe your relationships with American counterparts.

10a. Have those relationships affected your academic experience at UW-Madison? If so, how?

## 威斯康星大学麦迪逊分校国际研究生的学术适应研究访谈提纲

1. 您为什么选择到 UW-Madison 开展研究生阶段的学习？（自身的性格特点、时间、先前的经历对自己决定到 UW-Madison 学习产生了什么样的影响）

2. 在 UW-Madison 学习期间，学习中经历过最成功的事是什么？

3. 在 UW-Madison 学习期间遇到的最大的学习障碍是什么？您是如何克服这些障碍的？

4. 在 UW-Madison 的学习经历对您的研究产生了什么样的影响？有哪些积极影响、哪些消极影响？

5. 在 UW-Madison 是如何学习，如何做研究的？学习方式或做研究的方式跟之前经历的有什么不同？

6. 在 UW-Madison 学习期间，哪些人在学术上对你的帮助最多，表现在哪些方面？

7. 在 UW-Madison 参加了哪些团体或组织？这些团体或组织的活动对您的学术产生了什么影响？

8. 您与导师的关系怎么样？与导师的关系对您的学习和研究产生了什么样的影响？

9. 您与国际学生的关系怎么样？这种关系对您在 UW-Madison 的学习和研究产生了什么样的影响？

10. 您与美国同学的关系怎么样？这种关系对您在 UW-Madison 的学习和研究产生了什么样的影响？

## 三、课堂/实验观察提纲

A．物理环境

A1．物理环境如何？空间如何分布？

A2．观察对象处于什么样的语境（context），有哪些人？

A3．物理空间中有哪些主体、资源、技术设备？

B．被观察者

B1．对被观察者的人口学统计变量的描述。

B2．被观察者为什么出现在这个场合？

B3．被观察者应该做而没有做的行为有哪些？

B4．被观察者有哪些特征？

B5．被观察者如何选择座次？

B6．被观察者与别人互动的模式与频率。

C．行为和互动

C1．发生了哪些事情？

C2．行为之间是否具有连贯性，表现在哪些方面？

C3．被观察者如何参与活动，并与别人互动？

D．隐形维度

D1．非正式的、计划外的行动。

D2．非语言交流，如肢体语言。

D3．不明显的行为。

D4．有哪些应该发生而没有发生的行为？

E．其他

## 四、IRB 研究培训及资格认证

### 认证 1．基本能力认证（Basic Effort）

**COLLABORATIVE INSTITUTIONAL TRAINING INITIATIVE (CITI PROGRAM)**

**COMPLETION REPORT - PART 1 OF 2**

**COURSEWORK REQUIREMENTS***

* NOTE: Scores on this Requirements Report reflect quiz completions at the time all requirements for the course were met. See list below for details. See separate Transcript Report for more recent quiz scores, including those on optional (supplemental) course elements.

- **Name:** JING TIAN (ID: 5940680)
- **Institution Affiliation:** University of Wisconsin - Madison (ID: 1160)

- **Curriculum Group:** The Basics of Effort Reporting
- **Course Learner Group:** The Basics of Effort Reporting - UWM Course
- **Stage:** Stage 1 - Basic Course

- **Report ID:** 21328941
- **Completion Date:** 07-Dec-2016
- **Expiration Date:** N/A
- **Minimum Passing:** 100
- **Reported Score*:** 100

| REQUIRED AND ELECTIVE MODULES ONLY | DATE COMPLETED | SCORE |
|---|---|---|
| Introduction (ID: 12221) | 06-Dec-2016 | No Quiz |
| The basics of effort and sponsored projects (ID: 12222) | 06-Dec-2016 | 1/1 (100%) |
| UW Effort and what's allocable to sponsored projects (ID: 12223) | 06-Dec-2016 | 1/1 (100%) |
| Commitments to sponsored projects (ID: 12224) | 06-Dec-2016 | 1/1 (100%) |
| The basics of effort certification at UW-Madison (ID: 12225) | 06-Dec-2016 | 1/1 (100%) |
| Effort certification guidelines (ID: 12226) | 06-Dec-2016 | 1/1 (100%) |
| How to certify your effort with ECRT (ID: 12227) | 06-Dec-2016 | No Quiz |
| How to certify effort for your project staff with ECRT (ID: 12228) | 06-Dec-2016 | No Quiz |
| Managing effort while working on your projects (ID: 12229) | 06-Dec-2016 | 1/1 (100%) |
| Course wrap-up (ID: 12230) | 07-Dec-2016 | No Quiz |

**For this Report to be valid, the learner identified above must have had a valid affiliation with the CITI Program subscribing institution identified above or have been a paid Independent Learner.**

**Verify at:** https://www.citiprogram.org/verify/?1186badf-5065-4390-8774-013454136269

CITI Program
Email: support@citiprogram.org
Phone: 888-529-5929
Web: https://www.citiprogram.org

认证 2．社会及行为认证（Social & Behavior Course）

**COLLABORATIVE INSTITUTIONAL TRAINING INITIATIVE (CITI PROGRAM)**
**COMPLETION REPORT - PART 1 OF 2**
**COURSEWORK REQUIREMENTS***

* NOTE: Scores on this Requirements Report reflect quiz completions at the time all requirements for the course were met. See list below for details. See separate Transcript Report for more recent quiz scores, including those on optional (supplemental) course elements.

- **Name:** JING TIAN (ID: 5940680)
- **Institution Affiliation:** University of Wisconsin - Madison (ID: 1160)

- **Curriculum Group:** Basic/Refresher Course - Human Subjects Research
- **Course Learner Group:** UW Social & Behavioral Course
- **Stage:** Stage 1 - Basic Course

- **Report ID:** 21328938
- **Completion Date:** 08-Dec-2016
- **Expiration Date:** 08-Dec-2019
- **Minimum Passing:** 85
- **Reported Score*:** 100

| REQUIRED AND ELECTIVE MODULES ONLY | DATE COMPLETED | SCORE |
|---|---|---|
| Investigator Responsibilities - EDSBS (ID: 16391) | 07-Dec-2016 | 4/4 (100%) |
| UW-Madison Human Subjects Research Infrastructure (ID: 16392) | 07-Dec-2016 | No Quiz |
| History and Ethical Principles - SBE (ID: 490) | 07-Dec-2016 | 5/5 (100%) |
| Defining Research with Human Subjects - SBE (ID: 491) | 07-Dec-2016 | 5/5 (100%) |
| Assessing Risk - SBE (ID: 503) | 07-Dec-2016 | 5/5 (100%) |
| Informed Consent - SBE (ID: 504) | 07-Dec-2016 | 5/5 (100%) |
| Populations in Research Requiring Additional Considerations and/or Protections (ID: 16680) | 07-Dec-2016 | 5/5 (100%) |
| Research with Children - SBE (ID: 507) | 07-Dec-2016 | 5/5 (100%) |
| Research in Public Elementary and Secondary Schools - SBE (ID: 508) | 08-Dec-2016 | 5/5 (100%) |
| University of Wisconsin - Madison (ID: 12133) | 08-Dec-2016 | No Quiz |

**For this Report to be valid, the learner identified above must have had a valid affiliation with the CITI Program subscribing institution identified above or have been a paid Independent Learner.**

**Verify at:** https://www.citiprogram.org/verify/?7095a645-67a4-416e-b3cd-5f288c423a02

CITI Program
Email: support@citiprogram.org
Phone: 888-529-5929
Web: https://www.citiprogram.org

认证 3．伦理审查委员会资格证书

THE UNIVERSITY of WISCONSIN MADISON

**Education and Social/Behavioral Science IRB**
2/8/2017

| | |
|---|---|
| **Submission ID number:** | 2017-0081 |
| **Title:** | Impact of Educational Exchange on International Students |
| **Principal Investigator:** | LESLEY BARTLETT |
| **Point-of-contact:** | LESLEY BARTLETT |
| **IRB Staff Reviewer:** | KAMIE LECLAIR |

A designated ED/SBS IRB member conducted an expedited review of the above-referenced initial application. The study was approved by the IRB member for the period of 12 months with the expiration date of 2/7/2018. The study qualified for expedited review pursuant to 45 CFR 46.110 and, if applicable, 21 CFR 56.110 and 38 CFR 16.110 in that the study presents no more than minimal risk and involves:

**Category 7:** Research on individual or group characteristics or behavior (including, but not limited to, research on perception, cognition, motivation, identity, language, communication, cultural beliefs or practices, and social behavior) or research employing survey, interview, oral history, focus group, program evaluation, or quality assurance methodologies

To access the materials approved by the IRB, including any stamped consent forms, recruitment materials and the approved protocol, if applicable, please log in to your ARROW account and view the documents tab in the submission's workspace.

If you requested a HIPAA waiver of authorization, altered authorization and/or partial authorization, please log in to your ARROW account and view the history tab in the submission's workspace for approval details.

Prior to starting research activities, please review the Investigator Responsibilities guidance (http://go.wisc.edu/m0lovn) which includes a description of IRB requirements for submitting continuing review progress reports, changes of protocol and reportable events.

Please contact the appropriate IRB office with general questions: Health Sciences IRBs at 608-263-2362 or Education and Social/Behavioral Science IRB at 608-263-2320. For questions related to this submission, contact the assigned staff reviewer.

# 后　记

本书是在博士论文的基础上修订而成的。博士论文写作是一场智力远行，一次品格锤炼，一段文化旅途。博士阶段的求学历程，在持续的自我挑战过程中，我不断地“认识我自己”，开始习得并理解“以学术为志业”的内涵。博士论文是学术成长道路上的阶段性标识，凝结了在这段旅程中给予我帮助的老师、同学、家人、朋友的智慧和力量。

感谢我的导师马健生教授。2014 年，我怀揣着对导师的崇敬之情以及继续求学的心愿报考了北京师范大学，彼时的我在学术上无知而又莽撞，感谢马老师收我入门，带领我走上学术研究的道路。感谢求学路上马老师对我所有的指导、鼓励、包容、教诲和关怀。在学习过程中，每当我遇到困难向马老师求教时，马老师总是能够化繁为简、阐幽发微、意趣兼得地帮我处理难题。在探讨论文的过程中，马老师用学术化的词语准确表述我意欲表达而未能表达的含义，马老师修改后的语句读起来总是令人意犹未尽，酣畅淋漓。我惊异于马老师思维的敏捷性、见解的独到性、思考的深刻性、表达的准确性以及处理复杂事务的简洁性和高效性。感谢老师对我生活的关心，当我遇到困难而自我怀疑的时候，马老师不经意间的肯定或鼓励都成为我克服内心畏惧的力量。马老师时常教导我们，要“学会学习、学会说话、学会研究、学会写文章、学会生活”，这二十一字箴言凝练了一名研究生乃至一名学者所应具备的能力和品质。在“学会学习、学会说话、学会研究、学会写文章、学会生活”的道路上，我还有很长的路要走，将以上信念深藏于心，在毕业以后，不因地理位置遥远、不能得到指导而遗憾，因为这句话会时刻带给我“天涯若比邻”的亲切感。“父母之爱子，则为之计深远”，这句话放置于马老师对学生的指导中毫不为过。我常常会想，这个世界上会有人对另一个人无所取，愿意无限制地付出，不图回报，能够包容他（她）所有的错误，只求这个人能不断进步，这样的人，除了父母也许就只有导师了。马老师就是这样的导师，得师如此，三生有幸。

感谢博士生联合培养期间我在威斯康星大学麦迪逊分校的外方导师 Lesley Bartlett 教授。在学术上，Lesley 是令我尊敬的教授；在生活中，她又像亲近的姐姐或妈妈。在跟随她学习的过程中，我常会被一些自己从未顾及的细节所感动。例如，她特意在手机中安装微信，邀请我修关于研究方法的课程，帮助我准备申请伦理审查委员会的材料等。在学习过程中，她一直鼓励我不断前进。开展异文化的研究是艰难的，当我克服内心疑虑，勇敢迈出前进步伐的时候，她会给予我强有力的支持。每次我把逻辑不自洽、语言漏洞百出的写作发送给她，总能收到及时的回复，看着密密麻麻、满卷红色的修订，在关键部分睿智的提问和建设性的建议，以及充满鼓励的话语，感激之情油然而生。即使是回国后，她也一直关心我的论文进展，时常给我发送与论文相关的文献。感谢在异国他乡遇到的良师益友，跟随 Lesley 学习的一年时间里，我是充实的、幸福的和不断进步的。

北京师范大学国际与比较教育研究院是一个学术氛围浓郁而又充满关爱的集体，求学时日中，有幸多次有机会向比较教育学的前辈们求教，聆听老师们的指导。从院里老师那里获得的学术上的支持促使我克服学术难题，加深对科学研究的理解，坚定从事学术工作的信念。感谢比较院的顾明远教授、王英杰教授、曲恒昌教授、刘宝存教授、谷贤林教授、滕珺教授、林杰教授、高益民教授、王璐教授、肖甦教授、孙进教授、杨明全教授、鲍东明主编、曾晓洁编审在我学习过程中所给予的指导和帮助。

在教育学"第一重镇"的求学经历丰富多彩且卓有成效。感谢教育学部的张东娇教授、周海涛教授、洪成文教授、杜育红教授、朱志勇教授、朱旭东教授、李奇教授、周作宇教授、赵志群教授、李琼教授、桑国元教授、阚维教授在课程学习、学术实践及学术交流中所提供的支持。

师从马老师并成为"马家军"的一员是我学术历程中的宝贵财富，这个大家庭不仅充满了学术思想上的碰撞和交流，还充盈着生活中的帮助和勉励。师兄师姐们所取得的学术成就鼓励我在学术道路上不断进步。感谢陈玥师兄、吴佳妮师姐、金帷师姐、孙珂师姐、胡淼师姐、张晓光师姐、赵辉师兄、蔡娟师妹、李洋师妹、连锦师妹、饶舒琪师妹、时晨晨师妹、王涵奕师妹、徐竺蕾师妹、黄莹莹师妹的帮助。桃李不言，下自成蹊，"马家军"成员在构筑学术共同体的同时营造了温馨的精神家园，为我们提供延绵不断的力量。同时感谢张婷婷师妹、吕云震师弟、陈柳师妹、王杨楠师妹、徐颖师妹、郭露阳师妹在学习中所提供的帮助。

在美国求学的日子辽阔而又漫长，感谢同期联合培养的博士生高玲、倪好、曹昭乐、刘文杰、吴振阔，以及访学老师许丽英教授、金帷师姐、康绍芳师姐等人在我联系研究参与者过程中所给予的无私帮助和大力支持。他们多次陪我一同参与国际学生活动，为我引荐在日常学习中所接触到的非中国以及理工科的国际研究生，甚至帮我预约访谈时间，在我与被访者建立"信任关系"的过程中提供时间、智力、情感和语言上的支持。在对麦迪逊的回忆中，跃动的是我们在学习和日常生活中互相扶持的场景，此份情谊，永记于心。感谢在麦迪逊结识的师长及同学 Adam Nelson、Erica Turner、Nancy Kendall、Kathryn Moeller、李惟嘉教授、马焕灵教授、傅林教授、何欣教授、梁楚颖、王惠、薛媛、任烁金、江姗姗、刘青、窦靖彤、邓思恩、王晨、吴宜蓉、张荻、李玉栋、任佳萍、冯静莹、Abby、Prim、Diana、Dosun、Marko、Thatcher、Tylor、Upenyu、Glen 等人的帮助。以上师长和同学不仅在学习中给予了我支持，还在生活中给予了我无微不至的关心。

教育学部 2014 级博士班的同学是博士求学道路上的亲密“盟友”，我们结下了深厚的友谊。感谢 2014 级比较教育学专业的同学张梦琦、谢晓宇、张奂奂、王雪双、王铄、徐娜。缘于同一个学科的学习经历，我们时常交流学习心得，互相勉励并互相支持。尤其感谢同学兼室友张梦琦，以及同去麦迪逊联合培养的谢晓宇在生活中对我的帮助。此外，博士班的同学张墨涵、江露露、郑孝玲、程猛、毛金德、余晓汉、沈晓燕、杜光强、赵梅菊、王默、王成龙、张越、马骎、刘阳、孟彦、孙芳芳、刘磊明、俞子恩、崔春龙、李化侠、张冉、袁建林等人在求学期间对我的帮助时常让我感受到温暖和力量。同时也使我知道，同学们都在奋进，求学之路不再孤单，因为我们都“不是一个人在战斗”。

教育学部聚集了教育领域内优秀的博士生和硕士生，与他们交流使我获得了成长。感谢李虔师姐、段恒耀师兄、刘玮师姐、马佳妮师姐、许易师兄、陈思颖师姐、王坤师兄、林成华师兄、张惠师姐，以及金一翔、黄璐欢、邹维、姚立兴、杨柳、史少杰、闫丽雯、朱玉成、丁瑞常、卫晋津、尤铮、王小栋、阮琳燕、唐文雯、傅王倩、梁显平、刘益东、李彩虹、黄漫远等人的帮助。

家人对我毫无保留的爱和无微不至的关怀是我前进的永恒动力。感谢父母，通过自身的言传身教教会了我“耕读传家久，诗书继世长”。自幼时起，父母就为我们兄妹营造了良好的学习环境，为我们排除学习中的后顾之忧。在传统“严父慈母”模式的教导下，因为有母亲春风化雨般的关爱和父亲一如既往的支持，我一直快乐而无畏地成长。在外求学多年，陪伴父母的时间越来越少，作为子女，我对父母的报答相比于父母对我的爱仅是九牛一毛、沧海一粟。然而，距离没有隔断一家人相亲相爱，正如联合培养期间的那个大年夜，父亲为我发送的“千里见书如见面，万山遮目不遮心”一样，无论何时何地，家人的爱永远如血液般在身体中流淌。

感谢此项研究中所有的研究参与者，他们为我开展此项研究付出了宝贵的时间，贡献了个人智慧。正是他们的帮助，才使得研究顺利展开，终能成文。

感谢博士论文答辩委员会的专家，饶从满教授、马陆亭研究员、王素研究员、谷贤林教授、林杰教授对论文提供的宝贵建议。

感谢中国高等教育学会和广东高等教育出版社对本书出版的大力支持。

所有的生活都是相遇，感谢陪我走过这段旅程的人们。相见亦无事，别后常忆君。

最后，限于研究者的学识和阅历，本书中存在不足或偏颇之处在所难免，恳请同行专家和读者批评指正。

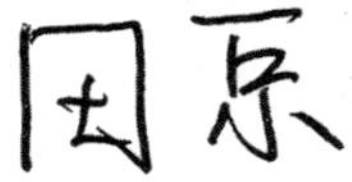

2021 年 7 月 1 日